NOTES HISTORIQUES

SUR

N.-D. DE MONTROLAND

ET SUR

LE PRIEURÉ DE JOUHE,

PAR L. JEANNEZ,

PROCUREUR IMPÉRIAL A LONS-LE-SAUNIER,
MEMBRE DU CONSEIL GÉNÉRAL DU JURA,
MEMBRE CORRESPONDANT DE LA COMMISSION ARCHÉOLOGIQUE
DU DOUBS, ETC.

Noli, Mater Verbi, verba mea despicere,
sed audi propitia et exaudi.

S. BERNARD.

LONS-LE-SAUNIER,

CHEZ Mes GAUTHIER SOEURS, LIBRAIRES.

1856.

NOTES HISTORIQUES

SUR

N.-D. DE MONTROLAND

ET SUR

LE PRIEURÉ DE JOUHE.

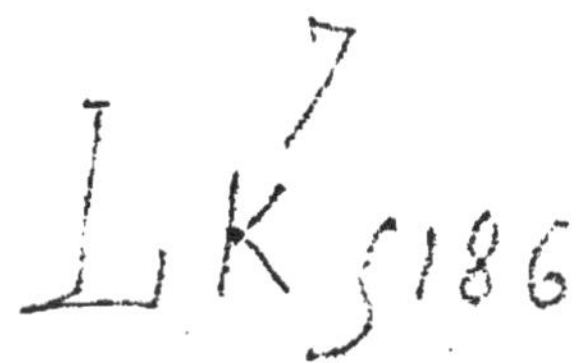

Lons-le-Saunier, Imprimerie et Lithographie de Robert.

N. DAME DE MONTROLAND,

Fac-simile d'après une gravure de Du Poisy. 1650.

NOTES HISTORIQUES

SUR

N.-D. DE MONTROLAND

ET SUR

LE PRIEURÉ DE JOUHE,

PAR L. JEANNEZ,

PROCUREUR IMPÉRIAL A LONS-LE-SAUNIER,
MEMBRE DU CONSEIL GÉNÉRAL DU JURA,
MEMBRE CORRESPONDANT DE LA COMMISSION ARCHÉOLOGIQUE
DU DOUBS, ETC.

Noli, Mater Verbi, verba mea despicere,
sed audi propitia et exaudi.

S. BERNARD.

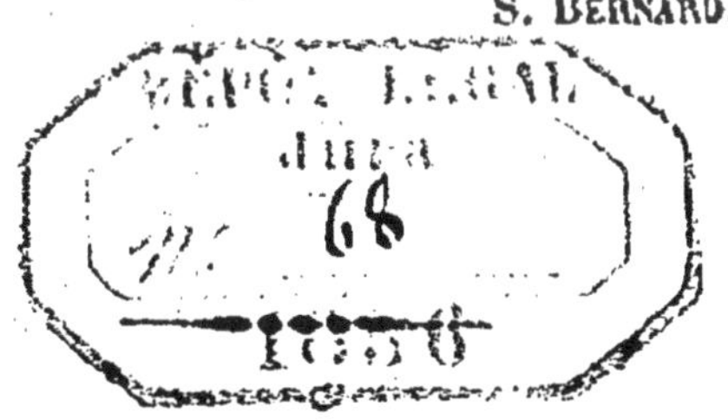

LONS-LE-SAUNIER,

CHEZ Mes GAUTHIER SOEURS, LIBRAIRES.

1856.

Saint-Claude, le 22 mars 1856.

MONSIEUR,

Votre idée est excellente et je vous en félicite bien sincèrement. Le double motif qui vous a porté à entreprendre cette œuvre sur la Notre-Dame de Jouhe est infiniment louable. Oui, cette œuvre sera une bénédiction pour vous et pour votre famille. Elle servira aussi à réveiller et à augmenter dans le peuple la dévotion à la Sainte Vierge. Pour mon compte, je vous remercie et je vous bénis.

Votre dévoué serviteur,

† PIERRE, *Évêque de Saint-Claude.*

M. JEANNEZ, *Procureur Impérial, à Lons-le-Saunier.*

MONTROLAND,

Ruines de l'Eglise de 1719 dessinées en 1847.

CHAPITRE Ier.

Aux confins du comté de Bourgogne, entre le Doubs et la Saône, surgit une montagne peu élevée, couronnée de vieux tilleuls. Les ruines d'une tour à demi écroulée et quelques habitations délabrées se groupant à ses pieds la dominaient naguère. Le nom de ce site pittoresque est Montroland. Combien ce nom chéri réveille de charmants souvenirs! La foi nous raconte ses naïves légendes, la chevalerie sa dévotion à Marie, l'amour du pays franc-comtois ses gloires et ses désastres.

Du sommet de Montroland, nous voyons la France qui nous a conquis; mais, vaincus, nous conservons l'orgueil national fier et debout comme les sourcilleux sommets de nos montagnes altières. Si, de là, l'œil plane sur les contrées qui l'environnent, le panorama qui se déroule le ravit et l'enchante. A l'orient et au midi, à demi perdue dans le feuillage, précédée de collines que tapissent des vignes et sur lesquelles s'éparpillent des chaumières ou des maisons de campagne, Dole déploie ses fabriques espagnoles ou les blanches murailles de l'industrie moderne; la flèche de sa massive et imposante collégiale s'élève dans les nues et semble une reine au milieu des campanilles des couvents qui lui forment cortége.

Derrière elle, comme pour lui servir de repoussoir, Azans masse ses coteaux chargés de bosquets et de riantes villas. A leur base, une nappe d'eau miroite, pareille à un lac encadré dans la verdure : c'est le Doubs ; bientôt il laissera deviner son cours sinueux par la riche végétation qu'il arrose et féconde.

Plus loin, comme une longue écharpe de sinople, la forêt de Chaux étend, au pied des montagnes, les mystères de ses ombrages.

En avant du premier plateau du Jura, Poupet se présente orgueilleux et imposant. On dirait qu'il veille sur Salins, Salins, la cité si souvent disputée, le plus riche joyau de l'écrin des comtes de Bourgogne.

De gradins en gradins, les montagnes du Jura s'étagent jusqu'aux Alpes, que le Mont-Blanc dépasse de sa cîme neigeuse. A droite on découvre les monts du pays de Gex et à gauche les chaînes du Doubs.

Montfaucon, plus au nord, borne l'horizon. A ses pieds, cachée entre les collines abruptes qui la défendent, on devine Besançon, l'antique et turbulente cité impériale.

Plus loin encore, le regard se perd du côté des Vosges et trouve en avant, pour se reposer, les impénétrables fourrés de la Serre, véritable forêt enchantée dont peut-être personne encore ne connait l'inextricable labyrinthe.

Au couchant, ces montagnes que la brume estompe de ses vapeurs prismatiques appartiennent au duché de Bourgogne. Le géant qui leur commande, le mont Afrique, dépouille rarement les brouillards qui chargent son front sévère.

Aux rives de la Saône, dont on aperçoit le cours bordé de riches villages, Auxonne se mire coquette et se pare de sa gothique Notre-Dame. Plus au lointain, Dijon, la reine de ces contrées, découpe les flèches élancées de ses monuments sur les premiers ressauts des montagnes de la Côte-d'Or.

Au midi, c'est l'espace ; on voit encore des montagnes, mais l'œil peut les prendre pour les vapeurs d'un mirage ; il n'a pour s'arrêter que Saint-Jean-de-Losne, l'héroïque bourgade, qui veille dans les peupliers qui l'entourent. Dans la plaine qui l'environne, se groupent, comme un archipel, d'innombrables villages.

L'esprit se fatigue de tant de riches perspectives. A l'enthousiasme succède la rêverie ; le regard a besoin de se fixer sur des objets moins éloignés. Ce temple, c'est celui de la Reine des anges. Ici, de nombreux pèlerins se sont pressés aux époques de foi naïve et plus tard encore, dans ces jours de détresse où Dieu fait sentir à l'homme le néant et la douleur.

Alors il accourt à tes autels, sainte Mère, le chrétien éploré et repentant, il invoque ta puissante intervention. N'as-tu pas ici prodigué les miracles ? Les rois et les plus humbles ne se sont-ils pas disputé le bonheur de parer tes autels et de faire éclater leur reconnaissance envers toi ?

Près de ces lieux chers et sacrés s'est écoulée notre enfance ; notre pieuse mère nous a bercé au doux nom de Marie ; elle nous a redit ses miracles et fait aimer son culte. Notre sœur bien-aimée, peu d'heures, hélas ! avant celle où Dieu l'a rappelée à lui, s'agenouillait, pleine de foi, au sanctuaire de Montroland.

Si nous écrivons l'histoire de ces lieux, c'est pour plaire encore à celles qui ne sont plus, c'est pour vous honorer, Marie ; soyez-nous donc en aide dans l'œuvre que nous entreprenons et daignez en recevoir le religieux hommage.

L'existence si longtemps confondue des prieurés de Montroland et de Jouhe, nous fait un devoir de ne pas traiter séparément leur histoire. Commençons par la légende, le point de départ obligé de toutes les institutions ou de tous les monuments dont l'origine remonte à une époque reculée. La légende que nous allons transcrire est plus ancienne que celle qui a été rapportée par Dom Simplicien

Gody, et qui, en 1600, avait été, comme nous le verrons plus tard, «prinse et collationnée sur un tableau reposant en l'esglise Nostre Dame de Mont-Roland par Michel Toytot, juré au greffe de la Cour souveraine du parlement de Dole.» Elle en diffère peu, du reste, et nous ne la préférons à celle-ci que parce qu'elle est inédite. Nous l'avons copiée sur un cartulaire de la bibliothèque de Dole. La voici :

« Selon que l'on trouue par les escriptures et escritz des anciens homes la chapelle de Mont-Roland tantost après la resurrection de n^re^ s^r^ Jesus Christ par aucunes gens du pays dont ne se souuient de leurs noms fut fondee et edifflee a l'honneur dud. n^re^ s^r^ et de la glorieuse Vierge Marie sa mere et ains demeura longtemps lad. chapelle. Quand en celui temp peu deglise selon le nombre de maintenant auoit en Bourg^ne^. Puis apres en enuiron l'an n^re^ s^r^ courant cccexxx St Martin fut a Rome et lequel fut eslu euesque de Tours en Touraine et en reuenant quil facoit de Rome a Tours et comme legat du Pape quil estoit et passant par Bourg^ne^ quil facoit uint aud. lieu de Montroland qui a donc auuoit aultre nom dont il ne souuient de pnt et lad. chappelle dedia et beuit comme legat du Pape en l'honneur de n^re^ s^r^ Jesus Christ et de la glorieuse Vierge Marie sa mere et en ce point demeura longtemps comme simple chappelle Quoique touiours dois [illegible] quelle fut par led. S[t] Martin dedice et benn[illegible] y eust touiours grand pelerinage et pour plusieurs miracles et uertas que faictz y ont estez. Puis appres lan n[re] seigneur enuiron VII cens et dix ans Roland ly preux alloit de France a Romme et uint en pelerinage par lad. chappelle e meu de deuotion pour les grandz miracles et uertus qui se facoient aud. lieu mesmement considerant que le glorieux St Martin icelle auoit dedice et beneitte. En icelle chappelle fonda un prioré de moines noirs et iceux arrenta suffisament et furent presque des premiers moines qui furent en Bourg[ne] et en icelle chappelle demeurarent lesd. prieur et moines par led. Roland fundez et arrentez par lespace de c ans et plus et estoient les maons du prieur et de ses moynes a plus hault de la montaigne auec lad. chappelle et en l'honneur et reuerence dud. Roland le preux qui fut si uaillant et si bon cheualier. Lon ne appelle plus led. lieu par le nom que lon facoit parauant dont il ne se souuient aujourdhuy a nulz homme de cestuy nom puis fut appelle Mont-Roland en signe et memoire que led. Roland auoit mis fonde et arrente led. prieure de moines sur lad. montaigne. Mais aud. lieu ils ne pouuoient estre a repoz ny auoir grand cheuance ne leur sustentation suffisamment selon quil appartenoit pour ce quilz estoient logie en lieu tres passant ou ils ne pouuoient avoir aigue uisue se ils ne laloient querir a piez de la montaigne que leur estoit moul greuable et de trop grandz frais et si estoit trop souuent de fois empeschez et oppressez des pelerins pauures et riches que uenoient aud. lieu et qui souuent de fois empeschoient le diuin seruice et mangeoient et gastoient et beuuoient leurs uins leurs bledz et leurs uiures et leurs biens et en ce estoient lesd. prieur et moynes trop loing logiez de leurs gaignages. Supplierent n^re s^te Dame que lon appelloit dame Byatrix qui estoit contesse de Bourg^ne et femme de Lothaire empereur que sur ce les uoussey pouruecoir de remede conuenable. La quelle dame Byatrix que estoit s^te femme et de moul boe uie et tres et que alloit a une potence inclinant et es humbles supplicatz et requeste desd. prieur et moynes mehue de deuotion et pour les causes dessus d. de l'aucte et consentement dud. Lothaire son mary translata led. priore et monastere qui en lad. montaigne led. Roland auoit faict et ediffie et fonde. Cest a scauoir au lieu de Jouhe aud. prieur et leur a donne un sien maix a toujours mais quelle auoit aud. lieu de Jouhe ensemble tout ce quelle auoit en lad. place en retenant a elle et ses hoirs conte de Bourg^ne la garde et ressort souueraincte baronnie tant seulement et lexeccion des malfaicteurs criminable que lesd. prieur et moynes de leur certain commandement doibuent rendre tous juges et tous nus es seigneurs et dames contes et contesses de Bourgongne ou a leur certain commandement a la porte dud. priore de Jouhe et en sond. manoir ediffia et fonda lad. dame Byatrix a ses propres despens et missions lesglise et le maisonnement desd. prieur et moynes que dois a donc jusques maintenant toujours ont estez aud. lieu de Jouhe et en sa dernière uolonte lad. dame Byatrix eslut sa sepulture en lad. eglize dud. Jouhe quelle auoit faict faire et fonde et ediffie en son propre manoir et fut enterre en icelle eglize en la chappelle de n^re^ Dame quest du coste le grand autel de la partie ou lon dit leuangille et tousjours dois a donc jusques a pnt sont demeurez lesd. prieur et moynes aud. lieu de Jouhe et jouy paisiblement de toutes les rentes et choses que leur furent donnees par lad. dame Byatrix dont Dieu aye lame. Amen. »

Les anachronismes et les erreurs sont nombreux dans cette tradition, fixée par un moine qui vivait au XVe siècle. Quelques érudits l'attribuent à Jean de Coigny, un des prieurs. Nous ne savons sur quoi ils se fondent; mais peu importe qui l'a composée. Il est certain que nous n'irons pas admettre avec elle que c'est tantôt après la résurrection de Jésus-Christ que la chapelle fut édifiée. Nous n'adopterons pas davantage l'opinion de Dom Gody, partagée par Gollut, qui veut que ce soit sous le pontificat de saint Pierre que saint Lin, qui devint son successeur, en ait jeté les fondements et sculpté la statue de la Vierge conservée à Jouhe. Nous pencherions pour l'opinion de feu l'abbé Martin, curé de Jouhe, auteur d'une notice historique sur la statue de Marie, qui pense que c'est sous l'apostolat de saint Ferréol et saint Ferjeux, c'est-à-dire dans le courant du IIIe siècle, que la chapelle a dû être édifiée pour détruire et remplacer un sanctuaire païen, si nous ne croyions pas que son véritable fondateur est saint Martin.

Le saint évêque, mort le 11 novembre 400, n'a pu aller à Rome en 430, comme le prétend le légendaire. Roland, dont beaucoup d'auteurs contestent l'existence, n'a pu fonder un couvent de moines noirs en 810, tandis que les rochers de Roncevaux auraient entendu les derniers sons de son oliphant en 768. Jamais Lothaire n'a eu d'épouse du nom de Béatrix, et il ne peut être ici question que de notre charmante et célèbre comtesse, épouse de Frédéric-Barberousse, morte en 1185 à Spire, où elle fut inhumée.

Toutes ces erreurs ont porté des autorités sérieuses à rejeter complètement les indications historiques que contient cette pièce et à douter de sa sincérité. D'autres ont prétendu que c'était presque uniquement dans les traditions du XIVe siècle qu'il fallait rechercher l'histoire de Montroland. Nous espérons être plus heureux à l'aide des titres et remonter à des temps plus anciens. Mais avant d'examiner le parti qu'on peut tirer de ce document, disons-en l'origine.

Dom Fraichot, auteur de notes manuscrites sur Montroland, notes qui sont aux archives du Jura, prétend qu'il doit son existence à un tableau exposé pendant plusieurs siècles dans l'église de Montroland et qui subsistait encore en 1585. Ce sont, dit-il, les gens du roi qui en dressèrent le procès-verbal en date du 14 juillet 1585, en rapportant mot pour mot ce qui était écrit sur un tableau ou monument mis, selon toute apparence, par les anciens religieux, afin de suppléer aux titres de la fondation des monastères de Montroland et de Jouhe, qui avaient été incendiés avec les églises et les lieux réguliers. Ces gens du roi étaient maître Anatoile Galiot, avocat général du parlement de Dole et conseiller, messire Henri Camus, aussi conseiller et procureur général de ladite cour. Ils avaient été choisis pour faire la visite du prieuré de Jouhe et de l'église de Montroland. Ayant vu et lu l'écriture de ce monument, ils en firent faire le transumpt authentique par Nicolas Toytot, appelé pour scribe, et le mirent dans les papiers de la chambre des comptes. Ces commissaires étant envoyés pour reconnaître le droit qu'avait le roi d'Espagne de nomination à ce prieuré, il était de leur honneur et de leur exactitude d'examiner l'origine de ce bénéfice et de ne rien rapporter qui n'ait un fondement solide.

Voyons si les principaux faits qu'il constate ne sont pas scrupuleusement vrais et s'ils ne doivent pas être tenus pour avérés dans l'histoire de Montroland.

Il est certain que saint Martin est venu en Bourgogne; cela est établi par des traditions nombreuses et par ce passage de Sulpice Sévère, son historiographe : *Quid etiam in pago Heduorum gestum sit, referamus ubi Dùm templum everteret.* Or, les Séquanes étaient les voisins des Eduens, et, pour aller dans les localités où nous allons retrouver saint Martin, le pieux évêque, revenant de Rome ou de Trèves, devait passer au pied du Montroland.

La grande voie romaine de Trèves en Italie, par Langres, était croisée par celle d'Autun à Besançon sur un point distant de douze kilomètres de Beaune, à Villy-le-Moutier, l'ancienne *Vidubia* de la carte théodosienne (1). C'est en prenant cette voie que saint Martin se rendit dans les montagnes éduennes. Il a dû passer à Dole, c'est-à-dire à une demi-heure de Montroland et à une heure de Jouhe. Il a fait

(1) Nous sommes redevables d'intéressants documents à M. Paul Guillemot, qui a publié une notice sur le temple de Mavilly et la légende de saint Martin dans les Mémoires de l'Académie de Dijon, 1851.

d'abord ce trajet en allant visiter l'empereur Valentinien.

Il était encore à Trèves sous le règne de Maxime. Après la condamnation de Priscillanus, chef des novateurs qui avaient adopté l'hérésie de Marcus (gnosticisme), il fit tous ses efforts pour empêcher l'exécution de cet arrêt. N'ayant pu réussir, il obtint de l'empereur la promesse d'épargner les hérétiques. Après le départ du prélat, Maxime manqua à sa promesse, et saint Martin revint en toute hâte pour la lui rappeler.

Passant à Dole, il a dû s'y arrêter, car alors cette cité était un lieu considérable. Il ne nous serait pas difficile d'établir qu'elle est l'antique *Dittatium* qui a tant exercé l'esprit de discussion des érudits. Qu'il nous suffise d'affirmer, sans crainte d'être démenti, que les nombreux débris de la puissance romaine trouvés dans cette localité démontrent qu'en 376, époque de la mission de saint Martin, Dole devait déjà être plus qu'une bourgade ignorée. Dans une bourgade eût-on construit des arènes ?

La tradition a non-seulement conservé le souvenir du passage et de l'apostolat du saint, elle a donné son nom à une église, à une rue, à une porte de la ville. L'église était située sur une colline au levant de Montroland. « Voir, dit Gollut, que l'ecclise de St-Martin et les uignes circonuoisines y estoient comprinses iusques a ce que, l'idolatrie passée St Martin consacra laditte ecclise apres hauoir célébré le saint sacrifice de la messe en l'eglise saincte de Montroland comme disent les titres du prieuré de Jouhe. » Ces titres sont perdus, à moins que Gollut n'ait voulu parler du transumpt que nous avons rapporté.

Voici encore un fait qui servirait à prouver la présence de saint Martin à Montroland : c'est une attestation délivrée par M. de Broissia, juge pour S. M. Catholique en la cité de Besançon. Elle est aux archives du Jura.

Le magistrat affirme que Claude de la Barre, évêque d'Andreville et suffragant de Mgr l'archevêque de Besançon, lui a raconté qu'ayant été prié par les religieux de Montroland de transférer l'autel de saint Martin, posé au milieu de la chapelle, dans un endroit plus commode, il trouva dans le secret de cet autel un billet portant que l'évêque de Tours l'avait consacré et avait remis le même billet avec un autre qui faisait foi que l'autel avait été transféré et bénit de nouveau. Mais les guerres de l'an 1636 étant survenues, des soldats détruisirent le sépulcre et dissipèrent les deux billets.

L'autel existait dans la première moitié du XIVe siècle, ainsi que le prouveront plusieurs fondations que nous aurons lieu d'analyser.

La mission de saint Martin était surtout de porter

la parole de vie aux gens de la campagne; c'étaient eux qu'il se proposait d'éclairer et de convertir: n'étaient-ils pas et ne devaient-ils pas être plus rebelles à ses saintes prédications que les habitants éclairés des villes? Grossiers et ignorants, le culte de la nature leur était plus sensible que le dogme et la morale d'une religion toute spirituelle et tout empreinte d'un renoncement absolu. De là les dispositions hostiles qu'il rencontra chez les paysans éduens et qu'il dut trouver chez nos agrestes Séquanes. De là la transformation des temples païens en chapelles chrétiennes et leurs dédicaces à des saints, pour ne pas violenter tout d'un coup ces esprits grossiers, mais les amener à la foi du Christ, à une religion de paix, par une pacifique transition.

Cependant, au péril de sa vie, il brisait les idoles; son extérieur était pauvre, sa parole familière, son visage serein. Il parcourait, disent les légendaires, le pays sur un âne, vêtu d'une robe et d'un manteau de laine grossière et suivi de quelques moines qu'il laissait dans les pays convertis à la foi.

A Beaune, où il fit des prosélytes, sa mémoire, comme à Dole, est vivante; comme à Dole, une rue, une porte de la ville, un faubourg ont, de temps immémorial, porté son nom. Mêmes preuves peuvent être invoquées pour Autun.

Sur la colline où l'on voyait, au XVIe siècle, l'église

de Saint-Martin, un temple païen a dû nécessairement exister. Le druidisme avait, dans le vallon qui se déroule à ses pieds, une source consacrée à *Belenus*, le creu de Blaine. Rome, suivant sa coutume, a dû, après l'établissement de sa domination dans la Séquanie, remplacer le dieu gaulois par une de ses divinités. Apollon ou Bacchus auront-ils détrôné Belenus? Probablement c'est le dieu de Lampsaque qui aura eu cet honneur, car ses autels, fort répandus dans la Séquanie, ont toujours reçu le vocable de saint Martin, dont la fête tombait le même jour.

Saint Martin joncha la Gaule de ruines, renversant les temples, brisant les simulacres, coupant les bois sacrés, aussi humain envers les hommes qu'impitoyable envers les monuments. Il est fort probable, certain même, que sur le sommet de Montroland existait un sanctuaire païen qu'environnait l'ombre propice d'un bois sacré. A une demi-heure de là sourdait la source sacrée d'Archelange. Le culte des divinités topiques des fontaines, si généralement répandu dans l'ancienne Gaule, devait avoir en ce dernier lieu une consécration remarquable, car les malades y venaient chercher la santé. Ils viennent encore aujourd'hui la demander à ses eaux, dont la vertu est réputée souveraine pour la guérison des maladies scrofuleuses.

« La voie romaine de Gray à Salins, dit M. Rousset

dans son dictionnaire, ouvrage si plein de précieuses découvertes et de sérieuse érudition, passait à Jouhe où elle jetait un rameau sur Dole, et ensuite se continuait par Rochefort, Falletans, la Vieille-Loye, Châtelay, Chissey et Villers-Farlay, sous le nom de *chemin de la poste* ou *grand chemin de Rochefort.* On a trouvé sur ses bords, à Jouhe, plusieurs sépulcres construits avec des pierres plates qui contenaient des ossements et des débris d'armes rongés par la rouille. On en a retiré, entre autres choses, la lame d'un glaive romain à deux tranchants et une boucle de baudrier. Dans l'enceinte même du prieuré, on voyait encore, au siècle dernier, un espace carré, dont les angles étaient ombragés par quatre vieux noyers. Cette enceinte, toujours considérée comme sacrée, marquait, suivant la tradition, la place qu'occupait un temple consacré à Jupiter. Cette croyance est d'autant plus fondée que le nom de Jouhe, *Joa, Jo, Joë,* que cette localité a porté à diverses époques, offre une analogie parfaite avec celui du maître des dieux. Il est probable que ce temple était un foyer d'idolâtrie pour toutes les populations d'alentour, et que les premiers moines qui s'établirent en ce lieu ne trouvèrent pas d'autre moyen d'extirper le culte rendu à la statue de Jupiter que de lui substituer celui de saint Pierre. Jusqu'au VIIIe siècle il se fit une alliance bizarre de tous les dogmes et de toutes les superstitions. Ainsi, de Pan, dieu de l'agriculture, on fit saint Pan, d'où est venu le nom du village de Sampans. Les Romains avaient placé sur la fontaine d'Archelange l'effigie d'une de leurs divinités, pour détruire la consécration druidique dont elle était l'objet, et cette idole fut ensuite honorée sous le nom de saint Marcou, qui désignait le diable. »

Saint Martin, qui trouva ces superstitions en évangélisant la contrée, en même temps qu'il brisa les idoles, ne put en faire disparaître le nom, comme nous le voyons par les dénominations de Sampans et de Jouhe. Il n'avait pas été plus heureux à Mavilly, où, en souvenir de Neptune et de Pluton, les paysans ont continué à invoquer saint *Nepo* et saint *Ploto*. Nous croyons qu'il établit, comme il avait coutume de le faire, quelques-uns des moines qui le suivaient à Jouhe et à Montroland : il les laissait dans les pays convertis pour y maintenir la foi et y continuer son œuvre.

Saint Martin, que les empereurs successeurs de Julien faisaient servir avant eux à leur propre table, passait pour avoir le don des miracles. Est-il étonnant qu'après avoir brisé les idoles de Montroland et consacré un autel à Jésus-Christ, les moines qu'il avait établis dans ce lieu et les peuples qu'il avait évangélisés aient placé cet autel sous son vocable? Ce n'est que plus tard que le culte de la sainte Vierge a dû être introduit dans cette chapelle pour y détruire quelque superstition qui restait attachée au temple primitif.

L'origine de nos prieurés est, on le voit, d'une antiquité fort respectable, puisqu'elle remonterait au IVe siècle, ainsi que nous croyons l'avoir établi clairement.

Nous n'avons pas à démontrer l'existence de Roland qu'Eginhard, intendant et chancelier de Charlemagne, qualifie de préfet maritime en Bretagne : ses souvenirs sont partout, depuis le fond de l'Allemagne jusqu'à Roncevaux. Dans un voyage, le preux a pu faire acte de dévotion sur la montagne et courber son fron devant la Vierge sainte qui déjà devait y avoir son sanctuaire. Les débris de sa statue, dont nous parlerons plus tard, ont été attribués à Jean de Vienne par un savant bibliothécaire. Mais le pèlerinage de Roland ne fût-il pas prouvé, cela n'ôterait rien à l'antiquité du sanctuaire et à celle de la sainte Madone. Ce serait un pèlerin de moins : qu'importe un grain de sable ôté aux rives de l'Océan !

Béatrix n'est pas la fondatrice de Jouhe et n'y a pas été inhumée, cela est certain.

Gollut prétend qu'il doit son origine à Berthe, fille de Lothaire II et de l'impudique Waldrade.

La chronique de Montroland, Dom Simplicien Gody et Dom Grappin le disent moins ancien et pensent que sa naissance ne remonte qu'à Béatrix. Nous allons bientôt, à l'aide de chartes authentiques, démontrer leur erreur.

Montroland et Jouhe ayant peu à peu grandi depuis saint Martin, ont pris de la consistance au VIIIe et au IXe siècle. Sans doute ils auront été détruits par les Normands vers 886, comme Saint-Vivant, qui est très rapproché d'eux.

Berthe, épouse de Rodolphe II, roi de la Bourgogne transjurane, les aura probablement rétablis, car elle fonda un grand nombre de monastères soit en Bourgogne, soit dans le pays de Vaud. Elle chargea les religieux de l'abbaye de Baume de l'exécution de ses volontés, et ils en firent deux des plus riches moutiers de leur dépendance.

Un cénotaphe aura été érigé à Jouhe à l'impératrice, femme de Barberousse, dans un temps voisin de sa mort et en récompense de ses libéralités. Cette pieuse princesse a dû aller souvent à Jouhe et à Montroland, car elle a longtemps habité Dole; elle y était encore deux ans avant sa mort. On a d'elle deux chartes, l'une datée du temple près Dole, *datum apud templum juxta Dolam, nono kal. aug. anno incarn. Dom.* Mo Co LXXXI *ind.* XIV; l'autre de la Vieille-Loye, en faveur de l'abbaye de Rosières, en 1183. Son père et son oncle s'étaient montrés pleins de générosité envers le prieuré de Jouhe : donc elle ne l'avait pas fondé. Donnons de suite un document qui confirmera notre légende et qui prouvera l'antiquité du tombeau que l'on attribuait à Béatrix.

Les religieux qui habitaient Jouhe en 1585, interrogés par les gens du roi du parlement de Dole, répondirent que l'église et les bâtiments réguliers ayant été consumés par un incendie arrivé sur la fin du XIVe siècle, dans les incursions faites par les Anglais en France et en particulier dans le comté de Bourgogne, le mausolée de Béatrix fut enveloppé dans cette ruine. Le peu qui en resta ayant été transporté dans le préau du cloître, ne put tenir contre les injures du temps, qui achevèrent de le détruire.

Un des religieux, Dom Catherin Mairot, déclara avoir ouï dire ce que dessus et avoir vu lui-même les restes avant leur totale dispersion.

Le cardinal de Neuchâtel, prieur de Jouhe, ayant le premier entrepris la réparation de l'église, fit construire dès les fondements le presbytère, la chapelle de la sainte Vierge et celle de saint Antoine. Pour conserver la mémoire de la sépulture de Béatrix, il suppléa au mausolée de pierre par une peinture avec une inscription qui représentait sur du plâtre très blanc les figures qui composaient le mausolée. Cela a duré, dit Dom Fraichot à qui nous empruntons ces curieux détails, jusqu'en 1683, époque à laquelle on a fait reblanchir l'église. Il affirme avoir vu quelques restes de cette peinture du côté de l'évangile, sur la muraille de la chapelle de la sainte Vierge. On fit graver, pour remplacer ce monument, l'inscription suivante qui est encore dans le jardin du prieuré : CY GIST SERENISSIME MADAME BEATRIX, FILLE VNIQVE DE RENAVD III, COMTE DE BOVRGOGNE, FEMME DE L'EMPEREVR FREDERIC, FONDATRICE DE CE PRIEVRE DE L'ORDRE DE SAINT BENOIT L'AN 1167.

Nous en avons terminé avec les traditions et les suppositions historiques ; nous allons aborder une époque où nous ne marcherons plus qu'appuyé sur des titres encore existants et qui donneront à nos deux prieurés une importance et une antiquité imposantes.

La première charte que nous ayons trouvée et qui fasse mention de Jouhe, est une bulle du pape Grégoire VII. Elle est adressée à Bernard, abbé de Baume, et datée de 1078, indiction VII. Le Souverain Pontife confirme à la célèbre abbaye ses priviléges et les églises qui lui appartiennent. Jouhe y est qualifié déjà de prieuré, *cella quæ vocatur Gauda*. Mais bientôt il a grandi, et Montroland, lui aussi, est sorti de ses ruines. Urbain II, le 2 des calendes de janvier 1089 (v. st.), indiction XIV, confirme à Hugues, abbé de Baume, les biens, monastères et églises que possède sa maison. Jouhe arrive au second rang, *monasterium Sancti Petri Gaudæ*, après le moutier de

Sainte-Marie de Grand-Fontaine, et il a le pas sur Jussa-Moutier. Montroland est qualifié d'église, *ecclesia Montis Roolenis.* Avons-nous besoin, après ces deux bulles, de démontrer que Béatrix n'est pas la fondatrice du prieuré de Jouhe?

Albéric, abbé de Baume, reçut les mêmes confirmations de Pascal II. La bulle fut donnée à Bénévent, le 3 des calendes d'avril, indiction XIV, l'an 1107 (v. st.). Jouhe et Montroland y sont désignés de la même manière.

Guillaume, archevêque de Besançon en 1111, indiction IV, confirma à ce même Albéric les églises de Jouhe et Montroland, *ecclesias de Gaudâ et de Monte Roolans*, et Ansérie, son successeur, dans son diplôme confirmatif adressé au même abbé le 5 des ides d'avril 1133 (v. st.), nomma ainsi nos prieurés: *monasterium Sancti Petri Gaudæ cum omnibus appendiciis suis et ecclesiam Montis Roolenis.*

Calixte II avait fait de même en 1120; nous n'avons pu vérifier sa bulle, nous la rapportons parce qu'elle est citée dans plusieurs autres qui lui sont postérieures.

Le 17 des calendes de mars, indiction VI, 1143 (v. st.), Innocent II, prenant l'abbaye de Baume sous sa protection, lui confirma les biens qui lui appartenaient et les libéralités que le comte de Bourgogne Rainaud III et Guillaume, son frère, comte de Vienne et de Mâcon, lui avaient faites, et entre autres le don de la prévôté de Jouhe. *Libertatem gaudensis potestatis.*

Sous l'administration de Hugues II, successeur d'Ansérie, la dépravation des moines de l'abbaye de Baume devint si effrénée, qu'ils maltraitèrent Ausbert, évêque d'Autun, légat du Saint-Siége. Eugène III, irrité de l'action commise envers son commissaire, soumit cette abbaye à celle de Cluny après l'avoir réduite au titre de prieuré. Il en écrivit au comte Guillaume qui en avait la garde ; celui-ci, confirmant le don du pape, accorda l'investiture du temporel de ce célèbre monastère à Pierre-le-Vénérable, abbé de Cluny. Humbert II, archevêque de Besançon, conformément à la bulle du même pape, lui en fit aussi don sous le titre de prieuré.

Frédéric-Barberousse, devenu souverain du comté de Bourgogne, confirma à Vorms, le 3 des ides de juin 1153, sur la sollicitation de Pierre-le-Vénérable, *ob reverentiam et petitionem dilecti nostri Petri Venerabilis Cluniacensis abbatis*, la donation que lui avait faite le Souverain Pontife. Jouhe dut suivre la fortune de l'abbaye sa mère : il est énuméré dans le diplôme *monasterium Sancti Petri Gaudæ cum omnibus appendiciis suis.*

Pierre-le-Vénérable obtint encore du pape Anastase IV une bulle, du 13 avril 1154 ; elle est dans le même sens, et on y fait mention de l'obédience de Jouhe.

Grâce à cette énergique mesure, la ferveur et la régularité avaient remplacé la licence; mais bientôt l'abbé et les religieux de Baume trouvèrent moyen de briser un joug dont ils étaient impatients. La discorde régnait entre le Saint-Siége et l'empereur. Frédéric soutenait l'antipape Victor IV et refusait de reconnaître Alexandre III. Les moines s'adressèrent à lui et obtinrent un décret impérial daté d'Arbois, le 18 novembre 1157 (14 des calendes de décembre), par lequel il remit dans tous ses droits et priviléges l'église de Baume, qui, ayant été fondée noblement et enrichie de plusieurs dons et possessions par ses prédécesseurs empereurs et rois, avait été réduite en prieuré ou grange de Cluny. Barberousse la rétablit dans sa première dignité d'abbaye, la déclara indépendante de Cluny, lui rendit le droit d'élire son abbé et la possession de tous ses biens, monastères, prieurés, églises; parmi ces dernières figure Jouhe, *ecclesia Gaudæ cum appendiciis suis.*

Suivant le transumpt et d'après la tradition, Béatrix ajouta aux dons de son époux, de son père et de son oncle, celui de la haute justice, de différents fonds de terre ainsi que de rentes dans la châtellenie de Dole. Dès qu'elle eut permis aux moines de Montroland de se réunir à ceux de Jouhe, Montroland ne fut plus habité que par deux religieux de Jouhe, dont l'un avait le titre de gardien de la chapelle.

Les actes que nous avons analysés prouvent que, de toute ancienneté, le prieuré de Jouhe avait une importance supérieure à celui de Montroland. En effet, dans toutes les chartes confirmatives de l'abbaye de Baume, nous le voyons figurer au premier rang quand Montroland est oublié.

Si en 1078 nous l'avons vu s'appeler celle, *cella quæ vocatur Gauda*, et en 1039 qualifié église, *ecclesiam Sancti Petri Gaudæ*, ce n'en était pas moins un prieuré. On sait que les papes caractérisaient ainsi les prieurés et même les abbayes, et que c'est seulement dans les siècles postérieurs qu'on s'est servi du mot *prioratus*. Si l'on en veut une preuve plus convaincante, Grand-Fontaine et Jussa-Moutier, qui ont toujours été des monastères, ont reçu le même nom d'églises, et Baume est même quelquefois appelé *cellula*. On peut donc affirmer que Jouhe a été, comme eux, un prieuré, et qu'il en est de même de Montroland.

La prévôté qu'Innocent II confirma, en 1143, au monastère de Jouhe, prouve encore son existence antérieure comme prieuré. Cette position de prieuré permettait à l'abbé de Baume d'envoyer à Jouhe un prieur qui était sous sa dépendance complète et révocable à sa volonté, comme ses autres officiers. Le prieur représentait l'abbé, qui conservait les droits de visite et de dépouilles.

Henri VI suivit l'exemple de son père, et, en 1186, confirma, soit la charte de 1157, soit la lettre sans date que Frédéric écrivit à l'archevêque de Besançon pour l'engager à protéger le monastère de Baume auquel il portait un si grand intérêt. L'antipape Victor, imitant l'empereur qui se montrait son partisan exclusif, prit cette abbaye sous sa protection. Dans sa bulle du 6 des calendes d'octobre 1162, Jouhe et Montroland sont encore distingués en deux prieurés, *ecclesiam Sancti Petri Gaudæ cum capellâ et appendiciis suis et ecclesiam Montis Roolenis.* Nous trouvons ici pour la première fois la mention de cette chapelle à Jouhe, chapelle qui est devenue plus tard l'église paroissiale du village.

Clément III n'imita pas ses prédécesseurs qui s'étaient montrés si favorables à Baume: le 15 février 1188 (v. st.), il lui ôta le titre d'abbaye et le soumit de nouveau à Cluny. Cependant, peu après, il changea de sentiment, et, le 9 décembre 1190, il réitéra en faveur de Ponce Ier les faveurs que les papes avaient accordées à l'abbaye. Le Saint-Père, en confirmant ces libéralités, énumère, de suite après Grand-Fontaine, l'église de Jouhe avec sa chapelle, ses dépendances, sa prévôté, et fait mention de l'église de Montroland.

CHAPITRE II.

PIERRE, PRIEUR.

1240.

Malgré les bulles des papes et la protection des seigneurs laïcs auxquels l'abbé de Baume avait eu recours, Cluny n'avait point renoncé à ses prétentions de suprématie. Hugues IV, son abbé, après la mort de Clément III, obtint de Célestin III une bulle pareille à celle qui avait ôté à Baume la qualité d'abbaye et l'avait soumise à sa rivale.

En 1239 intervint, en suite des prétentions des abbés de Cluny, un traité entre l'abbé et les religieux de Baume d'une part, et l'abbé et le couvent de Cluny de l'autre. En voici les principales dispositions. Les premiers s'obligèrent d'avertir l'abbé de Cluny de la mort de leur abbé et de lui demander la permission d'en élire un autre qui ne pourrait être choisi qu'à Cluny. Il fut convenu que lorsque l'abbé de Cluny viendrait à Baume, les religieux de ce monastère seraient tenus de le recevoir en procession; que l'abbé de Baume, soit à Cluny, soit ailleurs, devrait prendre le pas sur tous les autres abbés de l'ordre et marcher immédiatement après l'abbé de Cluny ; que ce dernier pourrait visiter l'abbaye de Baume soit par lui-même, soit par des commissaires nommés de sa part. S'il s'y trouvait quelque désordre, il devrait inviter l'abbé à le faire cesser ; sur les refus de celui-ci, il pourrait supprimer les abus par lui-même ou par les définiteurs du chapitre. Ce traité mit Baume dans la position la plus dépendante. Nous verrons ce qu'il produisit.

Jouhe et Montroland n'y figurèrent pas et suivirent la fortune de leur chef. A partir de 1188 jusqu'en 1240, c'est-à-dire pendant 52 ans, nous les perdons de vue ; cependant Jouhe avait conservé sa position. Etienne II et Jean de Chalon, son fils, le qualifient de prieuré dans une charte de 1241 (v. st.), donnée à Souvans au mois de mars.

Nous voyons apparaître dans ce titre le nom du premier prieur connu, *Pierre*. Le comte Etienne cède en aumône perpétuelle, pour le salut des siens, au prieuré de Jouhe (*prioratu de Gaudâ*) et aux frères qui servent Dieu dans ce prieuré, le fief que Jacques de Jouhe, chevalier, ou les prédécesseurs de celui-ci, tenaient de lui. *Feodum Dni Jacobi de Gaudâ militis cum appendiciis ejusdem feodi quod idem Jacobus et sui predecessores de me tenebant*. Jean approuve et confirme la libéralité de son père.

Dans le même mois de la même année, Etienne régla les cens que le prieur de Jouhe devait avoir à Bans et à Souvans. Il paraît qu'il avait eu des torts bien graves à se reprocher envers l'église de Jouhe, car, en récompense de toutes les injures, extorsions et maux qu'il lui avait faits, *in recompensionem omnium injuriarum et extorsionum et malorum quam fecimus ecclesiæ de Gaudâ*, il lui donna de nouveau le fief de Jacques de Jouhe, à condition que le prieur ferait son anniversaire et nourrirait sept pauvres frères, *reficere septem fratres pauperes*, pour le repos de son âme.

Cette famille de Jouhe, dont parle Etienne, était fort ancienne. Déjà, de 1143 à 1148, on voit figurer dans une charte qui doit être attribuée à Rainaud III, un *Guy* de Jouhe, prévôt du château de Dole, *Vido Joè, tunc Dolæ castri prepositus*.

CHAPITRE III.

GUY, PRIEUR.

1260.

Ce prieur n'est connu que par un acte du chapitre général de Cluny. L'esprit de rébellion continuait encore, non seulement contre Cluny, mais contre les abbés choisis dans son sein en vertu du traité de 1239. Guy avait suivi l'exemple général: il fut déposé par le chapitre, *prior de Johâ propter rebellionem abbati Balmensi et ecclesiæ Cluniacensi factam amoveri jubetur à suo prioratû.*

CHAPITRE IV.

ETIENNE, PRIEUR.

1271—1289.

Il ne paraît pas qu'il y ait eu de prieur à Jouhe en 1269, car nous voyons l'abbé de Baume, en cette qualité, obtenir d'Everard *de Martiniis*, juge ou auditeur des causes à la cour du comté de Bourgogne, une sentence qui ordonnait aux habitants de Sampans de se désister de cinq cents journaux de terres arables, non arables et bois, lieu dit aux *Défois de Suche*, entre Jouhe, Biarne et Sampans.

En 1271, Etienne, prieur de Jouhe, nommait à la cure de Dole de la part de l'abbé de Baume, curé primitif de cette paroisse.

Un acte de 1277 prouve qu'il était prieur de Saint-Vivant. Il y déclarait n'avoir aucun droit dans les bois de ce village comme prieur de Jouhe, mais seulement qu'il les posséderait tant qu'il serait prieur de Saint-Vivant, *quandiu tenebimus dictam domum Sancti Viventii*.

A cette époque, le prieuré de Jouhe avait grandi

en richesses. Dans l'énumération que le comte palatin de Bourgogne Othon IV fit à Philippe-le-Bel, pour lui prouver que Jean de Bourgogne, son frère, sire de Montaigu, avait été plus que suffisamment aportionné eu égard au nombre d'enfants qu'avait laissés Hugues, leur père, Jouhe figure le second parmi les prieurés et possède cinq cents livres de terre. (Gollut, l. VII, ch. xxxiv.) Ce revenu était plus considérable que celui de beaucoup d'abbayes.

Mais voici encore une preuve de la célébrité de notre prieuré et qui fait connaître le nom d'Etienne comme prieur. Au mois de septembre 1289, Jean Ier de Chalon, comte d'Auxerre, alors à son château de Rochefort, donna vingt charges de sel au prieur de Jouhe, à prendre annuellement et perpétuellement au puits des salines de Salins, à la charge que son anniversaire serait fait à perpétuité au prieuré et que, de son vivant, une messe solennelle du Saint-Esprit serait chantée la veille de saint Michel.

CHAPITRE V.

GIRARD, PRIEUR.

1297-1298.

Urbain II, par sa bulle du 27 juin 1096, avait soumis l'abbaye de Baume aux archevêques de Besançon. Ceux-ci prétendirent exercer ces droits que leur contesta le monastère de Cluny. Eudes de Rougemont, à peine monté sur le siége épiscopal, s'efforça de terminer ce différend. Une transaction eut lieu le 16 octobre 1269. Il fut convenu que l'abbé de Baume continuerait à être choisi dans l'ordre de Cluny; que le chef de cette congrégation présenterait le chef élu à la confirmation de l'archevêque de Besançon; que si celui-ci déclarait l'élection nulle, on procéderait à une nouvelle, et que si elle était vicieuse, le prélat nommerait l'abbé d'office. L'archevêque devait visiter tous les ans l'abbaye de Baume et avertir l'abbé de ce qu'il trouverait à corriger; que si ce dernier n'y apportait pas remède dans l'année, l'archevêque aurait le droit d'y pourvoir d'office sans préjudicier à la juridiction de l'abbé de Cluny.

Jamais l'abbaye de Baume n'avait accepté, sans résistance et sans modification, cette autorité suprême de Cluny, et les prieurs de sa dépendance prirent une part active à ces démêlés.

Bertrand de Colombier, abbé de Cluny, ayant succédé à Guillaume IV, mort en 1295, se présenta, en 1297, pour visiter l'abbaye de Baume, en vertu de la transaction de 1239. Il y eut opposition par voies de fait dans l'abbaye de Baume et dans les prieurés de Dole et de Jouhe. L'abbé et ses domestiques furent chargés d'injures à l'instigation du cellérier et du chambrier à Baume, et des prieurs à Jouhe et à Dole. Les actes du chapitre général de Cluny, de l'an 1298, se servent d'expressions énergiques pour caractériser la rébellion: *Armis muniti nequiter sævientes eos contumeliosis verbis et aliis diversis injuriis afficere præsumpserunt.*

L'abbé de Cluny eut alors recours aux armes spirituelles, et, après les monitions ordinaires, il excommunia l'abbé, le cellérier et le chambrier de Baume; les prieurs de Dole et de Jouhe furent enveloppés dans le même anathème, et l'interdit fut lancé sur l'abbaye de Baume et sur les prieurés.

Ces censures furent confirmées au chapitre général de l'ordre tenu en 1298.

Les moines frappés s'émurent peu de ces censures; sans doute ils s'y étaient attendus. Ils ne daignèrent pas même les prévenir par leur recours au Saint-Siége ni appeler après qu'elles furent fulminées. Ils continuèrent, pendant plus d'une année, à célébrer les divins offices et à exercer les fonctions ecclésiastiques à leur ordinaire et à l'étonnement des fidèles.

Alors l'abbé et la communauté de Cluny s'adressèrent à Boniface VIII et le prièrent de confirmer les censures et de décréter des châtiments contre ceux qui les avaient méprisées. Le pape délégua, pour terminer ce différend, l'abbé de Saint-Bénigne de Dijon, avec ordre de faire exécuter ces sentences s'il les trouvait justes, et si, un mois après sa déclaration, les coupables ne venaient pas à résipiscence, de les déclarer excommuniés de la manière la plus solennelle qui fût en usage et de publier l'interdit jeté sur l'abbaye de Baume et les prieurés.

Depuis ce temps, les religieux de Baume eurent quelque déférence envers l'abbé de Cluny.

Notre ardent prieur est appelé *Gerardus de Johâ*: c'est la seule manière dont il ait fait parler de lui.

Voici une date importante pour Montroland. Othon V, comte palatin de Bourgogne, par son testament du 13 septembre 1302, constate l'antique célébrité de Notre-Dame et la pieuse confiance qu'il avait en elle.

« Et volons, dit-il, qu'ils facent (ses exécuteurs testamentaires) faire deux autres calices d'argent chacun de 11 marcs et que l'on les donne a l'église de Notre Dame de Montrolain dessus Dole. »

CHAPITRE VI.

GUILLAUME DE MUGNANS.

1311—1357.

Nous n'avons aucune donnée biographique sur ce prieur dont l'administration fut si longue; nous ne connaissons pas davantage la famille à laquelle il appartenait : quelques actes se rapportant à son administration montrent la prospérité croissante de Jouhe et de Montroland et révèlent la puissance des protecteurs qu'ils avaient su conquérir.

Le premier titre dans lequel figure le nom de Guillaume est une cession faite le mardi après la Pentecôte 1311 par Odoz Girard, de l'hôpital de Dole, à Richais, dit Eslectet, de plusieurs fonds situés à Jouhe et à Crissey et qu'il déclare tenir en fief de Mgr Gille ou Ville, prieur de Jouhe, et au nom de l'église du prieuré.

La même année survint un différend entre le prieur et le curé de Jouhe. L'officialité de Besançon fut appelée à le terminer. Nous avons retrouvé sa sentence et nous la donnons comme un curieux document qui peint les mœurs de cette époque.

« Nous officiers de la cour de Besançon faisons scauoir a tous ceux qui uerront et orront ces présentes lres, que comme descord et controuersion fut entre religieuse personne mon s[r] Willame prieur de Jouhe d'une part et mons[r] Pierre de Annores (Annoires), cure de Jouhe en celui temps de autre part suis cou et pour cou (sur ce et pour ce) que led. prieur demandoit et affirmoit encontre loudit cure quil dauoit auoir et en possession estoit en nom de loud. priore de receuoir les doues (deux) parties de toutes les armones (aumônes) que auenent et achessent en lad. eglise de Jouhe espécialement les doues parties de cele armones que seremontet douze deniers de monoie courans lou dit cure disant et sustenant lou contraire et auxi affirmoit led. curiez encontre led. prieur en nom de sad. eglize que estoit en possession par ses deuantiers de auoir pour es chadöilles (cierges) de Montroland la chapelle. Item qui dauoit auoir lou mardi deuant lascencion les deniers des croix de lad. chapelle de Montroland. Item si aucun des hômes ou des fèmes de la paroiche de Jouhe ly ques fut des hômes dudit pèur en nom de soud. priore trespassoit en ce siegle (siége) et led. pour (prieur) hout la main morte en icelle personne lediz curez affermoit que led. prieur estoit tenu de faire larmone et les bienfaits aud. curie au nom de sad. eglise.

» Item disoit led. curiez que les prochins (paroissiens) qui sont hômes dud. priour en nom de sond. priore doiuent conuenir es uicaire de Jouhe ou a son guradiutour (coadjuteur). Et encoir affermoit led. curiez contre loud. priour que li si cles (clercs) ses uicaires ou ses guradiutour es plusoirs festes en lan et aultres plus[res] jours dauoient mangier oud. priorey de Jouhe loudit por (prieur) sustenant le contraire contre loudit curiez et sur ce descort et controuersie lesd. parties hont faict compromis suis monseignour Pierre dict Bugier chiualier de Poloigney et suis maistre Bertholomey de Dole fusicien li ques auoient poher de faire de ce descort et controuersion tote leur uolontey q. arbitres et amiables compositors ly ques ont uoullu ordonney et prononcie pour bien de pais dou consentemt totevoixs des parties et selon cou quil auions trouey par gens anciens dignes de foy Que le dit por en nom de sond. prioré prioust en armoines qui eschissent ou auenent en lad. ynglize de Jouhe especialent en hiecles armones q. seremontent douze deniers en aual de monoie cursable prehist les deux parties et la tierce partie demoiroit aud. curie les armones qui ne seremontent douze deniers et de douze deniers en aual estoient et demorent aud. curie entierem. Item les chandoilles et totes les atres offrandes qui uenent a la chappelle de Montroland sont et doiuent estre entierem. aud. prour en nom de sond. priore. Item li deniers des croix que lon porte le lundi et les autres jours deuant lassension li ques deniers le diz prochins de la proche (paroisse) de Jouhe doiuent estrent et sont aud. por encienement. Item que lediz curiez en nom de sad. ynglize ses clis et ses uicaires doiuent mengier oud. priore de Jouhe la uoille de la natiuitey nre sr et lou jor a digner. Item la uoille de la purificaon nre Dame et lou jor a digner. La uoille de la resurection et le jor a digner. Item la uoille de lascension et lou jour a digner. Item la uoille de penthecoste et lou jor a digner, la uoille de la schens Pierre qui est la feste dou pòray et lou jor a digner. Item la uoille de tous schens et lou jor a digner et toutes ces choses dessus dictes et diuisees auient prononcie li diz arbitres qs en suit lauient a use acostumey lesd. parties par leurs deuantiers en lour dit priore et en lad. ynglize de Jouhe. Item ont prononcie se acuns des hômes et des fêmes de la parroiche de Jouhe trepassoit en ce siegle et lediz por eu en ycelle personne la main morte ledit pour dauoit et doibt faire l'armone et les bienfais a l'inglese de Jouhe et a cure ce en suit estoit que lad. personne hout aucuns mobles et se nauoit acuns mobles lediz pour nest tenu de cou en sui faire se nestoit de sa uolonte. Item se led. curie auoit uicaire acun guradiutor en l'inglize de Jouhe et il uoisit demander a ses prochains i uenir par lou dit uicaire ou par lou quoadiutour li diz arbitres pour lou bien de pais ont prononcies que led. curie lour pehust demander sil li plait en la plus suffisante maniere quil li plaira li hômes doit pour et le diz por hout lou deffense tel q. lour plaira q. droict lour deuray les dictes parties pour cou uennet en droict par deuant Michelin de Dole clair mre jure et n^te commandement espal a quel nous auons commis et commectons n^te pohoir quant es choses cy escriptes. »

Ces lettres ont été données et scellées le jour de la Pentecôte 1311; elles sont signées *Michelin* (1).

En 1318, le prieur de Jouhe avait à faire à un plus redoutable adversaire ; il ne fut pas moins heureux et ses prétentions furent couronnées de succès. Il était propriétaire à Crissey, et il prétendait, contre les prétentions de Mme la comtesse d'Artois, avoir grande et petite, haute et basse justice sur ses hommes de ce village. Il soutenait aussi que, dans les cas de jus-

(1) D'autres traités ont été faits entre les mêmes parties pour le même objet, 1° le 10 avril 1420; 2° en 1479; 3° le 29 mai 1531 ; 4° le 7 septembre 1619 ; 5° le 6 juillet 1633. Ils ne contiennent rien qui nous ait paru intéressant à rapporter.

tice de corps, il devait seulement rendre le corps tout jugé aux gens de Mgr le comte de Bourgogne. Le jour de la Pentecôte, le bailli du comté de Bourgogne, R. de Milley, lui adjugea sentence suivant qu'il le désirait.

L'année 1324 vit une grande manifestation en l'honneur de Notre-Dame de Montroland. Jeanne, reine de France et de Navarre, comtesse palatine de Bourgogne et dame de Salins, « portée de dévotion envers la sainte Vierge qu'on revère en la chapelle de Montroland et pour la bonne affection qu'elle a envers l'eglise de Baume-les-Moines et au prieuré de Jouhe, qu'elle dit être de sa garde et d'où dépend la chapelle de Montroland, fonde dans celle-ci trois grandes messes chaque semaine, et en l'église de Saint-Hippolyte de Poligny une autre grande messe aussi chaque semaine, pour le remède de son âme et des âmes de ses antécesseurs. » Pour rétribution, la pieuse princesse céda aux abbés et religieux de Baume et au prieur de Jouhe, le droit de la moitié du patronage de l'église de Saint-Hippolyte, l'autre moitié appartenant depuis longtemps à l'abbaye de Baume; de plus, la moitié de la présentation de la cure de ce lieu, quand elle serait vacante, l'autre moitié étant la propriété de Baume, à condition que les fruits et émoluments serviraient à l'entretien de deux chapelains qui s'acquitteraient de cette fondation. La charte a été donnée à Poligny le jeudi de la Cène de Notre Seigneur, 1324.

Le prieur de Jouhe étendait son droit de mainmorte jusqu'à Choisey. En janvier 1332, Vienot dit Pecoul, habitant ce village, se reconnut taillable et personnellement mainmortable du prieur de Jouhe, ainsi que ses successeurs.

Les fondations pieuses continuèrent à enrichir Montroland. Le 14 septembre 1342, Orbe de Grammont, sire de Pesmes, et Jeanne, dame de Pesmes, sa femme, établirent à perpétuité, pour le repos de leurs âmes, deux lampes ardentes à Montroland, et donnèrent pour cette fondation 70 soudées de rente annuelle à prendre sur leurs rentes de Chamblans.

Le 11 mars 1354 (n. st.), Jean II de Chalon, comte d'Auxerre, sire de Rochefort, conseiller de France, envoya mandement à son receveur de Rochefort de payer 30 livres estevenantes par an au chapelain de Montroland, pour que la lampe qui est dans la chapelle *arde nuit et jour*.

Le 10 juin 1355, Guillaume, alors nommé de Mugnans, figure dans une vente. Enfin, nous le retrouvons encore, le jour de la Pentecôte 1357, à Rochefort. L'acte où il assiste est en partie déchiré; il contient une extinction de cens et affranchissement de plusieurs héritages situés à Raynans, acquis par le prieur de Dole, Guillaume ...., de Jacques Oudet, bourgeois de la même ville, par Jean de Chalon, comte d'Auxerre, sire de Rochefort et bouteiller de France, parce que ces terres dépendaient de sa seigneurie. Il m'a paru que la vente, autant cependant que la lacération du titre m'a permis d'en juger, avait eu lieu pour fonder une chapelle à Montroland en l'honneur de monsieur saint Martin, ou tout au moins pour l'arrenter.

Le 1er décembre 1357, Marguerite, comtesse de Bourgogne, fonda une messe à Notre-Dame, au grand autel de Notre-Dame de Montroland, et assigna pour sa dotation 10 livres de rente sur les deux foires de la Loye.

Nous verrons, dans les chapitres qui vont suivre, les fondations se multiplier; nous ne rappellerons que celles qui furent faites par d'illustres personnages et qui ajoutèrent à l'éclat des prieurés. Elles avaient autant de mérite aux yeux de la sainte Madone, celles que de pauvres et pieuses personnes venaient établir en son honneur; mais nous ne pourrions les relater sans allonger démesurément un ouvrage qui aura peut-être déjà trop d'étendue.

CHAPITRE VII.

JEAN DE VAUTRAVERS, PRIEUR DE JOUHE.

1357-1384.

On a dû remarquer combien peu nous avions retrouvé de titres et de documents pour les périodes écoulées. C'est que les années 1362 à 1365 ont été fatales à nos monastères. Les grandes compagnies s'étaient ruées sur les environs de Dole et avaient porté dans toutes les campagnes la flamme et la désolation. L'église et le monastère de Jouhe furent brûlés par elles. Mais bientôt, grâce aux libéralités des princes et des souverains, à la richesse des prieurs, et grâce surtout à la protection de la Vierge de Montroland, ils sortirent de leurs ruines plus florissants que jamais.

Avant 1362, la justice du prieur de Jouhe s'étendait sur Menotey. Nous rencontrons, à la date du 9 février de cette année, un acte par lequel Raiselin, fils de feu Henriet de Rochefort, reconnaissait qu'une vigne de deux journaux, située à Menotey, lieu dit en Chassagne, et cultivée par Huguenin, dit Buchaillet, d'Auxange, son homme de morte-main, était de la justice du prieur de Jouhe.

Ce prieur, dont le nom ne nous est pas connu, reçut, le 3 décembre de la même année, d'un illustre chevalier, Othe de Granson, soixante sous estevenants à prendre sur les bans et cens de la ville de Broye, pour la fondation de deux lampes à brûler jour et nuit à Notre-Dame de Montroland.

L'année 1364 (n. st.) fut signalée par deux libéralités de Marguerite, comtesse de Bourgogne. Les lettres patentes de la princesse sont datées de Dole les 1er et 12 février. Par les premières, pour le repos de son âme et la dévotion qu'elle avait envers la sainte Vierge, elle fonda une messe quotidienne à la chapelle de Montroland: le dimanche à la dévotion du chapelain, le lundi des anges, le mardi et le mercredi des morts, le jeudi du Saint-Esprit, le vendredi de la croix, le samedi de Notre-Dame. Celle-ci devait être dite et chantée entre prime et tierce, à l'intention de la fondatrice. Pour cette fondation, elle donna à perpétuité quarante livres estevenantes à prendre sur les deux fourgs de sa ville de la Loye. La princesse se réserva de pouvoir changer cet assignat en un autre produisant le même revenu au prieur de *Joe*. Le chapelain disant la messe de Montroland devait avoir chaque jour douze deniers estevenants. La donatrice voulut encore qu'une messe fût célébrée à perpétuité, au prieuré de Jouhe, le lendemain des fêtes de la Purification, Annonciation, Assomption et Nativité Notre-Dame. Le prieur et les religieux furent tenus, par la fondation, de dire à perpétuité, le jour de son décès, un anniversaire solennel. Pour rétribution, chaque moine devait recevoir, sur les quarante livres de rente pour les vigiles, un demi-gros tournois, et autant pour la messe. La donatrice requit l'archevêque de Besançon d'approuver et de confirmer cette fondation par son décret.

Par les secondes lettres patentes, Marguerite, voulant augmenter les revenus du prieuré de Jouhe et le service divin qui se faisait à Montroland, octroya au prieur de Jouhe, et à sa supplication, son affouage dans la forêt de Chaux pour lui et ses gens tant qu'ils *demeureraient à Dole* (1); elle lui accorda aussi, pour lui et ses successeurs, la permission à perpétuité de mettre dans cette même forêt vingt-cinq porcs tous les ans, pourvu toutefois qu'ils appartinssent tous au prieur et qu'il ne fît là-dessus aucune fraude.

Au mois de novembre 1366, la comtesse, après avoir reçu la visite de son gendre, Philippe-le-Hardi,

(1) Sans doute le prieur s'y était réfugié après l'incendie du monastère, dont on ne connaît pas au juste l'époque ; cette phrase servirait à le fixer à 1363 ou 1364.

qui revenait de faire un pèlerinage à Saint-Claude, quitta le comté et n'y reparut qu'en 1374. Elle resta quatre mois dans notre pays et retourna dans les Pays-Bas. Le duc Philippe, après un nouveau pèlerinage à Saint-Claude, passa par Dole pour se rendre à Chevigny chez l'amiral Jean de Vienne. Il y revint, dit-on, en 1386, pour aller à Montroland remercier le ciel de l'heureux succès de ses vastes entreprises.

Le 11 juin 1364, Tristan de Chalon, sire de Rochefort, fidèle aux traditions de sa famille, fit donation de deux livres de cire pour un anniversaire de trois messes en l'église de Montroland. Elles devaient être célébrées la veille de saint André, apôtre, à la chapelle Notre-Dame-Sainte-Marie, à l'autel de saint Martin, pour le repos de l'âme de son père. Si l'on en jugeait par cette donation, celle qui la précède et celle qui la suit, il paraîtrait que Montroland aurait été épargné par les compagnies. Le 6 juin 1366, Jaqua de Granson, dame d'Orbe, fonda une messe quotidienne dans cette église moyennant quinze florins d'or à prendre annuellement sur les tailles de sa terre de Longchamp. Cette donation fut approuvée et augmentée de cinq florins annuellement, le 9 juin 1372, par Jean de Montfaucon, sire de Villafans, fils de la dame d'Orbe.

Malgré tant de libéralités, le prieuré de Jouhe était

pauvre alors. Le passage des grandes compagnies lui avait fait tant de mal, que le prieur ne pouvait payer ses redevances envers la comtesse de Bourgogne. En 1367, les officiers de cette princesse entrèrent par force dans le prieuré et y enlevèrent deux chevaux, douze grandes cuillers d'argent et une émeraude. La plupart des habitants abandonnèrent le pays.

Marguerite était moins rigoureuse que ses officiers : éloignée de la Franche-Comté, elle n'oubliait pas la sainte Madone de Montroland. Le 28 août 1370, étant à Arras, elle confirma le don fait par Hugues de Binans, écuyer, d'une corvée de terre de douze journées, sise à Raynans, pour faire célébrer annuellement à Montroland une messe du Saint-Esprit pendant sa vie, de *requiem* après sa mort. Comme cette terre était de la mouvance du fief que Marguerite avait à Rochefort, elle l'amortit au prieuré de Jouhe.

Le prieur, comblé des faveurs de la comtesse, ne craignit pas de lutter contre ses officiers. A la vérité, il s'agissait d'un droit important pour lui. Les procureurs de Marguerite prétendaient, devant le bailli du comté de Bourgogne, que la haute et basse justice à Montroland devait appartenir à la comtesse. Le prieur soutenait qu'elle était à lui à cause de son prieuré de Jouhe, excepté cependant l'exécution du malfaiteur qui compétait au souverain en la personne de son prévôt de Dole. La comtesse ordonna une enquête; le résultat en fut examiné par ses conseillers, qui lui rapportèrent que le prieur avait montré son droit mieux et plus clairement que les procureurs. En conséquence, le 1er septembre 1374, Marguerite, alors au château de Quingey, rendit une sentence par laquelle elle déclara que le prieur de Jouhe, au nom de son prieuré, aurait le droit de justice grande et petite à Montroland, sauf l'exécution du malfaiteur, qui devait être pris à Montroland sans qu'on pût rien demander au prieur pour l'aller quérir, et remis tout nu à la justice de Dole pour être exécuté au lieu accoutumé, et sans qu'elle ou ses successeurs pussent rien prétendre sur les biens du condamné.

Nous trouvons enfin, le 18 mars 1377 (v. st.), dans un acte d'achat de deux faux de prés à Billey, le nom du prieur qui, suivant nous, aurait succédé à Guillaume de Mugnans. C'est Jean de Vautravers.

Les libéralités continuent. Le 17 janvier 1379 (v. st.), Hugues de Chalon, sire d'Arlay, donne dix francs à prendre sur ses bois pour acheter l'huile de la lampe qu'il avait ordonné *ardoir* nuit et jour à Montroland, pour le remède de son âme et de celles de ses prédécesseurs.

Ces lampes ardentes étaient très multipliées à Montroland, et la fondation en était ordinairement faite par les personnages les plus distingués. Nous voyons, en 1379, Philippe-le-Hardi, duc de Bourgogne, accorder, à la prière de son chambellan, Jean de Mornay, au prieur de Jouhe, l'amortissement de deux soitures de pré sises dans son fief de Billey, pré que de Mornay avait donné pour le luminaire perpétuel d'une lampe devant l'image de Notre-Dame dans l'église de Montroland.

Jean de Vautravers délivra, en 1379, à la comtesse de Bourgogne, une quittance pour une somme affectée à la fondation d'une chapelle à Montroland. La même année, il acheta de Hues de Cherdebief, de Dole, la *maiherie* de Crissey. L'abbé de Baume donna son consentement à cette acquisition le 29 août 1386. Par cet acte, les prieurs devaient maintenir perpétuellement l'huile dans une lampe devant la Notre-Dame de Montroland. Le 2 juin 1380, on le retrouve acquérant des prés dans la prairie de Villers-Rotin.

Les libéralités ne s'arrêtent pas. Une grande dame, Etiennette, femme de Jean Carondelet, par son testament du 6 des calendes de février 1383 (n. st.), assigna un cens annuel sur une vigne pour fournir le luminaire de Notre-Dame de Montroland.

Le dernier acte dans lequel nous ayons découvert le nom de Jean de Vautravers est du 9 octobre 1384. Ce prieur transigeait alors avec Raiselin de Rochefort, écuyer, et Jean Savans d'Auxonne, sur une contestation élevée entre eux à raison d'une vigne sur Menotey. Il fut reconnu par cette transaction que la vigne était de la mouvance de la justice seigneuriale du prieuré et portait lods et retenue au profit du prieur de Jouhe.

C'est probablement encore pendant l'administration de ce prieur que Villette, dame de Flammerans, épouse de Jacques de Coutison, chevalier, fit, le mardi après la Saint-Luc 1385, donation à la fabrique de Montroland d'un florin d'or de cens hypothéqué sur un pré dans la prairie de Flammerans.

CHAPITRE VIII.

JEAN DE NEUCHATEL, PRIEUR DE JOUHE.

1388—1398.

Jean de Neuchâtel fut un des plus illustres prieurs de Jouhe. D'abord religieux de l'ordre de saint Benoît, il passa ensuite dans celui de saint Bruno. Il devint lecteur du sacré palais, prieur de Saint-Pierre d'Abbeville et d'Arbois, chanoine d'Autun. Successivement évêque de Nevers et de Toul, il fut élevé, en 1383, au cardinalat, du titre des Quatre saints couronnés, puis évêque d'Ostie, enfin élu archevêque de Besançon ; mais cette élection ne fut pas confirmée.

Jean de Neuchâtel avait été chapelain de Notre-Dame de Montroland ; il était donc alors religieux à Jouhe, parce que ce titre de chapelain ou gardien de Montroland ne se donnait qu'à un religieux du monastère de Jouhe. Nommé prieur, il n'y résida probablement pas souvent, car, dans le premier acte où nous voyons figurer son nom, il est représenté par Jean de Villemorin. C'est une sentence arbitrale rendue, en 1388, entre le prieur de Jouhe et le vicomte mayeur d'Auxonne. Les objets litigieux étaient la grange de Bouguerans, bâtie dans la Crochère, forêt appartenant à Auxonne, faisant partie de son territoire, et des droits de pâturage et d'usage auxquels le prieur de Jouhe avait droit dans cette forêt. Jean de Villemorin s'y qualifiait prieur des Loyers et gouverneur du prieuré de Jouhe pour et au nom de révérend père en Dieu Mgr le cardinal de Neuchâtel, prieur de Jouhe.

L'année suivante, 1389, le même gouverneur fit, au nom du prieur, un traité avec Hugues Breton, curé de Jouhe, touchant les mortuaires. Le prieur eut, en vertu de cet acte, deux parts des aumônes faites pour les trépassés.

Hugues de Chalon avait, par son testament, donné trois cents florins d'or pour fonder une chapelle à Montroland et dire une messe quotidienne pour le repos de son âme. Jean de Chalon-Arlay III, prince d'Orange, son neveu, avait, pour l'érection et la dotation de cette chapelle, assigné une rente de trente francs sur le partage qu'il avait dans les sauneries de Salins. Le 26 mars 1389, il ordonna au trésorier de compter annuellement ces trente florins d'or jusqu'à ce qu'il en ait autrement ordonné. La charte est datée d'Arlay.

Nous retrouvons, à la date du 2 novembre 1390, un titre dans lequel Jean de Neuchâtel figure par lui-même. C'est une cession faite pour soixante sous estevenants à Jean Bernardet, de Raynans, d'une terre arable de quatorze journaux sur le territoire de cette commune à la corvée de Bynans.

Le prieur de Jouhe avait mis à profit la sentence rendue par Marguerite en sa faveur : on tenait des journées de justice à Montroland. Nous en avons la preuve dans un acte du 14 avril 1393 (v. st.), par lequel le cardinal de Neuchâtel vendait un chasal séant à Montroland, devant la porte de l'église, entre la *loge* où l'on tient les journées...

Le 22 mars suivant, une reconnaissance faite par Jean Faivre, d'Archelange, demeurant à Saint-Vivant, établit qu'il était homme mainmortable du prieuré de Jouhe. C'est la première fois que nous voyons paraître le nom d'Archelange, sur lequel le prieur avait les mêmes droits que sur Jouhe et Montroland. A quelle époque ce village servit-il à la dotation du prieuré? Il est fort difficile de le savoir. On ne peut non plus découvrir quand les droits de mainmorte personnelle et réelle que le prieur de Jouhe avait sur ses habitants ont pris leur origine.

La chapelle de Montroland continua de recueillir les plus riches offrandes. Le 13 janvier 1395 (n. st.), Guy de Pontailler, maréchal de Bourgogne, donna trois cents florins d'or employés à créer une rente de trente florins d'or, payable au chapelain qui desservirait la chapelle, pour une messe quotidienne à Montroland.

L'administration des prieurs n'était pas toujours acceptée sans résistance de la part de leurs corvéables. Nous en aurons des preuves malheureusement trop multipliées. Les habitants d'Archelange résistaient à Jean de Neuchâtel pour la perception de la dîme. Une transaction qui mit fin momentanément au différend intervint entre les parties le 4 février 1395 (n. st.). Il fut convenu que les habitants d'Archelange qui différeraient d'acquitter leurs cens et autres rentes aux termes où ils les devaient, ne paieraient point d'amende, mais seraient gagés de leurs biens, et, à défaut de biens, ajournés devant le gouverneur de la justice de Jouhe. Quant à la clause qui suit, elle est curieuse, mais nous n'avons pu l'éclaircir comme nous l'aurions désiré ; la voici : « Item ne payeront es deniers de leurs cens aucun effort de monnoie mais ainsy que lon fait à Dole au trésorier du comté. » Quel était ce mode de libération? Nous l'ignorons.

A Jouhe, les manants avaient été plus entreprenants. Ils étaient plus nombreux. Aussi, le mardi après la Pentecôte 1394, Guillaume de Chessel, juge pour le cardinal, fut-il obligé d'appeler devant lui trente-neuf d'entre eux. « Depuis la Natiuité ils sétoient assemblés, dit la sentence, au cimetière de Jouhe par manière de monopole et de congrégation illicite a ceux qui sont de mainmorte et n'ont de communauté, et sans la licence du prieur ou de ses officiers ils avoient elu un prudhomme et un gouuerneur pour faire ban et commandement a reparer les chemins, a garder leurs bois et pour les autres besognes de la uille faire en telle maniere que ceux qui n'iroient pas a leurs bans et commandemens payeroient deux blancs à boire par eux. »

Pour des mainmortables, l'entreprise était audacieuse et devait entraîner la colère et la sévérité du prieur. Se voyant les plus faibles et reconnaissant leur impuissance, les habitants de Jouhe eurent recours à la force des faibles, la ruse et la soumission.

Ils prétextèrent d'ignorance, se mirent à la merci du prieur, prétendirent seulement que de toute ancienneté ils avaient coutume d'élire deux des leurs pour garder leurs bois et en donner à ceux qui maisonnaient à Jouhe. Ce point ne pouvait être contesté, car ils ne faisaient cette élection que sous le bon plaisir du prieur. Le juge en reconnut la vérité et les renvoya absous pour ce chef, mais il les condamna sur les autres seulement à dix livres estevenantes d'amende, attendu *leur ignorance*.

Jamais, peut-être, plus noble cœur et plus brave chevalier n'avait témoigné de sa dévotion à la Vierge que celui qui, le 30 avril 1395, fonda une chapelle à Montroland. Jean de Vienne, le célèbre amiral de France, seigneur de Roulans, donna au prieur de Jouhe la troisième partie des dîmes qu'il avait dans les villages de Villeverges et de Soissons, dépendant de sa châtellenie de Pontailler-sur-Saône.

A cette époque, le cardinal ne résidait pas à Jouhe; il avait un gouverneur nommé Jehan de Saluanot, si toutefois nous avons bien lu ce nom dans un acte d'acensement d'une vigne située sur Dole. Ce Jehan de Saluanot prend même la qualité de prieur, mais nous ne croyons pas qu'il ait été autre chose qu'un simple administrateur comme l'avait été Jean de Villemorin.

On dit que Jean de Neuchâtel mourut le 4 octobre

1398. Son tombeau était dans le chœur des pères chartreux d'Avignon.

Ce fut lui qui entreprit la restauration de l'église de Jouhe, fit construire le presbytère, bâtir la chapelle de la sainte Vierge et de saint Antoine, et, pour conserver la mémoire du sépulcre de Béatrix, fit exécuter la peinture dont nous avons déjà parlé. En 1585, les gens du roi virent encore ses armes sur les vitres; elles étaient aussi sculptées dans la clef de voute du presbytère.

Jean portait de gueules à la bande d'argent.

CHAPITRE IX.

HUGUES DE CHALON.

1399.

Encore un grand nom, encore une illustration pour le prieuré de Jouhe. Mais, hélas! ce nom n'a laissé qu'une date dans l'obituaire et un tombeau dès longtemps brisé. Hugues mourut le 15 juin 1399 et fut enterré à Montroland, devant le grand autel du côté de l'évangile. Il était frère de Tristan de Chalon, sire de Rochefort et d'Orgelet, et fut aussi prieur de Saint-Désiré de Lons-le-Saunier. On le retrouve dans quelques chartes désigné sous le nom d'Eudes. Il était fils de Jean II que l'on a cru, mal à propos, tué à la bataille de Crécy.

Les couleurs et les métaux des armoiries de Neuchâtel n'ayant pas été figurés, on pouvait les confondre avec celles de Hugues de Chalon, qui portait de gueules à la bande d'or; mais on ne peut attribuer à Hugues les réparations faites par Jean de Neuchâtel, car jamais celui-là n'a eu une dignité qui lui permît de porter les cordons que l'on voyait sur le support.

CHAPITRE X.

JEAN DE COIGNEY, CUGNA, COGNA OU CUGNEY, PRIEUR.

1400 — 145....

Un an et un jour après le décès d'Hugues, Amédée de Chalon, abbé de Baume, donnait à Jean de Coigney, moine de son ordre, le prieuré de Jouhe, vacant par la mort de son frère chéri, *dilecti fratris* (1).

(1) Ces expressions prouvent que c'est par erreur que

Les lettres de collation sont datées de Jouhe, le 16 mai 1400.

Hugues n'avait fait que passer ; mais Jean de Coigney fournit une longue carrière comme prieur ; son administration offre des actes qui méritent de fixer l'attention.

Le nom de Chalon était pour le prieuré un synonyme de libéralité ; sans cesse il revient dans ce récit, et chaque fois il signale d'importantes donations. Jean de Chalon-Arlay III, prince d'Orange, écrivit de Nozeroy, le 15 mars 1405, aux receveurs de la saunerie de Salins, de payer chaque année au prieur de Jouhe 40 florins, moitié à la Saint-Jean, moitié à la Saint-André, jusqu'à ce qu'il ait trouvé une rente à achat de 300 livres, afin qu'il fît célébrer tous les jours de la semaine une messe de *requiem* et entretenir deux lampes ardentes, jour et nuit, pour le repos de l'âme de feu son oncle Hugues, en son vivant seigneur d'Arlay.

Les miracles de la Vierge continuaient d'attirer à Montroland de nombreux pèlerins; parmi eux, l'on en comptait d'illustres et qui devaient remplir la postérité de leur nom.

l'on a cru Amédée fils de Louis de Chalon Ier, comte de Tonnerre; il était fils de Jean II. Louis II l'appelle son oncle dans une charte de l'abbaye de Baume, du 25 février 1409 (n. st.).

Au commencement de 1407, Jean-sans-Peur avait envoyé de Flandre en Bourgogne, Philippe, comte de Charolais, son fils, avec quatre princesses sœurs de ce comte, parce que, disait-il, l'air et la nourriture y étaient meilleurs. Les quatre princesses étaient Catherine, Isabelle, Anne et Agnès. Elles demeurèrent d'abord au château de Rochefort pendant près de quatre mois avec leur frère, du 1er février au 23 avril. Durant le séjour qu'ils y firent, le prieur de Dole, avec un certain nombre de chapelains, venait tous les jours de fête célébrer le service divin à Rochefort. Très souvent les princesses allaient faire leurs dévotions à Montroland et étaient accompagnées à la chapelle sainte par les premières dames du pays.

Dans l'année 1409, Jean de Coigney affranchit Etevenin dit Pillot de Montroland, jadis bourgeois de Dole, pour les services qu'il avait rendus au prieuré. Cet acte de libéralité fut approuvé par l'abbé de Baume.

Après l'enlèvement de Jeanne de Perellos, dame d'honneur de la duchesse de Bourgogne, par Louis de Chalon, comte de Tonnerre, Jean-sans-Peur, irrité de l'outrage fait à sa femme jusque dans son palais, de la violation de la foi conjugale que Louis avait aussi audacieusement trahie, et de la honte dont le malheureux père, Pons de Perellos, son chambellan, était couvert par ce déloyal chevalier, ordonna son arrestation immédiate.

Il écrivit sur-le-champ à ses officiers du comté de Bourgogne de saisir le coupable, ses châteaux, ses terres, et de l'enfermer dans les prisons de Dole. Louis ne put être arrêté. Un arrêt de bannissement le frappa, et toutes ses terres, tous ses biens du comté de Bourgogne, furent adjugés au duc. Jean, au mois de décembre 1407, donna les ordres nécessaires pour entrer dans les châteaux et pour saisir les papiers de Louis de Chalon. Celui-ci était tenu de payer au prieur de Jouhe les vingt charges de sel que Jean de Chalon-Auxerre Ier avait données au prieur Etienne en 1289. Jean de Coigney fut obligé de s'adresser au duc pour en obtenir la délivrance. Celui-ci prescrivit, le 6 septembre 1409, à ses gens de la cour de Dijon, de les faire acquitter au réclamant, et par les mêmes lettres il confirma la donation. Un mandement du 17 mai 1418 de la cour des comptes de Dijon au trésorier des salines, fit opérer la même délivrance. Jean de Coigney eut soin d'obtenir de Philippe-le-Bon, le 10 août 1424, un titre confirmatif de ce revenu si précieux pour son prieuré.

Philippe-le-Bon avait une grande dévotion à Notre-Dame de Montroland ; il le prouva dans une occasion solennelle. Le 16 octobre 1433, « *pour la grande et fervente dévotion qu'il avoit de la glorieuse Vierge Marie, mère de notre benoit createur et redempteur, et par intercession de laqvelle de la grâce de notre dit createur avoit été aydyes es affaires de mondit s[r] de Bourgogne et nouvellement en la recouvrance de la ville d'Avallon et en signe de reconnaissance,»* le duc fonda à Montroland une messe quotidienne et perpétuelle, à l'aube du jour, précédée de l'office de Notre-Dame à notes et solennellement, au grand autel. Trois religieux du prieuré de Jouhe devaient la célébrer: un disait la messe et les autres la répondaient. *On la sonnoit par un et quatre coups de l'une des plus grosses cloches.* Plus voulut, le seigneur duc, que, les samedis et fêtes de Notre-Dame, cette messe fût célébrée par les prieur et moines de Jouhe, qui ne pourraient s'en dispenser sans une légitime excuse. Ils étaient obligés de chanter aussi solennellement les vêpres et à la fin le *Salve Regina* avec versets et oraison. Les religieux, pour ces offices, fournissaient deux cierges d'une livre chacun et deux torches ardentes pour le temps de l'élévation; ces torches, de deux livres chacune, étaient allumées pendant vêpres et *Salve Regina*. Les pères étaient encore tenus au luminaire de deux lampes jour et nuit allumées devant l'image de Notre-Dame qui était sur le grand autel de l'église de Montroland. Ces lampes d'argent furent fournies par le duc, qui, pour dotation, céda au prieur et aux religieux cent livres estevenantes à prendre sur ses cens de la Loye et payables en deux termes. On voit que la galanterie ne nuisait pas à la dévotion dans le cœur de notre bon duc Philippe.

Le 10 mars de l'année suivante, Thiébault de Neuchâtel, seigneur de Blamont et de Chissey, maréchal de Bourgogne, qui réprima, en 1451, la sédition de Boisot à Besançon, considérant que son très cher oncle, Jean de Neuchâtel, jadis seigneur de Montagu et d'Amance, avait, par son testament, voulu qu'une lampe ardente brûlât nuit et jour devant l'image de Notre-Dame à Montroland et avait ordonné que, pour cette fondation, une somme de cent sous estevenants par an fût payée sur sa rente de Chissey, et que lui, Thiébault, était devenu propriétaire de Chissey par suite du partage fait avec son frère, le sire de Montagu et de Rivel, fit commandement à son receveur de Chissey de payer la rente au prieur de Jouhe.

Il paraît que depuis longtemps une confrérie du Saint-Esprit était établie à Jouhe; nous en avons la preuve dans une cession que firent les gouverneurs et administrateurs de cette confrérie, le 20 février 1439 (v. st.), du consentement de Jean de Coigney, d'un cens de vingt sous estevenants assigné sur une vigne, à condition que les prieur et religieux célébreraient dans leur église un anniversaire à perpétuité le lendemain de la Saint-Martin d'hiver, pour le repos des âmes des cédants.

Cette même année, Jean de Coigney signala son administration par un acte important pour Montroland. Il fit rebâtir le chœur de la chapelle. Cette partie de l'église fut maintenue plus haute que la nef.

Nous allons rapporter un arrêt rendu par Philippe-le-Bon contre ceux qui vendaient des chandelles sans le consentement du gardien de Montroland. Le prieur de Coigney l'avait sollicité; c'est sans doute l'exposé qu'il fit, et qui est rapporté dans la sentence, qui a donné à penser à quelques érudits que de Coigney était l'auteur de la légende que nous avons transcrite dans le chapitre premier. Si l'on prend la peine de comparer le style des deux pièces, on se convaincra que la sentence est bien postérieure et que la légende a été, comme nous le pensons, écrite au moins un siècle auparavant.

Voici l'arrêt : « Philippe par la grace de Dieu duc de Bourgogne etc. à notre bailly de Dole ou à son lieut^t^. salut. Receu auons lhumble supplon de n^re^ bien ayme f^re^ Jean de Coigniez prieur du priore de Jouhe soubz Montroland en nred conte de Bourg^ne^ Cont^en^ q. comme la chapelle et eglies dud. Montroland quest membre dud. priore de Jouhe et aussy icelle chapelle et priore aient este fondez est long temps et tant par feu Roland jadis pere de France comme par nos deuanciers et predécesseurs cui Dieu pardonne et ait icelle chapelle et eglise dud. Montroland este beniste et dedice par sainct Martin lors euesque de Tours en lhonneur de la benoiste glorieuse Vierge Marie mere de Dieu Laquelle est reclamee et illec adorée moul souuens par plus[rs] bons chrestiens et est lad. eglise et chapelle dud. Montroland ung lieu de grande et ancienne deuotion et pour la grande amour et singuliere affection et deuotion que auons en lad. benoiste et glorieuse Vierge Marie ayons en lad. chappelle et eglise dud. Montroland puis peu de temps en ca fonde et arrenté de cent liures une messe a notte en l'honneur dicelle Vierge Marie la quelle messe se dit et chante chun jour des a matin à n[re] intention par led. prieur et ses religieux et aussy à n[re] requeste aient naguieres este donnees et octroyees a sept ans lors continuellement suigans par n[re] s[t] pere le pape Eugene a tous ceux et celles qui uisiteroient lad. chapelle et eglise dud. Montroland des leucommencemens de uespres de la ueille de pentecoste jusques a celle de lendemain de lad. festes plusieurs belles et notables indulgences lequel n[re] s[t] pere a uoulu en donnant et octroyant lesd. indulgences que la moytie des aulmones et de ce que doneroient et offriroient ceux q. acquereroient lesd. indulgences fust constué en la reparation de la chapelle et eglise dud. Montroland et l'aultre moytie enuoyée deuers iceluy n[re] s[t] pere le pape pour la employer a l'encontre dés tures et aultres meercans et il soit ainsy que la plus grande partie de ceux et de celle qui uiennent aual l'annee en pelerinage aud. Montroland et aussy pour gaigner icelles indulgences lesd. deux jours de lad. feste de pentecoste dud. aient accoustume de offrir en lad. chapelle de la chandelle de cire tant seulement sinon bien peu de gens de bon estat et faculté toutefuois lad. chandelle est tres petite valeur et reuenu a lad. eglize et ne profitte comme rien sinon seulement a plusieurs gens dud. Montroland ou des uilles de Dole d'Auxonne et d'ailleurs qui uiennent uendre aud. Montroland lesd. chandelles pour ce quil ne a comme point de cire et sont toutes plaines de lumignons destoupes et les font ceux qui les uendent ou font faire tout à leur uolonté et a leur plus grand auantage en fraude et deception de ceux qui les acheptent et mesme de lad. eglise a la quelle elles sont offertes et donnees et plus seroit et ne pouroit accomplir led. suppliant l'hommage qui est tres somptueux en lad. eglize et chapelle lequel il a encomentie de faire pour agrandir et augmenter lad. eglise dud. Montroland qui a tres grande necessite destre agrandie et eslargie Ce sur ce ne luy estoit par nous pourueu a n^re^ conuenable remede ainsi que dit led. suppliant requiert tres humblement icelluy. Pourquoy nous ces choses considerees et que desirons le bien et augmentation de lad. eglise de Montroland a la quelle auons singuliere affection et estre pourueu ausd. fraudes nous commandons et par ces ptes commetz se metier est sur ce en laduis de nos amez et feaulx les president et aides conseillers qui ont tenu n^re d^er parlement de Dole et aussy depuis dud. president et des gens de n^re conseil et de noz comptes a Dijon que uous commectiez gens de par nous tels et en tel nombre que bon et expedient uous semblera a ce y donner et souffis^t. Les quels uoient le poix et facon desd. chandelles de cire que lon uendra doresnauant aud. Montroland et selon le commun pois que la cire uauldra en nosted. comte de Bourg^ne facent regle et ordonnance la quelle quantite de chandelles se deuront faire en une liure de cire et du pris desdites chandelles et que ceux qui feront icelles chandelles ne puissent mettre en une chacune chandelle fors un cordon double de lumignon que ne soit point fille ne adresse plus groz pour fraude ou barat et que ceux qui feront le contraire seront amendables par chacune fois enuers nous de la somme de trois sols esteuen. et de perdre leurs ouurages et chandelles esquelles lon trouueroit lad. faulte ou fraude se lad. ordonne. Ainsi estre par lesd. comis de par nous la faictes publier deuhent et par nous aud. lieu de Montroland et ailleurs se besoing fait en u^re bailliage affin que aulcun nen puisse ou doibue pretendre ignorance En faisant releuer lesd. amendes sur ceux qui les encourront lesqueles uoulons estre receues par n[re] tresorier de Dole que sera tenu den f[re] recepte et despens à n[re] proffit de ce faire uous donnons pouuoir mandons et commandons a uous et uos commis en ce faisant estre entendu et obeir diligemment.

» Donné en nostre uille de Lescluse le xxviie jour de mars lan de grace mil quatre cens quarante auant pasques. Signé Chorectaru (*sic*). »

Cet arrêt prouve le nombre considérable des pèlerins ; le commerce des chandelles étant assez lucratif pour qu'un pape prît moitié du bénéfice pour l'aider à l'encontre des ennemis de la foi et pour tenter la cupidité des marchands au point de nécessiter un acte aussi solennel du souverain.

Ne nous étonnons donc plus du grand nombre des fondations et de l'illustration des fondateurs. L'année 1445 en vit trois que nous devons rapporter. Jean d'Occors, chevalier, seigneur du Chay, conseiller et chambellan du duc de Bourgogne, par son testament publié à Salins le lundi 16 août 1445, voulut être enterré dans l'église de Montroland, dans un lieu choisi par ses bien-aimés Antoine de Villers, Jean et Guillaume d'Ameuges et Jacques de Monteingers, ou dans celui qui serait marqué par le prieur de Jouhe. Il chargea ses fils, Jean et Claude, de payer cinquante florins d'or pour acheter cinquante sous estevenants de cens (1).

Les 24 janvier et 4 avril 1448 (n. st.), Laurent de Broue fonda quatre messes et Jean de Boissia deux anniversaires. Nous passons, dans cette année et la suivante, les fondations faites par des gens dont le nom est inconnu, et qui cependant concoururent encore à augmenter les richesses du prieuré.

Le 21 mars 1449, Jean de Coigney fit savoir à tous « que messire Jacques Brenet, prêtre, demeurant à Montroland, avait acquis de Jean de la Taverne (2), demeurant à Authume, et d'Odine, sa sœur, femme de noble homme Pierre de la Tour, demeurant à Porllan (Pourlans), écuyer, un meix situé à Montroland devant la grande porte de l'église et le long du meix où lui prieur tenoit ses journées. » De Coigny, considérant que Brenet et sa famille lui avaient toujours rendu d'agréables services, et que d'ailleurs il y aurait évident profit pour lui et son église, vendit à Brenet et à Aymon, son frère, après toutefois avoir autorisé la première acquisition, « le meix où

(1) Il eut un procès à propos de ce legs et les religieux le gagnèrent. L'arrêt est du 5 juin 1537.

(2) On peut lire aussi bien de la Tayerne. Dans une pièce sans date, Jean de Coigney l'appelle son filleul et lui donne, ainsi qu'à sa sœur Odine, un meix qui les touche, en réservant, toutefois, une maison pour tenir ses journées. C'est la même dont il s'agit dans la vente faite à Brenet.

anciennement et encore de présent il tenoit ses journées, et ce moyennant seize francs de monnoie courante et un cens de trois sous estevenants portant los, retenue, justice et seigneurie au prieur.» Brenet devant en cet endroit « convenablement maisonner, » le prieur se réserva « place convenable et honeste pour tenir ses journées et exercer justice tout et quantes fois besoin serait. » Une condition imposée à Brenet était de « maintenir les saic pour mectre gens en prison ce le cas y advenoit. »

Le 27 octobre suivant, de Coigney acquit de Philippe de Silley, écuyer, et de noble damoiselle Jeanne de Marigney, sa femme, pour lui et les religieux du prieuré, leur usage perpétuel dans le bois de Moissey, appartenant aux vendeurs. « C'est à savoir, dit l'acte, led. usage a tous bois mort et au tel et partout le bois de Moissey pour le chafaige et affouaige du priour de Jouhe de ses successeurs et religieux dud. prioré et de leurs mesuyes hotel et maison et pour le chauffaige et affouaige de leur fourg du priore et d'une thullerie quils ont et auront dans leurs bois dit du Chassaigne ou autre part ou il pourront l'avoir hors de la justice de Moissey et ce pour 68 livres monnoie courante en Bourgogne. » Ces clauses si claires donnèrent cependant, plus tard, lieu à de nombreuses discussions et à de non moins nombreux arrêts.

Frère Jacques Maillot, religieux du prieuré, de la licence et exprès consentement d'Henri de Salins, abbé de Baume, octroya, le 25 avril 1450, aux moines et prieur de Jouhe, cent vingt francs monnaie courante du comté, à l'effet d'acquérir une cense, et ce pour célébrer une messe le vendredi de chaque semaine pour les vivants et les morts.—Cette fondation fut éteinte lors du règlement de 1686.—Mais, dès l'abord, elle donna lieu à une contestation entre Guillaume de Verges, héritier de frère Maillot, qui prétendait que la donation n'était pas valable, et Jean de Coigney, qui en soutenait la validité. Le 29 août, une sentence arbitrale accorda gain de cause au prieur.

A la fin de l'année, deux nobles dames fondèrent encore à Montroland, l'une une messe et l'autre un anniversaire. La première est Guye, femme de Jean de la Faverne, demeurant à Authume, qui assigna, sur sa maison de Champdivers, une rente de six sous estevenants pour servir la fondation, et l'autre est Anne, femme de Jean de Lanthène.

Un synode fut tenu à Montroland en 1451. Ce fut peut-être à cause de la sédition de Jean Boisot à Besançon. Les officiers de l'archevêque donnèrent au prieur de Jouhe une déclaration portant que MM. du clergé de la province, par le synode tenu à Montroland, ne prétendaient point préjudicier aux droits du prieur.

De Coigney fit encore construire le presbytère de Montroland. On ne sait pas l'époque de sa mort; il fut enterré devant l'autel de la Sainte Vierge. Sur son tombeau était une plaque de cuivre qui fut enlevée dans les guerres de 1636.

CHAPITRE XI.

DOM ANTOINE DE LA ROCHE, PRIEUR.

1451—1472.

On ne connaît que par la tradition du monastère de Jouhe et par les notes manuscrites de D. Fraichot, le priorat d'Antoine de la Roche. Il doit être placé entre Jean de Coigney et les premiers actes connus de Jean de Cussigney, qui sont de l'année 1473. Antoine de la Roche naquit à Poligny vers 1422. Il fut religieux profès à Vaux, docteur et professeur de droit canon à l'université de Dole, grand-prieur de Cluny, prieur de Morteau et de la Charité-sur-Loire. En 1429, il était auditeur des causes au chapitre général de Cluny. Le collége Saint-Jérôme de Dole lui doit sa fondation. Il est probable qu'il se démit du prieuré de Jouhe, comme il le fit plus tard de celui de Morteau.

Pendant son administration, en 1454, le duc et comte de Bourgogne Philippe-le-Bon offrit encore à la Notre-Dame une lampe d'or fin du poids de deux marcs et plus, avec cent écus d'or pour l'huile.

CHAPITRE XII.

JEAN DE CUSSIGNEY, PRIEUR.

1473.

Le premier acte qui nous fait savoir le nom de Jean de Cussigney est un affranchissement. Cet acte imprime au caractère du prieur le signe de la libéralité et de la reconnaissance pour les services rendus. C'est en effet pour ces motifs que, le 29 juin 1473, Jean de Cussigney, licencié en décrets, affranchissait Ponce de Basset de Jouhe.

Deux autres fois son nom nous apparaît, aux dates des 4 avril et 4 août 1475. Il se trouve dans les actes de vente de deux maisons à Montroland qui étaient de la mouvance du prieuré.

CHAPITRE XIII.

JEAN ROLLIN, CARDINAL, PRIEUR.

1476 — 1479.

Ce prieur, comme Antoine de la Roche, ne trouve place dans notre nomenclature que par la tradition des moines. Aucun acte ne signale son administration. Jean était un des fils du célèbre Nicolas Rollin, chancelier de Bourgogne et seigneur d'Authume. Il fut d'abord et successivement protonotaire, conseiller du duc de Bourgogne, confesseur du dauphin (depuis Louis XI), évêque de Chalon, puis d'Autun, et revêtu de la pourpre romaine par Martin V. Il mourut à Auxerre en 1483; sans doute, depuis 1479, il avait résigné le prieuré de Jouhe.

On prétend qu'il fit faire une belle statue de la Vierge, qui était sur l'autel de son nom; celles de saint Pierre et de saint Paul, qui servaient d'ornement au grand autel, et le chœur de l'église de Jouhe. Ses armes, que l'on voyait en plusieurs endroits de l'église, sur les stalles du chœur et sur les piédestaux des trois statues dont nous avons parlé, étaient écartelées, au 1er et au 4e trois clefs en pal, au 2e et au 3e à la bande chargée d'un oiseau. On ne pouvait sur la pierre distinguer les couleurs.

C'est à partir de sa nomination que l'on peut conjecturer que le prieuré tomba en commende.

La commende fut, dit saint Julien de Baleure, *la vraie sape de l'état monastique et la ruine des bons monastères.* Les rois la favorisèrent comme moyen d'ôter aux établissements religieux leur puissante indépendance. Les moines s'y prêtèrent à cause du relâchement de la discipline. Généralement elle ne s'établit qu'à partir du XIVe siècle dans le diocèse de Besançon et n'y eut pas un résultat aussi funeste que celui qu'elle provoqua dans d'autres contrées.

Les moines connaissant à peine celui qu'ils n'avaient pas élu et le pasteur étant loin du troupeau, ils se laissaient aller à des instincts que rien ne pouvait refréner.

L'abbé commendataire n'était pas un moine ou ecclésiastique régulier, mais un ecclésiastique séculier cumulant plusieurs bénéfices. Les deux tiers des revenus du monastère lui appartenaient et formaient la mense prieurale; l'autre tiers était destiné à nourrir et à entretenir les moines, à réparer l'église, les bâtiments, etc. Le prieur commendataire avait encore la collation des bénéfices dépendants du monastère, le droit d'instituer les officiers judiciaires ou de police, celui de nommer les officiers claustraux. Mais le prieur cloîtrier avait seul l'autorité et la juridiction sur les religieux. Enfin il avait l'administration temporelle et spirituelle du bénéfice.

Par suite de la commende, la conventualité même cessa dans la plus grande partie des prieurés et des abbayes du diocèse de Besançon. Les commendes absorbèrent les revenus des bénéfices. La vie commune ne fut plus en vigueur dans l'ordre de saint Benoit, et la division des menses occasionna de nombreux procès entre les supérieurs et les religieux des divers moutiers. Jouhe nous en fournira de tristes exemples. Saint Julien avait bien raison, *ce fut la ruine des bons monastères.*

CHAPITRE XIV.

FRANÇOIS DE MESSY, PRIEUR.

1479—1493.

François de Messy, dans un titre de 1488 que nous n'avons pu retrouver, mais qu'a vu D. Fraichot, est nommé prieur commendataire de Jouhe et aumônier de Saint-Pierre de Chalon.

Le premier acte de son administration contient des détails de mœurs si curieux que nous allons le retracer en entier :

« Sensuit les droits appar[t] a mons[r] de Jouhe sur la cure dud. Jouhe et de Montroland.

» Et premièrement sensuit lesd. droits dud. Jouhe dehus par les parrochins dud. lieu Archelange et Authume.

» Premier[t] a mond. sieur de Jouhe appartient le pain annuel que lon offre chacun dimanche pour les chiefs dhostels trepassez avec le uin se aulcung en est offert aud. Jouhe et l'argent auec la chandelle auec led. pain et uin appartient au cure de Jouhe.

» Item appartient aud. cure les offrandes que lon offre apres le corps trepasse l'e pain froment sainct huille aigue beniste et les treteniers aud. lieu de Jouhe tant seullement.

» Item a mond. s. de Jouhe appartient le luminaire dung chun trepasse.

» Item a mond. sieur de Jouhe appartient la moytie des chandoilles que sont offertes en lad. eglise de Jouhe du baisemain es jours suigans assauoir à la natiuite n[re] seigneur la purification n[re] Dame la resurrection lascension la penthecoste assumption n[re] Dame et la toussainctz esquez jours et la uoille digne led. cure ou uicaire et son clerc ont le digne (*dîner*) oud. priore de Jouhe.

» Item que a mond. s. de Jouhe seul et pour le tout competent et appartiennent toutes les offrandes d'argent de chandoilles et aultres que lon offre a la messe de minuict de lad. feste natiuite n^{re} seigneur et au regard de la messe du point dud. jour les offrandes de chandoilles se portent par moytie comme es aultres festes dessusd. et le demeurant des offrandes de lad. messe et daultres petites messes dud. jour sont au cure. Item et tant quil touche de la feste dud. Jouhe mond. s. de Jouhe a toutes les offrandes de chandoilles offertes au baisemain a la grand messe dud. jour et le demeurant des offrandes de lad. grand messe appartient au cure.

» Item en blez offert le jour de sainct Michel et le lendemain de Toussaincts mond. sieur le prieur a le tiers led. cure un tier et le marrelier lautre tier.

» Item tous les pains et uin offers par lesd. parrochins aud. Jouhe landemain de natiuite n^{re} seigneur et le jour de Toussainctz appartient a mond. sieur le prieur seul et pour le tout reserue que les officiers de mond. sieur le prieur baillent aud. cure trois miches dud. pain telles quelles uiennent a la main en les prenant deans le sac au quel sont lesd. pains.

» Item a mond. sieur le prieur appartient seul et

pour le tout les pains et uins offers par les espous ez le lendemain de leurs nopces et les chandoilles et argent offers auec lesd. pain aud. Jouhe appartiennent au cure.

» Item les deniers des croix appartiennent a mond. s. de Jouhe seul et pour le tout qui se payent a lascension n^{re} seigneur.

» Item que le lundi des rogations led. cure est entenu et doibt administrer aud. prieur a tous ses religieux seruiteurs et familliers residant aud. priore leur digne bon et conuenablement selon quil appartient.

» Au lieu de Montroland

» A mond. s^{r} le prieur compete et appartient seul et pour le tout aud. lieu de Montroland toutes les offrandes et oblations quelles que ce soit esquelles led. cure na et ne prend que ce que sen suit.

» Et premierement tous les dimanches led. cure a la chandoille offerte sur le pain begny.

» Item es festes en hault dessus led. cure a seullement trois chandoilles de celles que sont offertes a sa messe parrochialle.

» Item a led. cure trois miches de pain offers a chun desd. jour de Toussainctz et lendemain de Noel auec trois chandoilles auec lesd. trois pains.

» Item a led. cure les trois blans des benedictions des nopces a la porte de leglice tant de Jouhe que de Montroland.

» Item toutes les offrandes dargent que lon offre sur les fosses des trepassez de lad. parroiche appartiennent aud. cure.

» Item semblablem[t] toute aucyne de lad. parroiche et resortz de deux eglises de Jouhe et Montroland.

» Item que led. cure ou son uicaire est entenu de celebrer la messe parrochiale aud. Montroland a tel hautel que donne luy est par led. prieur ou son commis au quel cure luy sera baille ostie a lieu que requis en sera led. prieur.

» Item ne celebrera led. cure aulcune messe uespres ne aultres chantements a notte en lad. eglise de Montroland sans le consentement dud. prieur ou de sond. commis.

» Item ne entemmera led. cure le cemetiere dud. Montroland au regard des estrangiers sans le consentement dud. prieur ou de sond. commis combien que deans lad. eglize nest loysible aud. cure y entemmer led. cemetiere sans lad. licence.

» Item que led. cure est tenu de payer le disme des heritages de lad. cure et au regard des mortuaires ils demeurent indecis.

» Les quez articles reserues desd. mortuaires par religieuse personne f[re] François de Messy prieur dud. Jouhe et discrette personne messire Jacques Drohot cure dud. Jouhe sont estez appreuuez et consentis par maniere que dit est en presence de moy n[tre] sousçript le lundy devant les brandons lan mil quatre cens soixante dix neuf, presens religieuse personne frere Philibert Gallafin messire Jacques Jacquemin et.... de Boisset tesmoings de ce requis signé a la minute L. Brouhe. »

Nous savons que les prieurs commendataires ne se qualifient pas ordinairement de *frère et discrette personne*, mais bien de *révérend père en Dieu.* Cependant il est probable, d'après ce que nous avons dit en commençant, que de Messy était prieur commendataire ; au moins l'est-il devenu certainement après (1483), lorsque mourut le cardinal Rollin.

Nous le voyons ensuite figurer, le 24 mars 1481, dans un traité qu'il fait comme prieur de Jouhe avec les habitants de la Loye, au sujet de la rente de fondation de la messe de Philippe-le-Bon, et, le 9 octobre même année, il est cité dans une sentence de l'officialité de Besançon rendue entre lui, prieur de Jouhe, et le curé de Baverans, au sujet du droit de patronage sur cette cure qui appartenait au prieuré de Jouhe.

Le 14 juillet 1487, un noble personnage signala sa dévotion à Montroland. Guyot de Doux, écuyer, seigneur de Villers-Rotin et de Biarne en partie, choisit sa sépulture dans la chapelle de saint Martin et saint Antoine à Montroland, aux lieu et place où son père avait été inhumé. Après avoir splendidement ordonné ses funérailles et les services qui devaient les suivre, il fonda une messe annuelle à l'autel Saint-Martin et Saint-Antoine, et chargea ses héritiers de payer ce qui serait dû pour cela.

La dernière fois que nous ayons retrouvé le nom de François de Messy, sans parler de l'acte de 1488 que nous n'avons pas vu, c'est dans un acensement de plusieurs fonds fait par lui, le 18 septembre 1487, à un nommé Claude Parisot de Jouhe.

CHAPITRE XV.

CLAUDE DE LA MADELEINE, PRIEUR.

1491—1538.

Les guerres de Louis XI n'avaient pas été moins funestes au prieuré de Jouhe qu'aux autres monastères de Franche-Comté. Le peu de titres qui avait échappé aux grandes compagnies fut encore diminué. Aussi la pénurie de documents est-elle extrême. Dorénavant ils seront plus nombreux, et cependant Jouhe subira les ravages des protestants à la fin du XVIe siècle, et les rares pièces historiques qu'il aura sauvées seront encore éparpillées par la tourmente révolutionnaire dans laquelle il a péri avec tant de florissantes et de riches abbayes.

Dans l'année 1492 nous apparaît le nom d'un nouveau prieur, Claude de la Madeleine, religieux de Cluny, abbé de Saint-Rigaud, et plus tard doyen de Vergy.

Il fut résolu au chapitre général de Cluny, tenu pendant cette année, qu'on écrirait au pape et aux cardinaux, au nom de l'abbé et des religieux de Cluny et de tout l'ordre, en faveur de Claude de la Madeleine contre un protonotaire dont on ne dit pas le nom, qui lui disputait la jouissance et la possession du prieuré de Jouhe, et que le procureur général soutiendrait le procès au nom de l'ordre. De la Madeleine fut plusieurs fois choisi pour définiteur dans les chapitres généraux et procureur général dans ceux de 1496 et 1497. En 1500 il fut nommé visiteur d'Allemagne. Il a été plus tard grand-prieur de Cluny.

Malgré les prétentions de ce protonotaire inconnu, il agissait comme prieur de Jouhe dès l'année 1492, et était reconnu comme tel dans le prieuré. Au mois de juillet, il adressa une requête au lieutenant général du bailliage de Dole pour être payé par les habitants de la Loye des 100 livres de la fondation d duc de Bourgogne. Déjà, au mois de mars, il ava acheté une vigne sur Sampans au profit du prieuré.

Nous avons trouvé une pièce, malheureusement en analyse, qui reporterait à l'année précédente sa nomination comme prieur de Jouhe. C'est un compte du receveur du prince d'Orange en la saunerie de Salins, rendu à l'abbé de Saint-Rigaud, prieur de Jouhe, et constatant que, sur les revenus de sa saunerie, les redevances de sel à prendre sur les partages de Chalon et d'Auxerre lui étaient dues depuis 1491, date de sa nomination au prieuré, jusqu'en 1493, année du compte. La quittance fut donnée, le 16 mai 1494, par Claude de la Madeleine.

Les deux fondations avaient été réunies après que les biens de Louis de Chalon-Auxerre eurent été adjugés à la branche de Chalon-Arlay.

En 1500, la juridiction de Jouhe était contestée au prieur par les habitants. Il dut s'adresser au bailli de Dole pour en obtenir un mandement de garde. Hugues de Salins, chevalier, conseiller et chambellan de l'archiduc et son bailli à Dole, le lui accorda le 29 janvier 1501. Nous ne trouvons pas la fin de cette contestation.

Il paraît que le prieur n'était pas plus tranquille du côté de ses manants d'Archelange. Vers 1512, l'esprit de rébellion avait soufflé sur eux : bien que mainmortables, ils s'étaient assemblés, et, d'après les résolutions bien arrêtées entre eux, ils s'étaient constitués en état d'insurrection ouverte contre leur seigneur. Les bois du prieur furent coupés. On avait fait pâturer dans les lieux défendus. Les mésusants avaient été gagés ; mais les prudhommes ayant pris fait et cause pour eux, les gages avaient été vendus. Des pieds de vigne avaient aussi été vendus. Sans s'inquiéter des conséquences de leur action, les délinquants défrichèrent des communaux de Montchatain et y plantèrent une œuvrée de vigne. En masse ils se portèrent sur un chemin tirant au finage d'Archelange, le fossoyèrent tant de long que de large, et, pour comble de méfaits, ils coupèrent et mirent en essart une grande partie du bois de Chassagne, propriété du prieuré. Cependant ils craignirent la justice : après avoir allégué toutes sortes de mauvaises raisons, ils remirent le chemin en état. Claude de la Madeleine redouta sans doute de les pousser à une révolte plus grave et consentit à transiger avec eux. Le 24 février 1516 (n. st.), il fut convenu que les prudhommes d'Archelange avertiraient le prieur quand ils trouveraient des bêtes en délit, prendraient gage des délinquants ou les mettraient aux mains des officiers du prieur; qu'ils pourraient même se joindre au procureur pour faire des poursuites en dommages et intérêts si le délit leur faisait grief. La vigne de Montchatain étant bonne, le prieur consentit à recevoir un cens de ceux qui la détenaient et déclara qu'elle serait de mainmorte. Il voulut bien croire que les habitants d'Archelange s'étaient mépris en commettant les autres actes qui leur étaient reprochés, et leur fit remise de l'amende.

La condescendance de Claude de la Madeleine n'apaisa pas les récalcitrants : un procès nouveau s'élev. entre lui et eux. A quel sujet? nous ne le savons pas ; mais une sentence de maintenue, que nous avons lue sous la date du 23 juillet 1518, montre combien la situation avait empiré.

Aimé de Balay, écuyer, sire de Terrans et de Courdiron, conseiller et bailli de Dole, à l'humble supplication des habitants d'Archelange qui avaient appelé, le 21 juin, à ses assises prochaines, comme « *enormement grevés de certain tel quil y est quil y a torture et deraisonnable appointement par Christophe Chaillot, se disant juge et gouverneur en la justice de Jouhe qui pretendoit quils sétoient indhuement assembles à cause d'un plaid pendant entre eux et monseigneur,* le 18 *mars précédent et sans permission ;* » le bailli, disons-nous, les maintint jusqu'aux prochaines assises sous l'autorité de la comtesse, et défendit à Chaillot d'agir contre eux. Qu'en advint-il aux assises? L'arrêt est perdu, mais on peut le conjecturer: les manants durent être condamnés, car la loi était contre eux.

L'affranchissement accordé par Jean de Cussigney

à Pierre Basset ne donnait pas la liberté à une famille indigne de ce bien précieux. En 1520, deux de ses petits-fils occupaient un rang élevé: Claude, docteur ès droits, était doyen des églises de Dole et de Poligny, conseiller et maître aux requêtes ordinaires de l'hôtel de l'empereur et de Marguerite d'Autriche, enfin conseiller au parlement de Dole; Guillaume, secrétaire ordinaire de l'empereur et de dame Marguerite, était leur trésorier à Vesoul. Sur les supplications des deux frères, Claude de la Madeleine affranchit les biens qu'ils possédaient à Jouhe, en considération des services rendus par eux, par Guillaume, leur père, du temps de Jean de la Madeleine, grand-prieur de Cluny et de la Charité-sur-Lorge, et de Claude de la Madeleine, abbé de Saint-Rigaud et prieur de Jouhe, ses oncles, et ce depuis trente-deux ans (1). Les lettres d'affranchissement, qui sont du 4 mars 1520, furent confirmées le 20 septembre par le chapitre de Baume.

En 1529, notre prieur se montra généreux à l'égard d'un particulier de Jouhe à qui il permit d'établir chez lui un moulin à bras, et envers les habi-

(1) La rédaction de cet acte ferait croire qu'il y a eu deux Claude de la Madeleine, prieurs, et que le dernier était neveu du premier; nous n'avons pu éclaircir ce fait qui cependant nous semble probable.

tants de cette commune à qui il concéda le droit de cuire un fourneau de chaux dans le bois des Ruppes. Ces libéralités ne lui tournèrent pas à profit. Il paraît que les habitants se hâtèrent de mésuser de la facilité du prieur, car, à sa requête, le 10 janvier 1530, le bailli de Dole donna contre eux mandement de citation au sujet de fours particuliers et de moulins à bras.

Ce n'était pas sur ces deux chefs seulement que les habitants de Jouhe et d'Archelange avaient contestation avec le prieur. Un arrêt rendu par le parlement, le 1er avril de cette année, entre ces habitants, appelants, et Claude de la Madeleine, intimé, maintint le prieur dans le droit d'exiger que les tenementiers de Jouhe et d'Archelange, pour chaque meix, fussent tenus de lui payer et rendre au grenier du prieuré, tous les ans, jour de saint Michel archange, quatre mesures de froment, deux sous estevenants jour de fête Notre-Dame de mars et une poule carêmentrant, enfin de pouvoir donner permission de vendanger avant les bans à qui il lui plairait. L'arrêt conservait aux manants le droit, franchise et liberté de ne point voir croître les cens lors des partages des biens affectés, de faire vendanger leurs vignes au jour où le ban serait publié, et la faculté de faire crier cedit jour par l'un des maires ou sergents du prieur.

Il maintenait aussi Louis Roussot dans le droit de

pouvoir vendanger, quand bon lui semblerait, les vignes qui lui appartenaient du chef de fut Thiébault de Verchamp, écuyer.

Nous retrouvons encore le nom de Claude de la Madeleine, le 25 mai 1531, dans un traité, sans intérêt pour nous, qu'il fit avec le curé de Jouhe au sujet des mortuaires; en 1532, dans une transaction avec les habitants de Jouhe au sujet des corvées qu'ils lui devaient; enfin, en 1537, dans un acte de pure administration.

Il vivait encore en 1539 (n. st.) et était prieur commendataire de Jouhe, ainsi qu'il en conste par les journées tenues en ce village par François Croichet, juge de cette seigneurie, le samedi 29 mars de cette année.

Noble seigneur Etienne de Lanthenne, sire de Pointre, Evans, Berthelange, etc., fonda, dans cette même année, huit messes basses perpétuelles, cinq au grand autel de Jouhe et trois au grand autel de Montroland, au jour et pendant l'octave de la Fête-Dieu, pour le remède de son âme et de celle de feu son frère Hippolyte de Lanthenne, jadis religieux de Saint-Bénigne de Dijon, qui était inhumé au prieuré de Jouhe. Pour cette fondation, il fournit trente francs, monnaie du comté, pour acheter une rente de vingt gros vieux. L'acte est daté de sa maison de Rochefort, le 14 du mois de septembre.

CHAPITRE XVI.

PIERRE D'ANDELOT, PRIEUR.

1540—1574.

Pierre d'Andelot était prieur commendataire de Mouterot-lez-Traves, Jonvelle, Marteroy-sur-Vesoul, protonotaire apostolique, abbé de Bellevaux, doyen de l'église de Dole. Son origine était noble : son père était Simon d'Andelot-sur-Salins, seigneur de Myon.

Le premier acte de son administration, en 1540, fut une poursuite contre les habitants de Jouhe et d'Archelange qui refusaient de travailler les vignes du prieuré. Le procès dura jusqu'en 1548. Après avoir obtenu, en 1542, un mandement de nouvelleté et de maintenue contre eux, il triompha, et les corvées pour les bans de vendanges et l'exercice de la haute justice, à Jouhe, restèrent ce qu'ils étaient avant la résistance des manants.

Guillaume d'Estrabonne avait fondé, à une époque antérieure à 1538, une messe quotidienne dans l'église de Montroland. Il avait assigné pour dotation, aux religieux de Jouhe, une somme de soixante francs de cense annuelle à prendre sur la corvée de

Jousserot, à condition de pouvoir éteindre cette cense en payant une fois mille francs. Cette somme fut payée par Hugues Marmier, président de Bourgogne, à Claude de la Madeleine. De ces mille francs, fut constituée une rente de soixante francs que Jean d'Andelot, chevalier, seigneur de Myon, de Rennes, etc., écuyer des écuries de l'empereur, s'engagea à payer à Pierre d'Andelot, par acte passé à Dole le 21 février 1541.

M. d'Aumont, seigneur d'Estrabonne, fonda aussi, en 1548, une messe quotidienne à Montroland.

En 1551, nouvelle résistance des habitants d'Archelange. Ils menacent de cueillir les raisins avant les bans. Pierre d'Andelot fait publier ses défenses; ils se décident à se soumettre. En vain ils essayaient de briser leurs chaînes: elles étaient trop fortes, d'autant plus fortes qu'elles étaient rivées par la loi.

Le 26 septembre 1556, le prieur fut encore obligé d'obtenir une sentence du bailliage : tous ses droits seigneuriaux étaient successivement tenus en échec. A sa requête, Jacques Poisenot, de Jouhe, qui refusait de moissonner les avoines du prieur, fut condamné. En effet, les manants et habitants de Jouhe et d'Archelange, tenant maison, devaient moissonner les avoines des terres et corvées du prieur qui lui appartenaient à cause de son prieuré, de les lier en *trouppes*, de les charroyer et de les conduire au prieuré, à peine de trois sous estevenants d'amende.

Cette résistance ayant cessé, bientôt les injustes tentatives du prieur en excitèrent une nouvelle. Il prétendait que les habitants de Jouhe et de Montroland étant mainmortables, il pouvait appeler, pour travailler ses vignes quand il lui conviendrait, tous ceux des habitants qui s'occupaient d'ouvrer les vignes, en tel nombre qu'il voudrait ; les mâles en toutes saisons nécessaires et les femelles pour venir sarmenter et recueillir le bois, le tout à peine de trois sols estevenants d'amende contre les défaillants. Il prétendait en outre n'être tenu qu'à leur fournir du pain, point de vin et deux deniers estevenants. Les manants rétorquaient qu'ils n'étaient tenus que d'aller par corvée et tous ensemble, qu'ils avaient droit au pain et au vin, et surtout à ne pas fournir leurs filles et chambrières pour enlever le bois des vignes du prieur. La résistance s'établissait : il fallut transiger ; l'acte est du 13 juin 1557. Il fut convenu que le prieur ferait avertir dès la veille, par son maire ou sergent, ceux d'Archelange en nombre jugé utile, et qu'ils iraient ainsi que ceux de Jouhe, mais pas plus l'un que l'autre ; qu'il paierait à chacun des habitants et ouvriers, par journée, dès le jour de la Purification Notre-Dame jusqu'à la Saint-Martin d'hiver, deux gros ; depuis la Purification, cinq blancs monnaie et boire raisonnable, et que par ce moyen tout serait terminé.

Les actes de résistance se multiplièrent et touchèrent au vif des droits seigneuriaux du prieur; ils sont pleins d'intérêt pour notre récit. Pierre d'Andelot fit fonctionner régulièrement sa juridiction. Jean de Marenche, docteur ès droits, en était juge et gouverneur. Parmi les sentences qu'il a rendues, en voici une qui a trait aux prérogatives seigneuriales. Le 2 août 1558, Pierre de Luc, qui avait chassé à l'arbalète aux ramiers, le jour de la Fête-Dieu, et mis ses bestiaux au bois ès trembles, fut condamné par lui à quarante livres d'amende.

Les habitants s'émurent; ils se réunirent, non-seulement pour obtenir la faculté de chasser à l'arbalète et aux chiens, mais à l'ardent aux lièvres et renards, par le finage et territoire de Jouhe, au temps mort, qui était depuis les vendanges faites jusqu'à Pâques, et dans les bois des Ruppes et du Trembloy; de plus ils se pourvurent pour obtenir de pouvoir s'assembler à Jouhe au lieu public quinze jours avant les vendanges et de faire crier les bans par le maire de Jouhe aux lieux et heures accoutumés. Ils obtinrent une provision de maintenue. Le prieur saisit le bailliage: il était assisté dans cette instance par Claudine Croichot, veuve de noble homme messire Louis de Montureux, tant en son nom que comme héritière des biens délaissés par son mari et au nom de ses enfants. Le bailli, révoquant la provision accordée aux manants en matière de chasse, confirma leurs prétentions pour le reste. Le prieur conserva la faculté de pouvoir vendanger un jour avant les autres et d'accorder congé et licence à ceux qui voudraient devancer les bans. Il eut toujours le droit de conduire devant sa justice ceux qui vendangeraient avant les bans sans sa permission.

La dame de Montureux fut maintenue dans sa faculté de vendanger, le jour où le prieur vendangerait lui-même, les vignes du fief de Verchamp qu'elle tenait de son époux.

Les manants obtinrent encore, par cette sentence, le droit de vaine pâture dans les terres et prés du prieur après la récolte, l'usage dans les deux bois, et finalement le droit de porter tous « *bâtons invasifs et deffensifs tant pour la tuition* (défense) *de leurs personnes que du pays, si ce n'étoit que pour bonne cause ou raison il ne leur fut interdit par le prieur ou ses successeurs.* »

Il paraît que la résistance des manants ne s'était pas seulement traduite par requête de procureur ou remontrances de prudhommes, mais qu'ils avaient exhibé des armes propres à appuyer leurs arguments d'une manière plus énergique. Bien qu'ils eussent sentence favorable sur tant de chefs, ils ne se tinrent pas pour satisfaits : ils appelèrent le 17 août 1559. Jean Boyvin, leur avocat, ne put leur obtenir davantage. Le parlement les déclara non recevables, et le 25 il donna arrêt de provision pour maintenir l'adjugé du droit de chasse fait au prieur par Etienne Desbarres, écuyer, docteur ès droits, lieutenant général au bailliage.

Les habitants chicanèrent alors le prieur sur la quotité de la dîme du vin. Le plaid parcourut encore toutes ses phases ; mais le prieur, en définitive, obtint contre eux, le 1er juin 1560, un arrêt de maintenue sur cette partie de ses droits.

Archelange imita Jouhe : les bans de vendanges furent encore un sujet de discorde avec le prieur. Une transaction de 1564 ramena pour un moment la paix entre les parties.

Nous avons déjà vu qu'Authume dépendait de la cure de Jouhe. Les habitants de cette première commune avaient une petite chapelle qu'ils firent réparer. Nicolas Pereville, prêtre et vicaire perpétuel de la cure de Jouhe, obtint de Pierre d'Andelot la permission, pour les manants d'Authume, de faire célébrer la messe dans leur chapelle ; l'acte de concession est du 21 mai 1564.

Jamais l'administration de ce prieur ne fut paisible du côté des mainmortables. Malgré la transaction de 1564, les habitants d'Archelange recommencèrent à agir de leur autorité privée à propos des bans de vendanges. Il fallut encore, après de longues discordes, avoir recours à une nouvelle transaction: elle fut signée le 25 septembre 1574 et les choses furent remises en l'état primitif. C'est un des derniers actes de Pierre d'Andelot. Nous n'avons pu découvrir la date précise de sa mort. Ses armes, dit un vieux titre, étaient au champ échiqueté et lion rampant, avec la légende *Petrus d'Andelot prior de Johâ.*

CHAPITRE XVII.

CLAUDE DE LA BAUME, PRIEUR.

1575—1584.

Claude de la Baume, archevêque de Besançon, puis cardinal, fut aussi prieur commendataire de Jouhe. Il est probable qu'il succéda immédiatement à Pierre d'Andelot.

Le 8 février 1575, Jean Coquille, docteur ès droit canon, principal du collége Saint-Jérôme de Dole, fonda deux anniversaires, l'un le 12 mai, consistant dans les vigiles des trépassés à neuf psaumes et neuf leçons à dire au prieuré de Jouhe, et le lendemain une grand'messe de *requiem* à célébrer à Montroland; l'autre, de même, le jour de la fête de la Décollation de saint Jean-Baptiste. La dotation fut de trente francs en dix écus au soleil pour acheter une rente de trente sous estevenants.

Claude de la Baume figure dans un acte de vente, du 8 juin 1578, de deux meix à Montroland, comme seigneur de ce lieu à cause de son prieuré de Jouhe. Sur son sceau, qui était pendant à l'acte et qui ne lui servait que comme prieur de Jouhe, était l'effigie de saint Pierre, tenant une clef de la main droite, et au bas l'écusson de sa famille qui était d'azur à la bande vivrée d'or.

Par son testament du 2 septembre 1578, noble Marc Perrot, écuyer, sieur d'Annoire et natif de Dole, ordonna à ses héritiers de faire célébrer toutes les semaines de l'année, à perpétuité, deux messes basses en l'église de Montroland, en exécution d'un vœu qu'il avait fait. Il chargea ses héritiers de convenir de la rétribution de la fondation avec les desservants de l'église de Montroland. L'accord eut lieu pour trois cents livres.

L'année 1582 fut aussi fatale au monastère de Jouhe qu'au reste de la Franche-Comté. Le 6 septembre, plusieurs compagnies de protestants, après avoir pénétré dans le pays, vinrent s'établir à Annoire, Longwy, Beauchemin, Saint-Loup, Peseux, Villangrette, l'Abergement-la-Ronce, Damparis, Champvans, Biarne, Jouhe, Menotey, Gredisans, Montmirey et lieux voisins, où ils commirent toutes sortes d'excès. Ils prenaient les hommes à rançon, violaient les femmes et les filles, enfonçaient les portes et les fenêtres des maisons et volaient les meubles et le bétail. Les habitants de Dole, effrayés, prièrent M. de Champlitte de leur envoyer un de ses lieutenants et de laisser dans leurs murs quelques compagnies albanaises avec l'arrière-ban. On ne parvint à expulser ces bandes indisciplinées que le 12 octobre, et à chaque instant on craignait leur retour.

Claude de la Baume mourut à Arbois le 14 juin 1584 et fut inhumé dans l'église de Saint-Just de cette ville.

Des notes du couvent prétendent que Prosper de la Baume-Montrevel lui succéda la même année et mourut le 7 juin 1599. Nous n'avons trouvé aucune trace de l'administration de ce prieur; bien plus, nous allons avoir la preuve qu'il ne l'était pas en 1585. C'est à cette époque que les commissaires du parlement de Dole furent chargés de prendre connaissance des droits du roi sur le prieuré, et firent faire le transumpt dont nous avons parlé au chapitre premier.

CHAPITRE XVIII.

JACQUES DE SAINT-MAURICE. 1584—1585.
FRANÇOIS GRUSSET. 1585—1586.
JEAN MOFFLIN. 1587. PRIEURS.

Ces trois prieurs n'ont pas laissé de traces de leur administration. Jacques de Saint-Maurice, prieur de Bellefontaine, était conseiller-clerc au parlement, doyen de l'église de Dole et chanoine de l'église métropolitaine de Besançon.

François Grusset, docteur ès droits, prévôt des chanoines de Champlitte, chanoine à la métropole de Besançon, fut commis, le 3 mai 1585, par autorité de la cour, à l'administration du revenu temporel du prieuré de Jouhe, au lieu de messire Jacques de Saint-Maurice, alors procureur du cardinal de Granvelle pour l'archevêché de Besançon. Il obtint, pendant la même année, un arrêt du parlement au sujet des dîmes d'Authume. Il fut nommé prieur commendataire par le roi d'Espagne et résigna en 1586.

Jean Mofflin lui aurait succédé; mais en 1587 il résigna à son tour. Nous l'avons trouvé indiqué à cette date dans des notes d'un auteur inconnu appartenant au prieuré de Montroland. Nous pensons qu'il n'était que prieur claustral.

CHAPITRE XIX.

JEAN RICHARDOT, PRIEUR.

1587—1614.

Jean Richardot, conseiller de LL. AA. SS. en leur conseil privé, protonotaire du Saint-Siége, évêque d'Arras, puis archevêque de Cambrai, était aussi prieur de Morteau.

En 1590, le 2 juin, il fit exécuter l'arrêt obtenu par Grusset pour les dîmes d'Authume.

Le 18 janvier 1593, sur sa requête, le roi d'Espagne ordonna au trésorier des salines de Salins, nonobstant l'interdiction faite par la confiscation des biens de Guillaume de Nassau, prince d'Orange, de payer au prieur de Jouhe ce qui était dû pour le passé et pour l'avenir des trente francs estevenants assignés sur le partage de Chalon pour la rente fondée par Jean de Chalon, prince d'Orange, attendu, dit le mandement, que la desserte de la fondation avait lieu exactement.

Le 5 juin suivant, le parlement rendit un arrêt qui ne prouverait pas une parfaite loyauté de la part du prieur ou tout au moins de celle des officiers qu'il chargeait de l'administration temporelle de son prieuré. Les manants de Jouhe et d'Archelange devaient, nous l'avons vu, des cens en froment, qu'ils venaient acquitter au grenier du prieuré. La mesure du prieuré faisait loi pour les quantités à fournir. Or, ils prétendirent que la mesure n'était pas juste. Le prieur soutint le contraire. De là, plaid, refus des manants de payer les cens, et arrêt du parlement. La cour souveraine les condamna à acquitter leurs cens, mais en même temps elle ordonna que la mesure du prieuré « seroit redressée et taillée plus justement et esgalement que faire se pourroit par commis que la cour députerait, sur la vieille et ancienne mesure marquée en trois lieux et la nouvelle marquée et armoyée au nom du prieur, et que les habitans pourroient en prendre un étalon marqué de même. Dépens compensés. » La sentence est humiliante pour le prieur; aussi verrons-nous bientôt les manants chercher à lui arracher des transactions, mais nous verrons aussi qu'ils avaient à faire à forte partie.

Le vent est aux révoltes: Biarne, à son tour, résiste

au prieur. Celui-ci avait droit de faire paître son bétail sur le territoire de Biarne. Les prudhommes et les habitants s'y opposèrent. Ils le troublèrent aussi dans la perception de ses dîmes. Le 28 mai 1594, le parlement le maintint dans le droit de pâturage, et, le 27 août, le souverain lui délivra mandement pour briser le mauvais vouloir des débiteurs des dîmes.

Jean Richardot trouva encore une résistance à Souvans. Etienne, comte de Bourgogne, avait, au mois de mars 1200, décidé que les habitants de Bans et Souvans, pour le droit du tiers dû au prieur de Jouhe, lui paieraient chacun un bichet de froment ; en 1600, l'un d'eux refusa d'acquitter sa dette; mais le prieur, le 12 mai, obtint sentence contre lui.

Il comprit alors qu'il fallait assurer ses droits en les faisant reconnaître. Le 16 juin 1600, le président de Bourgogne rendit arrêt sur la reconnaissance de quatre habitants et manants de Montroland et de trois autres seulement habitants, comparaissant par Noël Courtot, prudhomme et échevin, qu'ils étaient mainmortables du prieur et que celui-ci possédait les droits établis par le vieux terrier. Le 23 juin, le procureur du prieur comparut devant Anatoile Galliot, chevalier, président de Bourgogne à ce commis. Il était impétrant en résumption de procès et en principal pour cette reconnaissance. Noël Courtot se présenta pour les habitants de Montroland, et il confessa pour eux qu'ils étaient manants et habitants, et que, « à cause du prieuré de Jouhe, ils étaient de condition de mainmorte haulte, moyenne et basse, ensemble le village de Montroland, meix, maisons et héritages y situés. » Les déclarants furent Noël Noblot, François Lacquet, Hugues Barbier et Pierre Fèvre, manants et habitants, François Courtot, Philibert Châteldon et Pierre Roy, manants seulement. L'échevin répondit encore pour feu Nicolas Febvre, Guillaume Febvre et Jean Beguin, en leur vivant manants à Montroland. Sentence fut rendue en conformité des conclusions du prieur.

Il était peut-être plus urgent de demander la même reconnaissance pour Jouhe : Jean Richardot obtint à cet effet, le 20 septembre 1602, un mandement d'exécution du parlement.

En 1603, les habitants d'Archelange avaient oublié la transaction pour les bans de vendanges faite avec Pierre d'Andelot. Le prieur Richardot, obligé de sévir, fit condamner vingt-six d'entre eux par sa justice.

Les corvées devinrent de nouveau un sujet de litige entre le prieur, Jouhe et Archelange. Le 22 mars 1603, un nouvel arrêt consacra le droit seigneurial.

En 1605, le prieur obtint des reconnaissances partielles à Montroland pour les maisons qu'y possédaient six manants ou gens habitant ailleurs.

Le 28 décembre 1607, vingt-cinq chefs de famille de Jouhe donnèrent procuration de les représenter et de traiter avec le prieur pour la reconnaissance de ses droits seigneuriaux. Le 9 janvier 1608, sept seulement se présentèrent, et Jean Richardot par son procureur. La transaction fut faite par Nicolas Perrenot, docteur ès droits, conseiller de LL. AA. SS. Les habitants promirent 1° de payer, comme naguère il avait été réglé par arrêt, une poule par chaque feu et cinq sous estevenants par an, et une mesure de froment à la Saint-Martin d'hiver, à la mesure du grenier du prieur; 2° les cens, tant en froment, argent et ménades dus au prieur, à prendre également sur tous les héritages situés « rière les finages et territoire de Jouhe, jusqu'à la somme de onze vingt francs par an a quoi ont été brisees les dites censes devant se repartir entre les habitans sur chaque journal, tant en prés, vignes que terres labourables, meix et vergers. »

Dans le préambule, les habitants sont déclarés mainmortables, sauf le fief de Verchamp. Ce fief était situé sur Jouhe et Montroland; il fut plus tard acquis par le prieur.

5 février, nouvelle transaction avec les habitants d'Archelange. Le vin ne pouvant se vendre avant la levée de la dîme, sous peine de commise et sur le pied de dix queues l'une, il fut convenu qu'elle se

lèverait au pertuis de la vigne, à treize queues l'une. Le 10 mars, neuf habitants de Jouhe, se disant fondés de procuration des vingt-deux chefs de famille qui en avaient élu quinze, consentirent une transaction semblable.

Jean Richardot mourut en 1614, dans un âge peu avancé.

CHAPITRE XX.

JEAN DE CHARRETON, PRIEUR.

1614—1616.

Jean de Charreton se qualifiait sieur de Chassey et Roche, chapelain de l'oratoire de LL. AA. SS. et seigneur de Jouhe, par un acte daté de Bruxelles et signé de lui le 1er septembre 1614. Il avait été nommé prieur bien avant cette époque, car, le 9 mai, son cousin Philibert-Jean de Charreton, abbé de Rosières, prit possession en son nom du prieuré de Jouhe. Il institua en qualité de sous-prieur Dom Antoine Leclerc. Il soumit les religieux de Jouhe à la pleine et entière juridiction de ce religieux pour le service divin et l'observance de la règle de saint Benoit, et lui assigna 60 francs de plus que sa mense ordinaire. Cette institution fut confirmée par Antoine de Binans, abbé de Baume, le 1er octobre 1614.

Jean de Charreton fut révoqué par les archiducs, le 9 juin 1616, par suite du projet que ces princes avaient formé d'unir le prieuré de Jouhe au collége des Jésuites de Dole. Luc de Saint-Maurice, procureur général de Bourgogne, dans une visite qu'il fit, tant à Jouhe qu'à Montroland, le 4 juillet 1616, signifia à Dom Antoine Leclerc les lettres de révocation du sieur de Chassey, fit défense à celui-ci, de la part du parlement, de se mêler de l'administration du prieuré, et lui ordonna de rendre compte des revenus. Lors de la prise de possession, Philibert-Jean de Charreton avait demandé au chapitre d'élire son cousin, ce qui était un renversement de ce qui se passait alors. La cour de Rome vit-elle dans cette manière d'agir une nullité? Nous ne saurions le dire; toujours est-il que, dans la bulle d'union, le Saint-Père ne parla que de Jean Richardot et dit que le prieuré était vacant par sa mort.

CHAPITRE XXI.

LES JÉSUITES, PRIEURS.

1616—1629.

En 1582, l'université de Dole, qui avait porté si haut sa splendeur et donné la science à tant d'hommes illustres, vit tout à coup surgir en face d'elle des adversaires et des émules redoutables par leurs talents et leurs vertus. Les Jésuites établirent un collége en cette ville. Ils y furent appelés par le parlement et les magistrats, avec l'autorisation du cardinal de Granvelle, archevêque de Besançon, et du prince de Parme, gouverneur des Pays-Bas et du comté de Bourgogne.

Le prieuré de Mouthe fut uni à leur collége. Ils enseignèrent les lettres latines et grecques, la rhétorique, la philosophie et la théologie. L'université leur fit d'abord une vive opposition, mais elle se désista bientôt de ses prétentions contre eux.

La ville de Dole s'était engagée à procurer aux Jésuites neuf mille francs comtois de rente, pour l'entretien de leur collége; six mille étaient déjà assignés sur les prieurés de Mouthe, Jonvelle et Saint-Vivant. Pour l'acquittement des trois mille autres, on imagina de réunir encore à ce collége le prieuré de Jouhe.

Les Jésuites sollicitèrent des archiducs le décret d'union : il leur fut gracieusement accordé ; en voici la teneur :

Lettres patentes pour l'union.

« Albert et Isabelle-Clara-Eugenia, infante d'Espagne....

» A uenerables nos chers et bien aymez les sous-prieur, religieux et couuent de St-Pierre de Jouhe, ordre de St-Benoist en nostre comté de Bourgogne salut et dilection. Comme a nous, comme comtes de Bourgogne affiert et appartient d'auoir soigneux égard que les prelatures, abbayes, preuostés, prieurés, doyennés et autres dignités y estant soient pouruceuës de gens catholiques, doctes, de bonne et religieuse uie et conuersation principalement au temps present pour y entretenir et conseruer nostre saincte religion chretienne, et que par indult apostolique, droit de patronnage, regales et autrement nous compete et ayans droits de aux prelatures et dignités de nostre pays quand elles uacquent nommer personnes suffisantes, idoines et a nous agréables, cest soit que led.

prieure ayt este dernierement desseruy par messire Jean Charreton sieur de Chassey est presentement uacquant sçauoir uous faisons que pour bonnes considerations et pour le grand fruit que l'on uoit reussir des instructions et autres exercices spirituels et deuoirs des peres de la compagnie du college de nostre uille de Dole, mesmement pour l'entiere protection et suplement de la dotation dud. college. Nous pour ces causes et autres a ce nous mouuantes auons denommés et denommons par ces presentes aud. prieuré iceluy college des peres de lad. compagnie aux quels consentons et permettons de pouuoir sur ce obtenir de nostre s^t pere le pape les bulles apostoliques et prouision de confirmation a ce requises et necessaires et icelles mettre ou faire mettre a deüe execution et au surplus prendre et apprehender la uraye reelle et actuelle possession dud. prioré, et des droits fruits proffict et reuenus y appartenans pour doresnauant le tenir regir et administrer tant au spirituel que temporel en ce garder les solemnités en tel cas requises et accoutumées a charge neantmoins bien expresse que lesd. peres entretiendront tel nombre de religieux quil est besoin pour y celebrer le seruice diuin auec leur entretenement competant et dont ils ont accoutumes de jouir jusques ores, et que lesd. peres payeront la pension de mil florins par an que nous auons assignes sur le temporel dud.

prioré au proffit de reuerend pere nostre tres cher et feal frere Jacque de Bricuela confesseur de nous archiduc et de nostre Conseil d'Etat, et les autres redeuances dont led. prieuré peut estre chargé, et qu'au surplus ils accompliront les conditions du contrat par eux fait avec ceux du magistrat de nostred. ville de Dole. Si donnons en mandement a nos tres chers et feaux les présidents et gens tenants nostre cour de parlement aud. Dole et a tous autres nos justiciers, officiers et suietz qu'a ueue en ce que dit est ils assistent si besoin soit et en outre facent led. college de la compagnie de Jesus aud. Dole de cette presente nomination, accord et consentement plainement et paisiblement jouir et user cessant tous contredits et empeschements au contraire car ainsy nous plaist il, donne au lieu de Mariemont le vingt et unieme iour du mois de juin l'an de grace mil six cent et seize. »

Remarquons les trois clauses principales dont nous aurons à reparler plus tard : 1° charge expresse de la part des Jésuites d'entretenir tel nombre de religieux qu'il en serait besoin pour « célébrer l'office diuin, auec tout entretenement competant et dont ils auoient accoutume de jouir jusqu'à ores ; » 2° pension de mille florins au père Briscuella ; 3° obligation de remplir les charges du prieuré et l'exécution du contrat passé avec la ville de Dole.

Comme Jouhe dépendait de l'abbaye de Baume, il fallait avoir le consentement de l'abbé et des religieux pour opérer l'union. Les Pères Jésuites ne l'obtinrent qu'à condition que MM. de Baume auraient à perpétuité le droit de supériorité et de correction sur les sous-prieur et religieux du prieuré, ainsi que celui de nomination du sous-prieur auquel le collége devait payer sa pension ordinaire ; qu'ils auraient aussi le pouvoir de nommer et d'instituer les sacristains et religieux du prieuré et le droit de visite aux dépens des nouveaux prieurs. Il fut encore convenu que les Pères Jésuites entretiendraient les bâtiments à leurs frais, le même nombre de religieux (six), et leur fourniraient, ainsi que de toute ancienneté l'avaient fait les prieurs, la prébende de vin, blé, argent et autres choses nécessaires. — Le traité, conclu par les soins du Père Agrault, recteur du collége de Dole, et du Père Hilaire Henri, est du 17 décembre 1616.

Les nouveaux prieurs n'avaient pas attendu, pour prendre possession, que ce traité fût fait. Dès le 9 juillet 1616, le Père Agrault, trois autres frères, un échevin de Dole, plusieurs membres du conseil de cette ville et un notaire, se présentèrent au prieuré. L'officier public signifia à Dom Antoine Leclerc les lettres patentes du souverain, lui ordonna de rendre compte de son administration et de lui remettre entre les mains les titres, meubles, sanctuaires, ornements d'autel et autres choses compétentes au prieuré. Le sous-prieur rendit les clefs aux mains du recteur, et le sacristain lui donna celles de l'église. Les religieux, par l'organe du sous-prieur, témoignèrent une grande joie de la nomination des Pères de la compagnie, demandèrent que leurs prébendes leur fussent payées régulièrement, et déclarèrent qu'ils entendaient toujours vivre sous l'obéissance de l'abbé de Baume. Ils prétendirent, en outre, qu'ils devaient être toujours gardiens de Montroland. Le recteur le promit et il en fut dressé acte.

En 1619, les bulles d'union furent expédiées par Paul V; elles portent la réserve indispensable des droits et des charges de ce bénéfice. *Proviso quod dictus prioratus, debitis non fraudatur obsequiis sed congrue suportentur onera consueta.*

Les Pères de la Société de Jésus avaient représenté au Pape, pour obtenir ces bulles, que le prieuré ne valait, selon l'estimation commune des revenus annuels, que cent cinquante ducats, c'est-à-dire neuf cents livres de rente. *Dicti prioratus, fructus, redditus, proventus centum quinquaginta ducatorum auri secundum communem æstimationem valorem annuum non excedere nobis fuit humiliter supplicatum.* Il était expressément entendu que les Jésuites jouiraient de la mense prieurale à l'exclusion de la mense conventuelle. Leur droit sur la première ne pouvait prendre force qu'à dater de la fulmination ; elle eut lieu le 31 janvier 1622. L'arrêt d'envoi en possession fut rendu par le parlement le 23 février suivant. Cependant ils prirent de suite possession du bénéfice. L'acte de contrat, du 26 février 1622, ne fut qu'une formalité.

Dès 1619, les RR. PP. Jésuites firent acte de souveraineté. Les habitants de Jouhe n'ayant pas exécuté le traité fait, le 9 janvier 1608, avec Jean Richardot, ils les traduisirent devant le bailliage de Dole, puis devant la cour, qui, par arrêt du 5 juillet 1609, les condamna à faire la reconnaissance qu'avait demandée ce prieur.

Le 10 juillet 1620, une sentence du bailliage maintint les habitants de Montroland dans le droit de banvin, et les Jésuites, comme seigneurs, dans la jouissance du droit de prohiber la vente dès le jour de l'Ascension de Notre Seigneur jusqu'au jour de la fête de l'Eucharistie. Pendant ce temps, défense fut faite à tous d'en vendre en gros ou en détail sans leur permission, sous peine d'amende. Ils amodiaient ce droit.

D'autres arrêts furent prononcés contre les habitants de Jouhe. Cependant une transaction eut lieu entre eux et le R. P. recteur Guyon, et, au lieu de la cense annuelle de onze vingt francs due par le traité de 1608 pour les héritages, les habitants consentirent à payer trois sous tournois par chaque journal de terrain.

Le 15 février 1623, même traité fut passé avec les manants d'Archelange.

Des discussions avaient eu lieu en 1615 entre Jean Richardot et le curé de Varennes : elles furent terminées le 8 mai par une transaction ; mais, à peine calmées, elles se rallumèrent. Le parlement de Dijon rendit, en 1620, un arrêt favorable au prieur. Ce fut un prélude de paix ; les Pères Jésuites traitèrent, en 1623, avec le curé, pour ses dîmes de Villeverges et de Soissons. On convint que le prieur lui abandonnerait ses droits, provenant de la donation de Jean de Vienne, moyennant quinze francs par an, payables à la Saint-Martin.

Les droits seigneuriaux étaient bien vexatoires, mais on a peine à comprendre que des transactions si fréquentes n'aient pas amené des instants de calme plus prolongés. Le 26 octobre 1627, Antoine Richardot, échevin de la ville et communauté de Jouhe, et vingt-cinq manants et habitants, donnaient procuration à leur prudhomme, Denis Gaidot, pour soutenir devant le parlement qu'ils pouvaient vendanger leurs vignes avant le prieur, parcourir ses terres, et qu'ils devaient être maintenus dans le droit de champage.

Le 30 avril, les habitants d'Archelange déclarèrent devant notaire qu'ils avaient demandé la permission de mettre des images les jours de fête de saint Hubert et de saint Marcou; qu'elle leur avait d'abord été refusée, mais qu'ils la réclamaient de nouveau. Les Jésuites, sur leur promesse de payer trois francs, la leur accordèrent.

Le 25 janvier, ces mêmes habitants avaient déjà transigé au sujet des cens de froment, poules et argent.

Par acte sous seing-privé du 1er mai, signé de Dom Antoine Leclerc, sous-prieur, Dom Charles de Rahon, sacristain, Dom Bonaventure Mignot, Didier Paperet, François Rolet, les religieux du prieuré de Jouhe acceptèrent un legs de trois cents francs porté dans le testament de Claude-Béatrix de Grammont, veuve de messire Claude-François de Ray, chevalier et baron dudit lieu, religieuse au couvent des RRdes Mères Annonciades de Dole, sous les charges et conditions y énoncées. Nous n'avons pu retrouver la nature de ces obligations.

Tel est le dernier acte connu de cette année. Bientôt la nouvelle vie des religieux va leur sembler insupportable. Des procès avaient éclaté en[illegible]eux et les nouveaux prieurs; ils n'étaient pas assez riches pour les soutenir. L'abbaye de Baume, par son ordonnance du 1er septembre 1626, leur avait permis de recourir à un emprunt pour y faire face. Il avait été de trois cents livres. Les motifs de désunion étaient multipliés. Les Pères Jésuites voulaient mettre un prêtre séculier à Montroland à la place du religieux de Jouhe qui de tout temps avait desservi la chapelle. Ils avaient obligé le sous-prieur à devenir l'amodiataire du tronc de Montroland pour plus qu'il ne rapportait; enfin les Bénédictins trouvaient que leurs prébendes ne leur étaient pas payées. Ils craignirent le sort des prieurés de Morteau, Jonvelle et Saint-Vivant, dont les Jésuites étaient devenus maitres et qui étaient sans religieux. Alors ils cherchèrent un appui contre ces voisins puissants et crurent le trouver en demandant l'introduction parmi eux de la réforme de saint Vannes et saint Hydulphe.

CHAPITRE XXII.

INTRODUCTION DE LA RÉFORME.

1629—1636.

L'introduction de la réforme sauva le prieuré de Jouhe: sans elle, sans doute, il aurait été bientôt absorbé ; elle fit plus, elle donna à Montroland une vie nouvelle, et la chapelle, qui n'avait qu'un gardien sous ses auspices, devint un monastère important.

Lors de la prise de possession de Montroland, il ne restait aucune trace de monastère. Pour tout bâtiment existait un petit appendice en ruine du côté du levant, au-dessus du collatéral, dans lequel demeurait Antoine Clerc. Ce religieux avait une petite cour, un petit jardin et une partie de vigne du côté d'Authume, de la contenance d'environ un journal et demi (cinquante ares environ).

Les réformés, pour pouvoir se loger, achetèrent la maison d'un homme de Montroland, nommé Gradepain. Ensuite, ils acquirent les bâtiments appartenant à six autres personnes et les absorbèrent dans leur enclos, ainsi que les jardins et terres qui avoisinaient ces habitations. Il ne resta alors que le domicile d'un habitant et d'un manant avec leurs enclos. Ainsi, les Bénédictins se trouvèrent aux droits de tous ces individus et plus tard furent obligés de payer les taxes et impôts auxquels ils avaient été assujétis.

La réforme de saint Vannes et saint Hydulphe rétablissait la règle de saint Benoît dans toute son austérité : le travail des mains, l'abstinence de la viande hors les cas de maladie, la lecture de la règle, l'habit régulier, le vœu de stabilité dans la congrégation, mais non pour une maison particulière.

Cette réforme avait pris naissance, à la fin du XVIe siècle, dans le prieuré de Saint-Vannes à Verdun et dans l'abbaye de Moyen-Moutier, qui, en l'adoptant, contracta une étroite alliance avec ce prieuré et prit le nom de congrégation de Saint-Vannes et de Saint-Hydulphe.

Racontons les principales phases de son introduction à Jouhe et à Montroland.

Le 29 juin 1628, Dom Antoine Leclerc (1), sous-prieur, Dom Charles de Vyon, Dom Bapverel, Dom Bénignot et Dom Rolet, sacristain et religieux de Jouhe, s'étant assemblés capitulairement, déclarèrent que, désirant voir l'observance régulière établie en son entier dans leur maison, et ne pouvant, à cause de leurs infirmités, s'y obliger, ils suppliaient que les RR. PP. Bénédictins réformés y fussent admis pour jouir de leur bon exemple et conversation, sous le bon plaisir et volonté du révérend abbé de Baume et des religieux de l'abbaye. « Moyennant, disaient-ils encore, que nous ayons noz vies durant noz mansions ainsy que du passé et que nous jouissions entière-

(1) Le 6 décembre 1625, D. Antoine Leclerc, qui s'était retiré à Faverney pour vivre plus régulièrement, fit cession entre vifs, aux religieux réformés de Jouhe et de Montroland, de tout ce qui pouvait lui appartenir comme sous-prieur de Jouhe et gardien de Montroland. Il mourut le 13 janvier 1636.

-ment de noz my partz, tant de Jouhe que de Montroland avec les mesmes droictz et auctoritez en l'un et l'autre lieu que de coustume sans nous en rien diminuer. Bien entendu qu'aprèz le dire de dom Benigne les my partz se partageront en six et que venant quelqu'un de nous a décéder lesd. RR PP jouyront de la mansion et my-part. » Ils suppliaient enfin que cette clause fût insérée au traité par les soins du révérend abbé de Baume.

Le 9 août, le chapitre de Baume, considérant « quil étoit dans l'obligation d'entretenir bien et dignement le service divin au prieuré de Jouhe, membre dépendant de l'abbaye de Baume, etc.; vu mesme que l'église Notre Dame de Montroland appartenant à ce prieuré et desservie par les religieux de celui-ci étoit fréquentée d'un grand nombre et concours de personnes qui y venoient de toute part en devotion et qui devoient être assistées non seulement de confessions, prédications et autres exercices pieux, mais aussi bien édifiées par la vie exemplaire des religieux y résidant et desservants, ce a quoi les abbés et religieux de Baume ne pourroient avoir l'œil a cause de leur eloignement; que d'ailleurs le revenu du prieuré de Jouhe ayant été donné par Sa Sainteté aux RR. PP. Jesuites et uni a leur college de Dole n'y ayant plus aucun prieur résidant qui put avoir soin de faire dire l'office divin avec la decence et la devotion requise, » trouva expédient d'établir dans le prieuré de Jouhe et dans l'église de Montroland les Bénédictins réformés dont il connaissait la vie exemplaire.

Il leur concéda en conséquence perpétuellement les maisons, prébendes, offices, revenus dont jouissaient les sous-prieur, sacristain, gardien et religieux, avec les mêmes droits actions et autorités qu'ils avaient pour y nourrir et entretenir les religieux qu'ils y mettraient. Ces moines devaient être régis et gouvernés, tant au temporel qu'au spirituel, conformément à leur règle et constitution, tenus de faire le service divin à Jouhe et Montroland, et obligés de satisfaire aux charges et fondations existantes.

Voici encore quelques-unes des conditions de cette cession: « Le prieuré restant dépendant de Baume, les abbés seront tenus pour prélats et auront prééminence au chœur, chapitres, réfectoires et autres lieux. On ne pourra faire aucune aliénation ou échange du prieuré sans la permission expresse de l'abbé et religieux de Baume, et afin que ces priviléges ne viennent à s'oublier, au lieu de la succession des meubles des religieux de Jouhe qui appartenoient aux RR. abbé et religieux, les réformés seront tenus et obligés de donner la somme de quarante francs annuellement et à perpétuité aux cédants.

» En ce qui touche les religieux de Jouhe et Montroland qui avoient désiré l'établissement de la réforme, si aucun d'eux vouloit l'embrasser, il seroit reçu selon les coutumes et constitution dicelles; si n'en pouvant supporter les austerités il désiroit vivre parmi les reformés d'une façon plus mitigée, on le placeroit en telle maison de cette congregation qu'il voudroit choisir, il seroit traité charitablement et assisté dans toutes ses necessités. Si quelques uns ne pouvoient ou ne vouloient l'une ou l'autre de ces conditions à cause de leurs ages ou infirmités ils demeureroient au prieure de Jouhe y faisant le service et jouiroient entièrement de leurs prebendes et my parties leurs vies durant et de tous les revenus qu'ils pourroient tirer tant de Jouhe que de Montroland, vivant sous l'obéissance du seigneur abbé ou de celui quil députeroit pour le remplacer.

» En cas de décès des anciens religieux, la congrégation réformée devroit entrer de suite en possession des prébendes et seroit tenue d'augmenter à mesure le nombre des religieux. En attendant ils demeureroient à Montroland au lieu et place du gardien ordinaire en laissant et réservant aux RR. PP. Jésuites les droits qui leur compétoient comme jouissant de la mense du prieur de Jouhe. »

Ce traité fut accepté, pour la réformation, par D. Claude Hydulphe, coadjuteur de l'abbaye Notre-Dame de Faverney, et par D. Joseph Saulnier, prieur du monastère Saint-Vincent de Besançon.

Le président de la congrégation de Saint-Vannes l'approuva le 28 novembre 1628.

Ce traité était avantageux. Il devait rendre la vie à l'église de Montroland et au prieuré de Jouhe, qui, privés d'un chef, eussent bientôt fini par succomber dans les désordres que prévoyait le chapitre de Baume.

Aussi, le même jour, l'abbé de Baume, Claude d'Achey, chargea le R. P. Placide Symon, procurateur général de la cour romaine, de la congrégation des Bénédictins de Saint-Maur, et frère Vivant Collignon, d'obtenir du Pape la réforme des prieuré de Jouhe et église de Montroland, *ut ad pristinam splendorem revocetur præsertim ecclesia Beatæ Mariæ Virginis de Montroland.*

A la même date, procuration du sous-prieur de Jouhe envoyée à même fin.

Le 27 mai 1629, Jacques de Veiney d'Arbouze, abbé chef, général et administrateur de tout l'ordre de Cluny, sans préjudice de ses droits et autorité, consentit à l'introduction de la réforme dans Jouhe et Montroland.

Toutes les parties intéressées ainsi consentantes, intervint un bref du pape Urbain VIII, donné à Rome le 22 janvier 1629, permettant la visite et réforme des prieuré de Jouhe et église de Montroland. Nous en donnons le texte à la fin de l'ouvrage.

Ce bref fut reçu par l'abbé de Saint-Vincent; mais, à cause de la peste qui sévissait à Besançon, il ne put y déférer et le fit signifier à l'abbé de Faverney. Dom Leclerc, sous-prieur de Jouhe, écrivit, le 13 juin 1629, à Dom Alphonse Doresmieux, abbé de Faverney, et le supplia d'accepter la mission qui lui était conférée. L'abbé se rendit à ses instances. Il vint à Dole le 27 août, et supplia, suivant la coutume, le parlement de lui accorder la permission d'exécuter le bref de Sa Sainteté. La cour ordonna que cette requête serait communiquée aux fiscaux et aux RR. PP. Jésuites, afin que, dans les vingt-quatre heures, ils y attribuassent réponse. Les Jésuites s'opposèrent à l'exécution. Les motifs qu'ils donnèrent furent longuement énumérés; ils parlèrent comme prieurs et seigneurs de Jouhe.

Ils prétendirent tout d'abord que Dom Alphonse Doresmieux était sans qualité, car le bref était adressé au révérend abbé de Baume et au sous-prieur de Montroland, qui ne pouvaient déléguer leurs pouvoirs que si leur nom était porté dans la suscription. Au reste, cela était indifférent, puisqu'il aurait pu y être apposé à plaisir.

Ils énumérèrent ensuite les raisons qui devaient démontrer que le bref était obreptif et subreptif. 1° Les exposants n'avaient pas fait connaître que depuis plusieurs années le prieuré de Jouhe était uni au collége des Jésuites. 2° On avait fait entendre à Sa Sainteté que les Bénédictins étaient des vagabonds qui ne faisaient pas leur résidence habituelle au prieuré de Jouhe ou qui en avaient été chassés, comme on pouvait le voir par ces paroles du bref : *Domo et ecclesiis restitui cupientes*, tandis que le contraire était la vérité. 3° On avait fait encore croire au Saint-Père que les religieux de Jouhe étaient de mauvaise vie, comme il appert par ces paroles portées au bref : *Ipsos monachos ad debitum et honestum vitæ modum revocetis;* et cependant le révérend abbé de Baume, leur supérieur, s'était, jusqu'alors, montré fort content de leur conduite.

Ce qui rendait surtout le bref obreptif et préjudiciable au public, c'est qu'il y était dit : *facultatem vobis concedimus uniendi prioratum de Jouâ et ecclesiam Montis Rolandi, congregationi sanctorum Vitoni et Hydulphi.* Ces paroles semblaient avoir été coulées dans le rescrit à l'instance des RR. Bénédictins de cette congrégation, pour, avec le temps et insensiblement, recouvrer et s'approprier le prieuré et en priver les RR. PP. Jésuites. Ceux-ci devaient se le persuader, car les Bénédictins tenaient à Rome deux de leurs congrès afin de recouvrer, s'il était possible, tous les bénéfices qui avaient autrefois appartenu à leur ordre. Le prieuré de Chaude-Fontaine, de l'ordre de Saint-Benoît, ayant été uni au collége de Reims des Pères Jésuites, les Pères Bénédictins ont plaidé deux ans au grand conseil de France contre les Pères du collége pour leur faire perdre ce prieuré, et, pour mieux venir à bout de leurs prétentions, les Bénédictins épièrent le temps qui était trop mauvais pour les Pères Jésuites, et ils leur donnèrent à cette occasion une peine incroyable. Cependant ils leur avaient fait toutes les promesses possibles de ne pas les troubler comme ils le faisaient pour celui de Jouhe. Les Jésuites devaient d'autant plus être en défiance, que les principaux de l'abbaye de Faverney avaient dit à des gens d'honneur de Vesoul, de Besançon et de Dole, qu'ils ne voulaient mettre les pieds à Jouhe et à Montroland que pour recouvrer ce prieuré avec ses membres et dépendances.

Les paroles du bref *nos facultatem vobis concedimus uniendi*, etc., semblent rendre les religieux de Jouhe dépendants de la congrégation des réformés, tandis qu'ils ne peuvent l'être que de leur supérieur, l'abbé de Baume, et paraissent les obliger de prendre la réforme, ce à quoi ils ne peuvent être contraints, attendu qu'en vertu de leur profession ils sont seulement obligés à l'observance de leurs vœux et de la règle de saint Benoît comme elle était gardée à l'abbaye de Baume et au prieuré de Jouhe lorsqu'ils ont fait leurs vœux. Les religieux de Jouhe ont même déclaré et signé de leurs propres mains qu'ils ne voulaient pas prendre la réforme, et, qui plus est, le sieur Clerc, sous-prieur de Jouhe, était si peu porté à l'accepter pour lui-même, qu'il n'avait pas encore voulu se lier à son ordre non réformé, puisqu'il n'était encore ni profès, ni religieux, mais libre de quitter ses habits, et qu'il avoue n'avoir pas même pensé à signer une requête pour introduire la réforme à Jouhe. Une marque encore que le bref est subreptif, ajoutent les Jésuites, c'est qu'il dit que l'abbé de Baume a été le requérant, de quoi il n'y a nulle apparence, qu'il est commendataire et qu'il n'y a aucun religieux de son abbaye qui ait embrassé la réforme; et s'il avait voulu l'établir, comment aurait-il commencé dans un prieuré de village plutôt que de la mettre dans son abbaye? Ce bref est encore préjudiciable à l'abbaye et aux religieux, puisque, dans le traité fait avec les Jésuites, il était dit qu'ils auraient les dépouilles des religieux qui décéderaient, tandis que le bref les en prive; qu'ainsi le révérend abbé renonce à un droit, ce qu'il n'a pas le pouvoir de faire, car ainsi il lierait ses successeurs. Au surplus, le nombre des Bénédictins étant complet, on ne peut mettre des religieux surnuméraires à Jouhe et à Montroland.

Les Bénédictins réformés prétendent bâtir leur habitation sur les bâtiments de l'église de Montroland, tous les autres fonds de ce lieu étant de mainmorte. Cela causerait un grand préjudice aux Jésuites, car les vieilles et caduques murailles de l'église étant surchargées, courraient le risque de tomber, et la réparation en serait fort coûteuse et à leur charge, puisque l'église leur appartient.

Enfin ils terminaient leur mémoire en disant que s'ils laissaient exécuter le bref, ils s'exposeraient au danger d'encourir une excommunication fulminée par le même pape Urbain VIII à l'encontre des réguliers qui aliènent, en quelque façon que ce soit, les biens de l'Eglise.

C'est le 30 août qu'ils faisaient valoir tous ces arguments et bien d'autres que nous avons passés.

La cour ne s'y arrêta pas. Le 7 septembre, elle permit l'exécution du bref, sans cependant qu'il « pût jamais, soit directement ou indirectement, pour le présent ou pour l'avenir, faire préjudice ni déroger à l'union du prieuré de Jouhe au collége des RR. PP. Jésuites, fruits, revenus et biens dépendants de la mense du prieur, et sans, par la dite exécution, déroger aux soumissions et déclarations faites par les commis par les RR. PP. Bénédictins réformés, sauf aux suppliés (les Jésuites), pour les difficultés qu'ils pourroient rencontrer, se pourvoir par telle voie quils jugeront convenir. » Ne perdons pas de vue que les Bénédictins ne réclamaient que la mense conventuelle.

Les difficultés ne devaient pas tarder à naitre.

Les 7 et 10 septembre, les Jésuites firent notifier une nouvelle opposition. Alors Dom Alphonse Doresmieux ayant demandé communication de cette pièce aux Pères Bénédictins, déclara aux parties intéressées qu'il les citait d'office, le mercredi à huit heures du matin, devant les portes de l'église de Montroland, et que là il donnerait sa réponse. Il prit auparavant l'avis des Bénédictins anciens et des réformés, qui persistèrent dans l'introduction de la réforme et déclarèrent qu'ils ne demandaient aux Pères de la Société de Jésus que ce qui, de toute antiquité et chaque année, était payé par le prieur de Jouhe et par les PP. Jésuites eux-mêmes pour les menses et offices des religieux, selon le traité fait entre le révérend abbé de Baume et les Pères, et qu'ils n'aspiraient en aucune façon à obtenir des droits sur la mense prieurale. Ils lui déclarèrent en outre qu'ils ne voulaient pas se porter partie contre les Jésuites et demandaient seulement l'introduction de la réforme aux conditions prérappelées : *Tunc et eo casu declarabant, sicut et declaraverunt, quod nil aliud pretendebant à dictis RR. PP. societatis Jesu, quam quod antiquitùs et annuatìm persolutum est à Priore de Jouhâ, et à dictis PP. pro mansis et officiis religiosorum, secundùm tractatum inter R. D. abbatem de Balmâ et dictos PP. initum et confectum; et quod nullatenus ad jura ipsis legitimè quæsita quoad mensem prioralem aspirabant.* Doresmieux composa sa réponse en conséquence. Il sortit de Dole accompagné de Claude-Antoine Perrenet et Jean-Baptiste Jacquard, docteurs ès-droit et avocats au parlement, de Claude Renauld, procureur, de François Despoutot, notaire apostolique, de vénérables prêtres et théologiens François Pierre et Réginald Brulard, choisis pour témoins; et le 12 septembre, à l'heure dite, tous arrivèrent à Montroland, où Doresmieux devait prononcer sur les causes de récusation et d'opposition des RR. PP. Jésuites. Là, devant les portes de l'église, tenant en main le bref du Pape, qu'il fit lire par le notaire, en présence du R. P. Christophe Francès, procureur du collége de Dole pour les Jésuites, des religieux de Jouhe, c'est-à-dire, Antoine Leclerc, sous-prieur, Charles de Rahon, sacristain, Désiré Paperet, Bonaventure Mignot, François Rolet et Bénigne Bauldouhin, il ordonna au notaire de prononcer à haute voix que l'abbé de Faverney, après avoir examiné et lu les raisons, oppositions et récusations des RR. PP. Jésuites, les raisons des Pères réformés et celles des religieux de Jouhe, exécuterait le bref de Sa Sainteté, sans s'arrêter aux récusations et oppositions des RR. PP. Jésuites, et se porterait pour juge compétent.

Alors le Père Francès produisit un acte rédigé

d'avance et par lequel Me Philippe Clerreval, procureur des Pères de la Société de Jésus, émettait appel de la sentence que venait de rendre Dom Alphonse Doresmieux.

Celui-ci, nonobstant cet appel (1) et sans y préjudicier, déclara qu'il allait procéder à la visite. Avant de la commencer, il ordonna la lecture du bref qui la prescrivait; puis, devant le Père Francès, son procureur, les témoins, les assistants, siégeant encore comme un juge, il demanda aux anciens religieux de Jouhe et de Montroland s'ils avaient pour agréable la visite qu'il était chargé de faire et s'ils avaient quelque chose à y opposer. D'une voix unanime, ils déclarèrent qu'ils étaient prêts à obéir à Sa Sainteté et désiraient voir la réforme dans le prieuré, selon le vœu qu'en avait formé l'abbé de Baume, dont ils dépendaient; pourvu cependant que leur mense leur fût conservée leur vie durant ou tant que, à cause des incommodités de l'âge ou d'autres infirmités, ils ne pourraient subir la discipline de la réforme, et qu'ils étaient prêts à recevoir les réformés.

Après ce désir des religieux si formellement exprimé, Doresmieux fit sonner la cloche de l'église

(1) Cet appel reproduisait les griefs précédents et prétendait de plus que Doresmieux était juge dans sa propre cause, ce qui était vrai.

de Montroland. Marchant en tête des religieux et de ceux qui l'avaient accompagné, il entra dans le sanctuaire et adora le Saint-Sacrement qui était exposé sur l'autel principal.

Sur cet autel, dit le procès-verbal de prise de possession, et un peu plus élevée, est l'image miraculeuse de Notre-Dame et du Christ Notre Seigneur, aussi décemment parée. Devant le grand-autel on voit le tombeau de frère Jean de Coigney, autrefois prieur de ce prieuré. Sur le tombeau sont des plaques de cuivre sur lesquelles est gravée l'effigie de ce prieur, couvert des habits dont les anciens religieux de l'ordre avaient coutume de se vêtir.

Continuant sa visite, Dom Alphonse trouva dans l'église, du côté de l'évangile, une chapelle érigée en l'honneur de saint Jean-Baptiste, dont l'autel était aussi convenablement orné. Devant celui-ci était un antique tombeau d'un autre prieur de Jouhe, ainsi que le témoignaient son image et les vêtements qu'il portait, semblables à ceux du tombeau précédent. Du côté de l'épître, une autre chapelle avait été édifiée en mémoire de saint Martin, évêque, et, près de la colonne de cette église, s'élevait un autre autel consacré par saint Martin, à ce que l'on rapporte, et érigé en l'honneur de saint Antoine. Cet autel, ainsi que les autres, avait des ornements décents.

Le visiteur fit ensuite l'inventaire de ce qu'il trouva dans la chapelle; mais nous avons cru devoir nous abstenir de traduire tous ces détails. Il mentionna encore avoir vu trois calices, un os de saint Bartholomey, apôtre, renfermé dans un bras de bois, et une petite partie de la vraie croix dans un reliquaire d'or.

Après cette visite, on s'assembla capitulairement dans la maison du gardien, et Dom Alphonse interrogea les religieux chacun en particulier et secrètement. Il jugea par leurs réponses que le prieuré ne pouvait être reconstitué, soit à cause du grand âge et des infirmités de quelques-uns des religieux, soit parce qu'ils ne pourraient pas subir les rigueurs de la règle de la réformation.

Après cette nouvelle et sévère enquête, Doresmieux descendit à Jouhe, visita dans l'église le Saint-Sacrement placé dans une boite d'airain enchâssée dans une custode de bois. Après avoir examiné l'autel principal, dont l'ornementation le satisfit, il passa aux deux autres, l'un du côté de l'évangile, dédié à la Vierge, et l'autre consacré à saint Antoine, auxquels il n'y avait aucun revenu attaché. Il trouva dans l'église trois reliquaires qu'il décrit ainsi : une partie du crâne du B. pape saint Sylvère dans une tête en bois; dans un bras d'argent, des reliques de saint Antoine, et une croix de bois couverte de lames d'argent, dans laquelle est enfermée une parcelle de la croix du Sauveur. Dans une petite boîte de bois étaient encore quelques ossements de saint Théodule, confesseur, en grande vénération dans tout le voisinage. L'abbé constate qu'il n'existait point de sacristie ; il ne mentionne qu'un seul calice d'argent, aucune chappe ni tunique. Après avoir passé en revue les autres ornements, les deux cloches de l'église et les offices, c'est-à-dire messe conventuelle tous les jours et l'office divin, excepté les matines et primes, si ce n'est les samedis et les fêtes de la Vierge, où l'on célébrait ces offices dans l'église de Montroland, Dom Alphonse constate ainsi l'état des bâtiments : « Nous sommes entrés dans le cloître qui est contigu à l'église ; en face s'est présentée une maison affectée au sacristain, sous laquelle sont la cuisine et le réfectoire des moines et la cave du sacristain. De l'autre côté sont le dortoir, composé de quatre cellules destinées à l'habitation de ces religieux, et des lieux communs qui infectaient le dortoir, ce qui causait les plaintes fréquentes des Bénédictins ; plus un autre local destiné à l'infirmerie, dans lequel avait habité le sous-prieur Leclerc, et dont les Pères Jésuites les avaient privés depuis quelques années ; à l'orient la cuverie ; enfin le jardin, l'étable, etc. Le reste de la maison et la partie la plus considérable était occupée par les Pères Jésuites, étant aux droits de la mense prieurale ; mais le visiteur n'en donne pas la description. Enfin il demanda aux religieux l'exhibition des annales monumentales du prieuré, et les religieux lui présentèrent la légende que nous avons rapportée au premier chapitre de cette histoire, et il la consigna dans son procès-verbal.

Dom Alphonse constate qu'à l'époque de sa visite et auparavant, l'église de Montroland était célèbre par les miracles qui avaient été opérés et se faisaient chaque jour par l'intercession de la Vierge Sainte. Des images appendues aux murailles et d'autres monuments, soit pour actions de grâces, soit pour accomplissement de vœux, en rendaient témoignage. L'église de Jouhe n'était pas moins fréquentée par les pèlerins à cause des reliques des saints confesseurs Sylvère et Théodule, que l'on invoquait, soit en temps d'inondation, soit à cause de la sécheresse.

Enfin, après avoir de nouveau consulté les anciens religieux, il prononça l'annexion de Jouhe et de Montroland à la réforme et en mit en possession Félicien Martin, prieur de Faverney, et Constant Jobelin, religieux profès de cette congrégation, qu'il avait appelés à cet effet. Il termina cette imposante cérémonie, à laquelle un grand concours de peuple avait assisté, par le chant du *Te Deum*, au son de toutes les cloches.

On commença dès-lors à travailler à l'établissement d'une communauté de religieux réformés à

Montroland. Le Révérend Père Dom Jean-Baptiste Clerc, depuis abbé de Luxeuil, en fut fait prieur. Les anciens demeurèrent à Jouhe. Dom Antoine Clerc, sous-prieur de Jouhe, embrassa la réforme et alla au noviciat de Faverney. Trois des anciens moururent de la peste à Dole en 1636, et le quatrième mourut à Auxonne.

Le 8 janvier 1630, noble Claude Guillemin de Sachet, seigneur de Burgille, tant en son nom qu'au nom des sieurs Guillaume, Claude-Louis, Claude et demoiselle Magdelon, Claude-Antoine et Anne Sachet, ses enfants et hoirs de demoiselle Françoise de Poligny, sa femme, fit donation entre vifs au profit de Louis-Antoine Perrenot, docteur ès-droit et avocat au parlement, de tout droit qui lui compétait et appartenait du chef de ses prédécesseurs, même de demoiselle Jeanne Boudier, son aïeule paternelle, fille d'Edme Boudier et de demoiselle Colette de Crissey, en une chapelle instituée en l'église collégiale de Dole et fondée en l'honneur de saint Pierre et saint Denis, communément appelée la chapelle de Crissey. Il déclara que cette part et ce droit consistaient en « une moitie du totage et quarte partie de l'autre moitie, » indivises avec les sieurs Fauche-Nanceray, comme descendants d'Edme Boudier et de Colette de Crissey. Ceux-ci avaient acquis cette chapelle de Denise Millot, d'Auxonne, femme de Pierre de Crissey. Le surplus appartenait aux héritiers et descendants de celui-ci.

Ce furent les Bénédictins qui recueillirent les fruits de cette cession comme ayants-droit du sieur Perrenot, dont ils devinrent héritiers.

CHAPITRE XXIII.

TRAITÉS. ÉTAT DU PRIEURÉ.

1631 — 1633.

L'année 1631 fut heureuse pour les RR. PP. Bénédictins. Le 19 mars, Marguerite, fille de feu noble Ferdinand Bereur, capitaine de cent hommes pour LL. AA. SS. dans les Pays-Bas, jadis vicomte et mayeur de Dole, écuyer, connaissant l'intention qu'avait manifestée son père de faire don au monastère de N.-D. de Montroland de la grange et chevance qu'il avait à Saint-Vivant, accomplit cette libéralité. Elle imposa pour condition de célébrer, pour le repos de l'âme de son père, le 6 octobre de chaque année, une grand'messe avec *Libera*, et deux trentaires après son décès et celui de sa sœur, Loyse de Jésus, religieuse carmélite.

Ce domaine était considérable; MM. de Grammont et d'Andelot, enfants de Marguerite, l'augmentèrent encore de différents immeubles au même lieu. Cet exemple fut suivi par le sieur Broch, de Dole, apothicaire, et le sieur Perrot, d'Annoire.

L'union consommée, il s'agissait de fixer les revenus de la mense conventuelle. Depuis l'introduction de la commende, il n'y avait pas eu de partage. Les titulaires n'avaient donné aux religieux que des prébendes qui, exemptes de charges, représentaient le tiers franc. Les biens acquis par les Bénédictins, soit à titre de fondation, soit par contrat, demeurèrent dans la communauté sans que les commendataires y participassent.

La sentence de fulmination ordonnait que les prébendes représentatives de la mense conventuelle seraient réglées par un traité proportionnel : *Juxta regulationem de communi patrum et religiosorum consensu*. Il fut passé, le 13 mai 1631, à la satisfaction des Bénédictins. Comme il est nécessaire de le connaître, en voici l'analyse :

Le R. P. D. A. Hydulphe, premier abbé de Faverney et visiteur de la congrégation de Saint-Vannes, et le R. P. D. Jérôme Coquelin, principal du collége Saint-Jérôme de Dole, pour et au nom des RR. PP. Bénédictins, d'une part; et le R. P. Charles de Belestin, recteur du collége, pour et au nom des RR. PP. Jésuites, d'autre part, chacun assisté de son conseil, savoir: les Pères Bénédictins de noble Claude-François Lullier, sieur de Chauvirey, docteur ès-droit, et le Père recteur de nobles Jacques Alix, sieur de Choisey, et Antoine Brun, docteurs ès-droit, ont arrêté ce qui suit, sous promesse de ratification par les supérieurs de part et d'autre dans l'espace de six mois.

Maison de Montroland.

Premièrement, pour les logements que les RR. PP. Bénédictins ont intention d'ériger à Montroland, les PP. Jésuites permettent qu'ils puissent acquérir les meix, maisons et places nécessaires, ainsi que pour le pourpris de leur enclos, à condition qu'ils feront cet enclos du côté d'Authume, derrière et à côté du chœur du grand autel, à charge encore, de la part des Bénédictins, d'en déterminer l'étendue avant la Saint-Jean et d'en informer les Jésuites. Ceux-ci, désirant témoigner de leur bonne volonté envers les Pères, de leur dévotion à la sainte Vierge, et coopérer selon leur pouvoir à la pieuse intention des Bénédictins et au bien public, amortissent et exemptent de tous lods, censes et redevances, tant que les Bénédictins les posséderont, les meix, maisons et places qu'ils viendront à acquérir et qui en seraient chargés. Il fut arrêté que la cense de vingt sous dont était grevée la vigne de la Barre, affectée à l'office de sacristain, ne serait pas payée tant que les réformés la posséderaient, mais que s'ils venaient à l'aliéner, à quelque titre ou occasion que ce fût, les censes et lods revivraient.

Cession du tronc de Montroland.

Les émoluments et profits provenant du tronc, et les offrandes, oblations et autres revenus dépendants de l'autel et de l'église de Montroland, dont le prieur de Jouhe jouissait ci-devant, furent relâchés aux Bénédictins, moyennant la somme annuelle et perpétuelle d'onze vingt francs et à la condition qu'ils seraient chargés à perpétuité de l'entretien de l'église, de la sacristie, des logements et maisons tant bâtis qu'à bâtir, quand même ils viendraient à être ruinés par orvale de feu ou autres. En considération de ces charges, les Pères Bénédictins avaient à percevoir annuellement la prébende et mense entière du religieux qui était auparavant gardien de Montroland, tant en vin, grains qu'argent, sans aucune diminution.

Règlement des prébendes.

Le paiement des prébendes fut réglé comme il suit : en froment, pour chacune d'elles quarante-huit mesures de bon blé, « léal, marchand et hors de conche, » payables par chaque trimestre à la mesure du grenier du prieuré; pour le valet des religieux, vingt-quatre mesures du même blé par quart d'an.

Vingt-cinq poinçons de vin pur et net par chaque prébende, à prendre dans les cuves du prieur et à choisir dans toutes celles où le vin de Jouhe cuverait, à l'exception de celui du clos et de Montchatain. De plus, un poinçon pour le valet. Quant à la feuillette de vin prétendue par le sacristain pour les messes, on convint qu'elle ne se paierait plus. Le vin était exigible conformément à l'ordonnance « qui étoit au fur de vingt-deux setiers treize pintes la queuhe.»

Les Jésuites devaient payer annuellement:

Pour la pitance de chaque religieux, soixante fr.;

Pour le vestiaire de chaque religieux, vingt francs quatorze gros;

Pour le bois en commun, vingt francs;

Pour le sel en commun, cinq francs;

Pour le barbier, en commun, trois francs quatre gros;

Pour le gage du serviteur, dix francs;

Pour les gages du sous-prieur, soixante francs.

Toutes ces sommes devaient être soldées par quart, comme par le passé.

De plus, ils accordèrent aux Bénédictins les charrois ou corvées de voitures de bois dues par chaque habitant de Jouhe et d'Archelange ayant chariot ou charrette, deux fois l'année, les veilles de la Toussaint et de Noël, sans cependant qu'ils fussent tenus de les garantir ; et comme ces corvées étaient et dépendaient des droits seigneuriaux, ils s'en réservèrent le domaine direct et en accordèrent seulement le domaine utile aux Pères Bénédictins. On permit à ceux-ci de pouvoir emporter chaque année les paisseaux et sarments de quatre journaux de la vigne du clos, et il fut convenu qu'ils leur seraient délivrés dans la cour du prieuré sans être liés.

Il fut encore disposé que tous les ans ils recevraient dix-huit poules à prendre la moitié sur Jouhe et l'autre sur Archelange, à commencer par un bout du village et consécutivement jusqu'à la levée desdites poules, et que, au cas où quelques-unes des maisons devant la poule aux Pères Bénédictins viendraient à périr par orvale, feu ou autre accident, les Jésuites leur en donneraient d'autres, sans préjudicier aux droits seigneuriaux qui leur demeuraient réservés.

Aux Bénédictins fut encore donné le droit de moudre franc, au moulin de Jouhe, les premiers après les Jésuites, la totalité du grain qui leur était dû pour leurs prébendes, et de cuire franc, au four banal, leurs pains et pâtes provenant de la prébende; enfin, de posséder les autres biens et de toucher les revenus affectés aux anciens religieux et dont ils étaient en possession pour le présent.

On leur imposa l'obligation de faire les offices et services dans les églises de Jouhe et de Montroland, sans prétendre aux fondations dont les prieurs de Jouhe avaient joui par le passé et dont les Jésuites étaient nantis. Celles dont les anciens religieux avaient eu la jouissance et qu'ils avaient encore au moment du traité, devaient leur profiter.

Le nombre des prébendes fut laissé indécis, car les Bénédictins prétendaient que les Jésuites devaient entretenir six religieux, et les Jésuites ne voulaient en entretenir que cinq. Les droits restèrent réservés, sauf aux parties à se pourvoir quand elles le trouveraient convenir.

On régla que les Bénédictins ne pourraient acquérir aucun autre héritage et fonds rière les villages et seigneurie du prieuré de Jouhe sans le consentement des Jésuites, et qu'à ceux-ci demeureraient tous les droits seigneuriaux et de haute justice, tant sur les anciens que sur les nouveaux bâtiments que pourraient édifier les Bénédictins.

Le recteur du collége se réserva tout droit de prééminence à Jouhe et à Montroland, tant en l'église qu'ailleurs.

Enfin les parties choisirent des procureurs pour obtenir arrêt du parlement sur ce traité. Il ne remplit pas moins de quatre grandes feuilles de parchemin. Il est signé Camu, notaire.

Le 26 juin suivant, une fondation importante était consentie par Jean Grusset, de Dole, docteur ès-droit. Moyennant quinze cents francs de rétribution, il établit une messe quotidienne à Montroland. Cette fondation fut réduite à deux messes par semaine à cause de la diminution du fonds survenue par suite du malheur des guerres de 1636.

Une reconnaissance de droits, du 25 janvier 1632, nous permet d'examiner la position des Jésuites comme prieurs et de constater combien elle était florissante.

Le prieuré de Jouhe et la maison d'habitation en dépendant étaient situés au-dessus du village et environnés de hautes murailles. Un cloitre attenait à l'église. Autour se groupaient des salles, chambres, caves, greniers, cours, cuveries, pressoirs, une basse-cour au devant. Dans celle-ci étaient des logements pour les grangers, des étables, granges et colombiers; au-delà de l'habitation des religieux, un jardin. Ce jardin, dans l'origine, appartenait en entier au prieur ; mais, après l'union, les Jésuites en cédèrent une partie aux Bénédictins, dont le logement longeait la chapelle Saint-Antoine. Au-delà de ce logis était une cour dans laquelle se trouvaient un puits et un four que les Jésuites leur avaient cédés par le même traité. A ces bâtiments et cour donnait entrée un beau et grand portail à la façon de ceux de toutes les maisons nobles.

En dehors des murs on voyait un clos de vigne de seize journaux contigus et appartenant au prieuré. Les Jésuites en détachèrent deux au joignant du jardin des Bénédictins et les leur cédèrent.

Les villages de Jouhe, Archelange, Montroland, leurs territoires et finages, les manants et habitants, appartenaient au prieuré ; « car, dit la reconnaissance, sont tous hommes et sujets mainmortables selon la coutume de ce pays et comté de Bourgogne en toute justice haulte moyenne et basse et courvoyables desdits révérends pères. »

Les Jésuites avaient donc, comme seigneurs hauts-justiciers, le droit de mettre juges, procureurs, scribes, tabellions, sergents et tous officiers. Ils connaissaient de toutes causes civiles et criminelles, l'exécution exceptée.

Pour l'exercice de cette justice, on avait établi au prieuré prison close, seps, auditoires. Au milieu du village était un carcan (1), en forme de collier de

(1) Il paraît que les Jésuites avaient fait graver leur monogramme sur ce carcan. Les Bénédictins, dans un mémoire très acerbe fait contre eux à l'occasion d'un des nombreux procès qu'ils eurent ensemble, leur reprochèrent d'avoir mis le nom de *Jésus sur le carcan*.

fer, attaché à un poteau et autrefois à un tilleul qui ombrageait le lieu où l'on faisait les criées.

Au nombre des droits que les Jésuites s'étaient réservés à Montroland, existait celui d'établir tous officiers, de tenir seps et carcan en la rue publique, devant l'église, pour la correction et détention des malfaiteurs.

Ils avaient encore droits de charroi des avoines et foins sur les manants de Jouhe et d'Archelange, de charroi des dîmes, des corvées de bois, des journées de charrue, des corvées pour moissonner les avoines et des corvées aux vignes.

Le four banal de Jouhe leur payait de quatorze pains l'un, et celui d'Archelange, de vingt l'un; « le raclun de la met demeurait franc. »

Les moulins de la Ruchotte et de la Folletière, situés sur le territoire de Jouhe, leur appartenaient.

Les dîmes se levaient aux champs de cinq gerbes et demie raisonnables par journal, et quant aux vignes de treize queues l'une, payable au pertuis de la vigne. Si les habitants emmenaient la vendange avant d'avoir payé les dîmes, elle était confisquée et commise au profit des Révérends Pères.

Cependant ceux-ci avaient adopté, quant aux vignes, la modification faite par l'accord conclu, le 5 février 1602, entre l'archevêque de Cambrai et les habitants de Jouhe et d'Archelange. Elle consistait à permettre aux particuliers, s'il ne se trouvait personne pour lever la dîme, de faire voir leur vendange à deux personnages, gens de bien, qui en feraient rapport au dîmeur le même jour. Alors ils pouvaient conduire chez eux leur vendange. C'est en suite de cet accord que la dîme du vin fut payée de treize queues l'une au pertuis de la vigne, tandis qu'antérieurement elle était de dix l'une.

Le droit de banvin que les prieurs possédaient à Jouhe, Archelange et Montroland, commençait le jour de l'Ascension et durait jusqu'à la Fête-Dieu: pendant ce temps, les habitants de ces localités ne pouvaient vendre du vin à la pinte ni en détail, sous peine de soixante sous estevenants d'amende. Ce droit s'amodiait au profit du prieur, au plus offrant et dernier enchérisseur.

De toute antiquité, dans les terres de Jouhe et d'Archelange, les cens se payaient par chaque meix et maison, soit grande ou petite, quatre mesures de froment blanc, à la mesure du grenier du prieuré où les habitants étaient tenus de les rendre, quatre sous estevenants en argent et une geline à carême-entrant. D'autres devaient de l'avoine et du vin; et quand un partage était fait entre frères et autres tenants de meix et de demi-meix, héritages en dépendants, ces cens devaient croître conformément à des provisions adjugées par le parlement.

Les femmes veuves, orphelins et pupilles ne devaient que demi-meix en froment seulement, mais ils étaient tenus d'acquitter l'argent et la geline. Pour s'en rédimer, ils devaient ouvrer pour le prieur et n'étaient payés que pour une demi-journée.

Par suite d'un traité fait, le 21 décembre 1628, avec les Révérends Pères, chaque habitant des villages et autres ayant meix et maison devaient par chaque feu et étaient tenus de rendre et porter, à chaque jour de fête Saint-Martin d'hiver, la cense annuelle et perpétuelle d'un demi-denier et d'une poule, les prestations anciennes d'une mesure de froment et cinq sous estevenants par chaque feu ayant été réduites moyennant l'extinction par eux consentie de la prétendue bique et pinte Saint-Martin.

Chaque tenementaire de prés, vignes, etc., devait encore porter au prieuré, à la fête Saint-Martin, trois sous tournois par chaque journal, excepté ceux qui en avaient derrière le lieu dit Chassagne, qui devaient trois gros.

Les Pères avaient à Montroland les mêmes droits de cens sur tous meix, maisons et héritages, et sur les hommes y résidant.

On comprend que nous ne voulons pas faire l'énumération de tous les droits féodaux ordinaires.

Les Jésuites avaient encore le patronage de la cure de Joulie, les deux tiers de toutes les oblations, offrandes et mortuaires qui se faisaient dans cette église, sauf les quatre bons jours de l'année, Pâques, la Pentecôte, la Toussaint et Noël, pendant lesquels toutes les oblations et offrandes leur appartenaient.

Ils avaient de plus le droit de collation, présentation et patronage de la chapelle Saint-Martin, fondée dans l'église de Montroland; de la cure de Billey, de celles de Byarne, Baverans, Belmont, Vaudrey et Mont-sous-Vaudrey;

Des dîmes à Byarne, Authume, Sampans, Landon, Belmont, Brans, Moissières, Menotey, Crissey, la Loye;

Des cens à Bans, à Souvans et aux Varennes;

Des droits sur les fours banaux de la Loye.

Ils prenaient, dans les sauneries de Salins, trente livres estevenantes sur le partage de Chalon; de plus, une autre rente de vingt charges de sel pleines sur le partage d'Auxerre.

On le voit, le prieuré était un riche joyau dont les archiducs leur avaient fait hommage.

Les bons procédés continuaient encore entre les Bénédictins et les prieurs. Ceux-ci, en suite d'un traité du 11 août 1633, « afin de donner au révérend prieur bénédictin de Montroland la facilité de se mieux loger et bâtir et d'avoir un clos et pourpris à l'entour de sa maison, » lui permirent de posséder celle qu'il venait d'acheter d'André Murger, huissier au parlement de Dole, avec les terres labourables et les vignes y joignant, en toute franchise, à condition que pour tous droits il paierait double lods. Ils lui laissèrent la faculté de les échanger, pendant trois ans, contre les étableries d'Antoine Chevaux et des héritiers Gradepain. Le recteur stipulant à l'acte accorda encore aux Bénédictins le pouvoir de traiter avec les habitants de Montroland, pour fermer et enclore la rue, pour la joindre avec leurs meix et églises, et, pour les doubles lods, il leur laissa le choix d'en passer constitution de rente, de s'en décharger en traitant pour les gages de soixante francs du sous-prieur ou de les payer comptant.

Pendant cette année, deux fondations furent encore faites par de pieux et nobles personnages.

Marc Perrot, écuyer, seigneur d'Annoire, natif de Dole, par son testament, fonda, en suite d'un vœu, deux basses messes en l'église de Montroland, et chargea Antoine et Adrien, ses frères, de s'entendre avec les religieux de Jouhe pour la rétribution de cette fondation. Le 21 août 1651, les Bénédictins de Montroland reçurent, pour ce fait, des héritiers du testateur, un demi-journal de vigne à Monnières.

Le 24 septembre, Mlle George de Montureux fonda deux basses messes par mois et donna cent trente-deux francs huit gros qui furent employés dans le bâtiment.

CHAPITRE XXIV.

1634—1635.

Les Bénédictins réformés, après avoir pris possession de Montroland en 1629, n'avaient véritablement formé une communauté à Montroland qu'en 1633. L'année suivante, elle était composée des RR. PP. Dom Jean-Baptiste Clerc, prieur, Dom Basile Fiard, sous-prieur, Dom Alexis Leclerc, Dom Claude-François Biset, Dom Jean-Claude Petitot, Dom Alphonse Gauthier et Dom Théodore Rolet, prêtres et religieux. Le 14 mars, dame Claude-Françoise de Santans (1), femme de messire Claude-François Lullier (2), doc-

(1) Fille de Jean de Santans, conseiller au parlement de Dole en 1601, mort en 1618.

(2) Claude-François Lullier, premier président du parlement de Dole en 1653, magistrat éloquent et jouissant d'une haute considération dans la province. Sa famille était originaire de Morey, bailliage de Vesoul ; il paraît qu'elle fut anoblie vers le commencement du XVIe siècle par Charles-Quint. Il fut inhumé dans l'église de Montroland, dans un superbe mausolée; il mourut le 20 avril 1660. Ses armes étaient d'argent, à un olivier arraché de sinople à deux branches passées en sautoir.

teur ès-droit, seigneur de Chauvirey, Vitrey, Ouges et la Carte, conseiller au parlement de Dole, mue de dévotion pour l'église de Montroland et ayant intention de contribuer à la dotation du monastère qu'établissaient les RR. PP. réformés, leur fit présent, par donation entre vifs et irrévocable, d'une somme de douze mille francs, savoir : six mille francs comptant, qu'elle déclara ne pouvoir être répétés même en cas de survenance d'enfants, et six mille francs après sa mort, si elle décédait sans enfants qui lui survécussent. La condition de cette libéralité était le désir qu'exprimait la noble et pieuse dame d'être tenue, comme le lui avaient promis les Pères réformés, pour la fondatrice de leur monastère, et, en cette qualité, d'y jouir des droits d'entrée, d'être inhumée dans l'église, de participer aux bonnes œuvres et prières qui s'y feraient, ainsi qu'à tous autres priviléges dont jouissaient les donateurs. D'autres charges encore incombaient aux donataires : ils devaient chaque jour dire une messe de Notre-Dame à l'intention de la dame Lullier; messe qui, après sa mort, serait de *requiem*, et une messe haute les veille et jour que sa mort arriverait.

Les donations et fondations se succédèrent. Le 18 septembre 1635, Guillaume de Montureux, prêtre, docteur en théologie, et noble Jean-Baptiste de Montureux, son frère, voulant exécuter les dernières volontés de dame Georgine, leur sœur, fondèrent, moyennant deux cents francs, trois basses messes par semaine, l'une dans l'église du collége de Saint-Jérôme à Dole, et les deux autres dans celle de Notre-Dame de Montroland.

Demoiselle *Jougnot*, veuve de feu *Claude Terrier*, conseiller au parlement de Dole, fonda, moyennant cinq cents francs, le 15 décembre 1635, un salut devant le Très Saint Sacrement sur le grand autel et une basse messe à perpétuité.

« La chapelle de la sainte Vierge étoit bâtie, dit Dom Gody, sur la pointe qui regarde le septentrion et l'orient : elle est de quatre ou cinq pièces rapportées et de structures diuerses que la deuotion du peuple ou de quelques particuliers ont adjoustées l'une après l'autre. La première nef est fort grossiere et sans nulle uoute ; la seconde est bien basse, mais uoutée ; et le chœur ou presbiteral est aussi uouté, plus éleué, et plus gay ; comme il est moins ancien que tout le reste. Toute la longueur de l'eglise est d'enuiron six uingt pieds, et sa largeur dans œuure, y comprenant les collateraux, de soixante et dix.

» Il y a quatre autels : le grand et principal est celuy de la sacrée Vierge, et de son Image miraculeuse. Le deuzieme est celuy de la chapelle de la maison très ancienne de Chalon qui termine le collateral de l'Euangile ; il est dédié à saint Jean Baptiste : la uoute de la chapelle estoit autrefois toute dorée, azurée, et embellie richement. Le troisieme autel, qui termine l'autre collatéral de l'eglise, est dédié à saint Martin, et le quatrieme dont nous auons parle cy deuant, et qui est le plus ancien de tous, est celuy qui fut consacré par saint Martin mesme, sous l'inuocation sans doute de la Vierge. Il etoit autrefois posé au milieu de la chapelle comme c'etoit l'ancienne coustume, et maintenant il est contre un pillier du coste de l'Epistre sans beaucoup d'ornemens.

» En la chapelle de la maison de Chalon se uoit la tombe d'un prieur de Jouhe, issu de cette royale tige dont la représentation taillée sur la pierre porte la figure de nostre habit de l'etroitte obseruance : et se lit autour de la tombe en uieilles lettres : Cy gist Frere *Hugues de Chalon* Prieur de Joühe, qui trespassa le quinzieme jour du mois de juin, l'an de nostre Seigneur courant mille trois cens quatre uingt et dix duquel Dieu aye l'ame, Amen. Et les armoiries de sa maison aux deux costees de la figure.

» Un autre prieur de Ioühe, qui a basty le chœur, est enterré dans le charnier deuant le maistre autel : sa tombe estoit couuerte de lames de cuiure auec ces mots :

Cy gist frere *Jean de Coigney*,
Qui a faict faire le chausey.

» Dans le chœur au costé de l'Euangile est le sepulchre de monsieur d'Estrabonne, dont l'image se uoit en relief auec cette inscription entre les piliers qui portent la dite figure : Cy gist haut et puissant seigneur messire Guillaume d'Estrabonne, seigneur dudit lieu, Sainct-Loup, Auennes, Nolay, Nantou, lousserole, cheualier de l'ordre de la Toison qui trépassa le 22 du mois d'octobre de l'an 1453 au dit Estrabonne, et choisit sa sepulture en ce lieu, ou il a fondé une messe basse ordinaire, et une haute le samedy. Et a este faicte la dite sepulture par haut et puissant seigneur messire Pierre d'Aumont cheualier de l'ordre de France, baron de Chasteauroux, Coche, Montaigu et Moulinot et dudit Estrabonne, et dame Antoinette de Myolan sa femme.

» Deuant la porte collaterale de l'eglise du coste du monastère, il y a une tombe dressée faisant partie de la muraille, et portant cette inscription : Cy gist messire *Pierre de la Barre* qui fut chanoine de Dole qui trespassa le samedy de lan mil trois cent cinquante ; le reste ne se peut point lire.

» Le collateral de l'Epistre se termine à la chapelle qu'on appelle de Roland, où se uoit en pierre le colosse de ce très fameux prince et fondateur du monastère : sa taille passe celle des plus hauts d'enuiron un tiers : il est représenté en homme d'armes, et eleué sur une baze pareille a un autel, bien que sans dessein de luy deferer des honneurs que l'Eglise ne luy a pas accordees, quoy que dise le Martyrologe d'Usüard. La statue de Roland, dit-il ailleurs, haute d'enuiron neuf pieds, est en pierre ; elle tient un sabre de la main gauche, et porte sur la droite une eglise d'assez grande dimension, sur le modele de celle du monastere ; le tout est peint de différentes couleurs. A costé de cette baze se uoyoit autrefois un autel sous l'inuocation de sainct Antoine, dont maintenant on ne parle plus. »

Voyons maintenant la forme et la figure de la Vierge; laissons encore parler Dom Gody, qui écrivait en 1650 :

« Cette image saincte et uenerable en tout ce qu'elle contient n'a de hauteur qu'enuiron deux bons pieds. Elle est assise sur un thrône, portant sur le giron son petit enfant qui donne la benediction. La matière est de bois solide, mais extremement moulu et consumé de uieillesse : c'est pourquoy il a fallu suppléer auec du carton la caducite et le dechet du bois en quelques endroits et couurir le tout auec une toile plastrée, et imprimée de diuerses couleurs. Et tout cela uerifie bien assez nostre opinion touchant l'antiquité de l'image.

» La figure et façon de la Vierge est assez simple : elle porte en teste une couronne en fer doré, qu'on n'apperçoit pas a cause des uoiles et autres couronnes dont on a coustume de la parer. Le uisage est longuet, d'une beauté comme champestre et négligée, qui respire néantmoins deuotion et qui exige du respect.

» L'habit est à fond d'or chargé de fleurs de lis d'azur, au contraire des armes de France dont le champ est d'azur et les trois fleurs de lis d'or. L'habit est chargé de diuerses pierreries, a ce que je crois de peu de ualeur, auec un assez grand cristal appliqué au sein : et il appert quil y en auoit autant entre les espaules. On a retouché l'image plus d'une fois, afin de la conseruer, et il y a bien de l'apparence que le pinceau a passé sur son uisage il n'y a pas fort longtemps (1).

(1) Cette description de Dom Simplicien, dit M. Martin, nous dispense d'en faire une autre, car la statue est entièrement la même aujourd'hui, à peu d'exceptions près. Quelques petites pierreries se sont perdues : on le voit par les places qu'elles occupaient, mais il en reste encore plusieurs. Le cristal appliqué sur le sein est le même. Quant à celui que notre historien croit avoir été entre les épaules, il y a bien apparence qu'il se trompe. On y voit, à la vérité, une ouverture d'environ deux pouces de profondeur sur un carré dont chaque côté a près de quatre pouces de longueur. Etait-ce la place de quelques reliques closes par un verre et qui se sont perdues? était-ce une ouverture propre à suspendre la statue quelque part? Nous laissons à nos lecteurs le soin d'en juger. La couronne de fer doré a disparu; elle est remplacée par une couronne d'argent surmontée de fleurs artificielles ; l'enfant Jésus est couronné de la même manière, et aux jours de fêtes ces couronnes sont remplacées par deux autres en vermeil.

» Il n'y a pas faute de personnes, continue notre Bénédictin, qui ont ueu bon nombre de drapaux de guerre a moitié pourris de uieillesse, des labarons ou cornettes, des boucliers et autres armes, comme il s'en uoit encore a present quelques restes (1651), de grandes statües de cire, et autres telles reconnoissances faictes par ceux et celles qui auoient ressenty le fauorable secours de la Vierge de Montroland.

» Le baron *de Mont-Iustin* estant de retour de cette tres memorable defaicte du Turc (Lépante, 1571) par les nostres sous la conduite du braue et uictorieux Iean d'Austriche, où le secours de la Vierge parut si uisible, au grand auantage de toute l'Église, qui ne fut pas moins la triomphante pour cette fois que la militante : ce baron, dis-je, pour une eternelle memoire et reconnoissance de la bonne part qu'il auoit eüe a cette uictoire sous la faueur de Marie l'inuincible generale des armées célestes, uint offrir son drapeau, sa rondache et son coutelas à la deuote eglise de Montroland (1).

» Non seulement la uille de Dole y auoit des marques et des tesmoignages de sa pieté et ueneration particuliere, mais encore les uilles de Dijon, d'Auxonne, de Seurre, ditte Bellegarde, de Saint Iean de l'Aulne, dont les bougies qu'elles auoient offertes, aussi lon-

(1) Ces *ex voto* étaient encore à Montroland en 1789.

gues que leurs enceintes, se conseruoient encore il n'y a pas longtemps.

» Tout y estoit remply de chaines, de potences, et d'autres pareilles marques de liberté recouurce et de sante receüe par l'inuocation de cette Mere de nostre salut. Monsieur le Clerc, superieur des religieux de Joühe, y fit beaucoup de changemens auant que d'y appeler les pères de la réforme bénédictine : et entre autres choses il employa les chaines et les ferrailles de l'eglise au grand ballustrage posé entre les deux nefs (1).

» Les ducs mesmes et les comtes de Bourgogne, que chascun sait auoir esté les plus puissans de la chretienté, ont faict grand estat de ce lieu, et l'ont consideré comme l'un des plus dignes de leur ueneration et ensuite de leur liberalité. Et il n'y a pas longtemps qu'on y uoyoit encore parmy les dons et presens diuers, une fort belle et riche couronne tout de fin or, que l'un de ces ducs y auoit offerte à la Vierge, et qui fut derobée auec une partie de choses plus préticuses de l'eglise il y a enuiron quarante ans.

» L'on conserue encore quelques robbes anciennes de drap d'or, et d'autres étoffes, que les princes et

(1) Les Français le brisèrent et l'emportèrent avec les cloches et les autres meubles qu'on n'avait pas pris soin d'enlever avant leur arrivée.

autres grands ont donné pour reuestir la saincte Image. Parmy les plus belles celle là est remarquable qu'y enuoya la tres pieuse archiduchesse Isabelle gouuernante des Pays-Bas, et fille du roy Philippe-le-Prudent : elle est de drap d'or. Elle enuoya aussi auec la robbe, une chasuble de pareille étoffe, enrichie a l'auenant, et le parement d'autel de mesme, auec un beau missel richement couuert.

» Il y a aussy dans la chapelle, ou sacristie, quelques beaux calices, couronnes et cœurs d'argent, chaînes d'or et d'agathe, croix d'or; et autres tels dons offerts depuis peu d'années, comme la lampe d'argent donnée par monsieur de Menoux. Le reste des ornements consiste en diuers tableaux.

» Parmy ceux qui se uoyent dans l'eglise il y en a fort peu qui n'ayent pas esté donnés par uœu, ou en reconnoissance de quelque grace receüe par le moyen des suffrages de la sacrée Vierge de Montroland. Et quoy qu'un assez bon nombre de ces uœux ne soit pas de prix : touiours est il certain que l'occasion en est considerable....

» Il se uoit sur l'autel consacré par sainct Martin une image fort ancienne de la sacrée Vierge, assez bien depeinte auec cette inscription : Vera effigies divæ Virginis Cretæ Montferrati, quam sanctus Lucas ferro sculpsit, et è Palestinâ detulit sanctus Eusebius Vercellensis, anno ter centesimo septuagesimo salutis nostræ.

» Il y a un tableau de la saincte Vierge portant son fils, auec le portrait d'un petit garçon nommé *Alix*, auec un flambeau à la main, et cette inscription : *Ex voto Parentum posuit Carolus Alix, anno* 1621, et puis sont adjoutez ces huict vers latins, qui déclarent le suiect du tableau :

Deus mihi nullus erat ; sed dum prorumpere certat
Spargitur in molli corpore dira lues.
Horrida nam teneros febris pugnaciter artus
Occupat, et vitæ spes mihi nulla super.
Nuncupat in tanto genitor discrimine vota,
Cum subitò nova spes, vitaque dentesque fuit.
Non ergo unius votivos dentis honores
Solvimus, acceptos dat tibi uterque dies.

» Il y a un tableau de la saincte Vierge portant son fils, et a l'un des costez le portrait de monsieur l'*aduocat Barberot* et à l'autre celuy de sa femme auec cet argument et sujet bien remarquable : Ex Hispaniis Italiam versus navigans, sacratissimæ huiusce domus Virginis ope, naufragio ereptus, marique terræ tandem redditus etiamnum hic gratias agit D. O. M. et S. V. Antonius Barberot Grayacensis I. V. D. appensum anno christianorum 1622. »

Notre pieux Bénédictin continue sa revue par un tableau que M. *Michoutey* (1), conseiller au parle-

(1) Antoine Michotey, chevalier, premier président au

ment de Dole, fit faire après avoir recouvré la santé par l'entremise de la Vierge. « Il ne ueut pas, dit-il, pour rehausser cette peinture, blamer tous ceux qui ont faict des tableaux de l'eglise de Montroland et dont aucun n'a su lui donner sa ueritable forme, et de plus ie remarque, ajoute-t-il, dans tous ces ouurages de peintre, que de tous ceux qui s'y sont faict portraire, il ne s'en est trouué pas un que l'art ait exprimé et représenté si uiuement que monsieur Michoutey. Aussi ne s'en est-il pas rapporté à la main ou à l'industrie du peintre : luy mesme a esté son Apelles, il s'est depeint luy mesme naïuement par quelque petit traict de son esprit : et comme cet ancien peintre, par une ligne presque inuisible il a faict uoir ce quil estoit. »

» Donc ce tableau consiste en une image de la saincte Vierge qui porte son fils, accompagnée de nostre patriarche sainct Benoist, auec cette inscription *Infirmorum saluti*, c'est-à-dire, au salut des malades. Et puis uoicy comme il exprime son esprit,

parlement en 1661, était un magistrat éminent et plein d'érudition. En 1659, il fut envoyé par les États de Franche-Comté à Madrid pour représenter les intérêts de la province pendant qu'on traitait la paix des Pyrénées. Il mourut le 9 février 1664. Ses armes étaient de gueules à trois chevrons d'or, timbre un lion naissant aussi d'or. Il fut enterré dans l'église des Cordeliers de Dole.

sa deuotion, sa maladie et sa guerison dans les cinq distiques suivans :

Semineces dum febris atrox sæviret in artus
Tuæ potuit vitæ solvere pensa meæ;
Virginei Angelicum sensi medicamen amoris,
Post imploratam Numinis eius opem
Verbat pectus trux flamma medullitus ægrum ;
Majore ac flamma, flamma repulsa minor,
Flamma amor est, quo Virgo suos fovet alma clientes :
Cesset ei ardentis noxia flamma mali.
Æquali me Diva potens, perge urere flamma,
Æternumque canam Mater Amoris Ave.
Voverat et votum exsolvit *Antonius Michoutey*.

» Il y a un autre tableau de la Vierge qui porte son enfant, et de l'abbaye de Sainct-Vincent de Besançon, representée auec quelques religieux et cette inscription : *Sub tuum præsidium confugimus, sancta Dei Genitrix*. L'an 1632. *Ex voto*. Ce fut alors que la uille et l'abbaye estoient fort affligées de la peste. Au uœu et don du tableau fut adjousté un calice d'argent tres beau et tres bien élabouré.

» Il y a un autre tableau de mesme, accompagné du portrait de monsieur le *baron Volfungus*, auec cette inscription *Ex voto;* et puis dans un cartouche les mots suiuans : Pro libertate parentum, quos Dei, Cæsaris, bonorumque omnium hostes perfidè ceperant, et dimidio ferè anno tenuerant, recuperata, hoc et in magnæ Matris bonitatem confidentiæ, et suæ de parentum incolumitate sollicitudinis monumentum posuit, votoque se solvit Volfangus Adrianus Baro a Spiringk, anno salutis 1634, ætatis suæ 14.

» La Vierge portant son fils est representée dans un autre tableau auec le portraict de monsieur Grignet, et ce chifre, D. O. M. V. C. M. auec cette soubscription : *Carolus Grignet Dolanus*, centum cataphractorum equitum in Belgio dux, hoc labaro, dum ibi prima stipendia eques faceret. Donatus, illud per medios servatum hostes, salutis authoribus et conservatoribus, Deo Trino et Uni, Partheniæque matri voti reus humiliter ponit, dicatque (1).

» Le plus grand et le plus apparent tableau de ceux d'à présent fut donné par monsieur le docteur *Clerc de Besançon*, pour auoir obtenu un enfant par les suffrages de la saincte Vierge de Montroland, qui est là representée portant son fils qui caresse sainct Benoist, comme la saincte Scholastique, estant sainct Joseph spectateur. L'inscription, en grosses lettres

(1) Ce tableau est encore à Jouhe ; il fut restauré en 1755 par Jean-Louis Grignet. L'inscription latine est remplacée par celle-ci : Charles Grignet, de Dole, capitaine de cent hommes au Pays-Bas, offrit à Dieu et à la Vierge ce labaron qui lui fut donné dans ses premiers essais de guerre, et qu'il conserva au milieu des troupes ennemies.

Ensuite on lit immédiatement : Voyez l'histoire de Montroland, fol. 99. Rétabli par Jean-Louis Grignet, écuyer, son successeur, en 1755.

Sous le drapeau du capitaine, on lit encore ces mots : ÆT. SVÆ. 50. 1550.

d'or, est *Purissimum castitatis speculum*, et la soubscription *Sub tuum præsidium confugimus, sancta Dei Genitrix*. C'est luy mesme qui a donné la plus belle et riche couronne d'argent couuerte de pierreries en reconnoissance du mesme bienfaict.

» Il y a un autre tableau de la Vierge portant son fils, accompagnée du portraict d'*Anne-Henriette Coiteux*, auec ces six uers :

Vierge de qui le fils est le bonheur du monde,
Benissez cet enfant et sa mere feconde ;
La faueur de l'auoir de uos celestes mains
Comme de l'emperiere et mere des humains
Luy seroit un plaisir trop fascheux et contraire,
S'il arriuoit iamais qu'il uint à uous deplaire.

» Il y a encore sept a huict autres tableaux incrits *Ex voto* et une uingtaine sans marque de uœu, que la piété et la reconnoissance de ceux et de celles qui ont receu quelques faueurs du ciel par la main de la saincte Vierge de Montroland, luy ont offerts. Les accidents de guerre et les reuolutions des temps ont aboly et perdu les autres en grand nombre. »

Nous ne pouvions mieux donner une idée de la chapelle de Montroland, de sa sainte statue et de ses richesses, qu'en empruntant toutes ces descriptions à un contemporain et surtout à un Bénédictin du monastère réformé. Nous avons conservé son style, car sa narration nous a semblé pleine de charmes et empreinte de cette couleur du temps qu'il serait dommage d'enlever en essayant de la rajeunir.

CHAPITRE XXV.

1636—1638.

Si les guerres de Louis XI avaient été fatales à la Franche-Comté et aux monastères, celle de 1636 devait leur être plus funeste encore. Elle apporta à notre malheureuse patrie toutes les ruines et toutes les désolations. Jamais autant de douleurs ne se sont accumulées sur une province ; jamais province n'a montré autant d'énergie, de grandeur d'âme, d'amour de la patrie et de religion que la belliqueuse Franche-Comté.

Richelieu, après avoir prêté son aide aux protestants et fermé la France du côté de l'Allemagne par ce qu'on peut appeler la confiscation de la Lorraine, déclara, le 26 mars 1635, la guerre à la maison d'Autriche. Le traité de 1611, toujours en vigueur, pouvait permettre à notre pays de rester étranger à cette lutte, puisque sa neutralité était depuis longtemps consacrée. Il n'en fut rien, et ses gouverneurs prévirent avec raison qu'elle serait victime de l'ambition de la France. Le comte de Champlitte, mort en

1630, avait eu pour successeur l'archevêque de Besançon (1). Ce vénérable prélat, de concert avec le parlement de Dole, n'attendit pas que les hostilités fussent commencées pour mettre en état de défense la province dont l'administration lui avait été confiée. Dole devait être tout d'abord en butte aux incursions de l'ennemi. Capitale de la province, sa situation topographique la faisait son rempart du côté de la France. On se hâta de réparer ses fortifications et de les augmenter; une nombreuse garnison, des approvisionnements considérables et de toute nature y furent réunis.

Condé traversa la Saône dans la dernière moitié de mai 1636; 20,000 fantassins et 8,000 chevaux suivaient sa bannière. Fidèle aux inspirations de Richelieu, il s'était fait précéder d'un manifeste dans lequel il rejetait sur les Franc-Comtois la violation de la neutralité. En même temps, couvrant cette hypocrite déclaration des apparences de l'humanité, il annonçait que, sous les peines les plus sévères, il avait enjoint à ses soldats de se comporter dans les campagnes comme en pays ami. Et cependant il marchait sur Dole, devant laquelle il allait bientôt

(1) Ferdinand de Rye, fils de Gérard et de Louise de Longwy, prit possession de son siége en 1586. Pendant cinquante ans qu'il l'occupa, il servit la religion et son pays.

mettre le siége. Dieu le punit. Ce prince avait semé le mensonge, il ne récolta que la honte. Les soldats se montrèrent dignes de leur général. Le 27 mai, trois jours avant que celui-ci ouvrît la tranchée contre la vieille cité franc-comtoise, voici ce que Ferdinand de Rye et le parlement lui écrivaient : il était alors à Auxonne. C'est un lamentable tableau de la situation de notre province à mettre en opposition avec la menteuse déclaration du général français. « Les soldats... ont passez a des surprises et saccagements de places, a des assauts et sommation de châteaux et forteresses, a des meurtres d'hommes, femmes et petits enfants, a des violements et profanations de lieux sacrés, a des embrasemens de village, a des prises et rançonnemens de prisonniers, et a tous les actes qu'on peut attendre d'un ennemi déclaré. »

Dole tint bon, Boyvin veillait sur elle. L'infanterie de Condé fut rangée en bataille sur Montroland qui dominait la ville. Le monastère et l'église furent saccagés. Empruntons à un témoin oculaire, à cet illustre président Boyvin (1), la narration de cette dévastation sacrilége.

« De toutes les maisons religieuses il n'y en eut

(1) Jean Boyvin, chevalier, seigneur de Parrecey, premier président du parlement de Dole en 1639, mourut en 1650. Ce fut une des gloires de cette illustre compagnie. Il avait épousé Jeanne-Sébastienne Camus.

pas une seule qui ne fut persécutée de ces brandons infernaux, soit que les canonniers, qui estoient presque tous hérétiques, leur en uoulussent, soit que leurs clochers et bastimens releues par dessus les communs seruissent dobjets plus apparens pour y prendre uisée. Léglise de Nostre Dame de Montroland, assise sur une colline à demie lieüe de la uille, illustre de miracles et frequentee par la deuotion des peuples autant du duche comme de la comte de Bourgogne, à la veüe des quels cette sainte chapelle bastie et enrichie par la piete des anciens princes bourguignons, se presente egalement, fut abandonnee à la rage des Suedois et autres heretiques de l'armee assiegeante. Ils y mirent le feu par deux fois et au monastere que les Peres reformes de saint Benoit auoit commence d'y bastir. Ils renuerserent les autels, fouillerent les uieilles sepultures, brulerent et mirent en pieces toutes les images, les tableaux de uœux et de merueilles, et tous les autres ornemens de la chapelle, et n'y laisserent rien d'entier que le tombeau de marbre auec la statue d'un seigneur d'Estrabonne, à la faueur du s[r] d'Aumont François qui en est issu (1). L'image mira-

(1) Pierre d'Aumont le jeune, baron de Châteauroux, Coches, Montaigu, Moulinot, seigneur d'Estrabonne et de Cors, chevalier de Saint-Michel et gentilhomme de la chambre de Henri II, s'était remarié en troisièmes noces avec Antoinette de Miolans, avec laquelle il était enterré

culeuse de Nostre Dame qui auoit este par plus de six cens ans en tres grande ueneration fut abattue et foulee aux pieds et demeura longuement couchee et abouchee sur sa face parmy les ordures des hommes et des cheuaux. Le prince de Conde l'enuoya releuer et la fit porter au couuent des Peres Capucins d'Auxonne.

» C'est une piete tres louable de l'auoir ainsi tiree des mains de ces barbares, ennemis iures du saint

dans l'église de Montroland. Il fit construire un magnifique tombeau à Guillaume, dernier seigneur d'Estrabonne. Catherine d'Estrabonne avait été mariée, le 27 février 1453, à Jacques d'Aumont, conseiller et chambellan de Philippe-le-Bon. Pierre d'Aumont était son petit-fils, et Guillaume bisaïeul de celui-ci.

Guillaume mourut à Estrabonne et fut apporté à Notre-Dame de Montroland, où il avait choisi sa sépulture. Son mausolée était dans le presbytère, du côté de l'Evangile. Il était soutenu par quatre colonnes de marbre de Sampans. Le sire y était représenté en habits de guerre, à genoux, avec le collier de la Toison d'Or, cuirassé, botté, cotté d'armes. Son casque et son gantelet étaient devant lui, placés sur un cube sur lequel il posait les mains. Ce cube était en façon de piédestal chargé des armes de sa maison qui sont d'azur à un lion issant. Aux flancs étaient quatre écus des alliances. Ce tombeau avait été fait, en 1453, par les soins de Pierre, ainsi que nous venons de le dire.

Les seigneurs d'Estrabonne prétendaient avoir le don de guérir les écrouelles.

Lequel, du tombeau de Guillaume ou de Pierre, a été conservé ? Dom Gody est muet sur cette question.

nom de la Vierge; mais ceux de Dole ont trouue merueilleusement rude, qu'on ait refusé de la rendre a ses anciens et legitimes possesseurs, qui l'ont instamment repetee apres le siege leue. Ils esperent que la glorieuse Mere de Dieu, qu'ils ont choisie pour protectrice, fera bientot restituer auec la paix, a ses deuots seruiteurs, ce precieux gage de son amour, faisant connoitre combien luy estoient agreables les nœux qu'on luy offroit en ce saint lieu, deuant cette sienne image. »

Les vœux du pieux magistrat furent plus tard exaucés; mais n'anticipons pas sur les événements.

Les Bénédictins, si malheureux par les excès des Suédois, avaient encore un autre sujet de sérieux ennuis: sous prétexte des ravages occasionnés par la guerre, les Jésuites refusèrent de payer leurs prébendes. Il fallut avoir recours au parlement, qui, au mois de septembre 1637, condamna les prieurs à payer quatre demi-prébendes par provision, sans préjudice des droits des parties qui devaient entrer en compte pour 1636. Le 4 septembre 1638, il leur ordonna encore d'effectuer un nouveau paiement, mais de cinq prébendes au lieu des quatre demies que prescrivait l'arrêt précédent.

CHAPITRE XXVI.

1638—1686.

L'année 1638 ouvrit une nouvelle source de procès pour les Révérends Pères réformés de la congrégation de Saint-Vannes. Un redoutable adversaire allait entrer contre eux dans l'arène, l'ordre de Cluny, et entraîner à faire cause commune avec lui, contre la congrégation, les propres enfants de celle-ci. Jouhe et Montroland prirent une part active à ces débats, qui sont une phase sérieuse de l'histoire générale de la réforme ; voici ce qui les motiva : Le cardinal infant d'Espagne défendit aux Bénédictins comtois réformés de reconnaître aucun supérieur français, leur ordonna de former une province séparée et d'établir des abbés et supérieurs. Reprenons l'histoire de plus haut afin de la dérouler avec plus de clarté.

La congrégation de Saint-Vannes et de Saint-Hydulphe, qui a donné naissance à toutes les réformes de l'ordre de Saint-Benoît, fut érigée par bulle de Clément VIII, le 7 avril 1604, sous le titre qu'elle porte et sur le modèle de la célèbre congrégation du Mont-Cassin, dont ce pape lui donna tous les droits et priviléges, avec pouvoir d'unir à son corps tous les monastères (*omnia monasteria illarum partium*) dont les religieux voudraient prendre la réforme.

Paul V, l'année suivante, par sa bulle du 23 juillet, confirma pleinement cette érection.

Alors la réforme s'établit en Champagne, en Franche-Comté et en Lorraine, trois provinces soumises à trois princes différents : la première au roi de France, la seconde au roi d'Espagne et la dernière à son propre souverain. Cette différence de domination n'empêchait pas la congrégation de former un seul corps, car sa constitution en faisait un véritable Etat dans ces diverses souverainetés.

Voici quelques-unes de ses règles, que nous avons besoin de connaître pour l'intelligence de ce qui va suivre.

Elle devait se gouverner par des chapitres généraux célébrés chaque année, où les supérieurs et les députés de chaque monastère choisissaient un certain nombre de définiteurs, et ceux-ci un président ou supérieur général pour une année seulement, avec des visiteurs ou supérieurs provinciaux pour faire la visite des couvents de la congrégation. Ces définiteurs avaient le droit d'établir les abbés ou prieurs de chaque moutier et de les déposer sans aucune formalité et sans rendre raison de leurs jugements.

Tous les religieux et monastères ne faisaient qu'un même corps, et tous les membres étaient religieux de tous les monastères où ils étaient envoyés comme s'ils en eussent été profès. Aucune maison n'avait de supériorité sur une autre; toutes celles qui venaient à être unies à la congrégation étaient censées l'être par l'autorité du Saint-Siége.

Les définiteurs du chapitre général avaient le pouvoir de disposer librement des monastères et de leurs biens et dépendances. Tous les biens et revenus des couvents de la congrégation étaient communs à tout le corps. Un monastère une fois uni ne pouvait plus être séparé que du consentement du chapitre général ou par l'autorité du Saint-Siége.

Les religieux pouvaient être changés de maison ou de province comme bon semblait aux supérieurs majeurs. Ils ne pouvaient appeler des ordonnances et sentences des chapitre, président, visiteurs et supérieurs au Saint-Siége, à moins d'avoir obtenu du Pape un indult particulier qui leur permît d'appeler. Enfin ils ne pouvaient passer dans un autre ordre ou congrégation sans une autorisation spéciale.

Paul III ajouta même qu'un religieux, eût-il obtenu un bref de Sa Sainteté lui permettant de sortir de l'ordre, ne pouvait le faire sans la licence de ses supérieurs.

Il était aussi établi en principe qu'il n'y avait point de province dans la congrégation de Saint-Vannes.

L'abbaye de Beaulieu se soumit à la discipline de cette réforme dès 1608 ; les bulles de Paul V qui le lui permettaient sont du 12 février de cette année. L'acte d'union fait en conséquence est du 15 novembre 1610.

L'abbaye de Saint-Vincent de Besançon fut le second monastère de Franche-Comté qui fut uni à cette congrégation. Cet événement eut lieu en 1611 et fut accompli sous les auspices de Simonin, archevêque de Corinthe, abbé de Saint-Vincent. Ce moine-prélat reçut encore un bref du Pape semblable à celui qui lui avait été adressé pour Saint-Vincent. Ce bref lui enjoignait de faire la visite de Faverney, d'y corriger les abus et surtout d'y introduire les règlements du concile de Trente.

Comme les actes de ce concile étaient reçus en Franche-Comté, il ne trouva pas plus d'opposition qu'il n'en avait trouvé à Saint-Vincent, et Faverney fut incorporé à la congrégation le 2 novembre 1613.

Le succès de ces annexions et les motifs que nous avons exposés donnèrent lieu, en 1629, à celle de Jouhe et Montroland, en 1630, à celle du collége de

Dole, en 1632, à celle du prieuré de Vaux, et plus tard à celle de Luxeuil, au mois de février 1634. L'année suivante, Morteau et Château-sur-Salins suivirent cet exemple. Les prieurés de Lons-le-Saunier et de Moutier se rangèrent, en 1649, sous la même direction.

La congrégation de Saint-Vannes ressentit le contre-coup de la guerre de 1636. La désolation était si grande en Franche-Comté et en Lorraine, que l'on fut obligé de passer trois années sans faire de chapitres généraux et sans visiter les monastères. Des armées nombreuses inondaient le pays, interceptaient les chemins, et la contagion, s'étendant sur cette pauvre terre déjà si ravagée, lui enleva une grande partie des habitants.

L'abbé de Faverney, voyant combien l'observance souffrait de ce défaut de chapitres et de visites, écrivit à ce sujet au Révérend Père président, le 24 août 1637, et lui demanda un chapitre général comme suprême remède.

Mais la guerre devait encore mettre obstacle à ce vœu. Le gouverneur des Pays-Bas fit publier dans toute la Franche-Comté ordre à tous les religieux étrangers de sortir de cette province, et à tous les religieux du pays défense d'avoir aucun commerce ni communication avec les étrangers. La congrégation de Saint-Vannes dut ne plus laisser dans les monastères du comté que des sujets du roi d'Espagne.

Le président de la congrégation, sur ces entrefaites, résolut de convoquer un chapitre général à l'abbaye de Saint-Mansuy, près de Toul. A cette nouvelle, les supérieurs franc-comtois s'assemblèrent à Besançon pour aviser à ce qu'ils pourraient faire. Les ordres du gouverneur leur défendaient de sortir de la province. Ils s'adressèrent au parlement de Dole et lui demandèrent d'autoriser leur sortie; mais ses défenses eurent encore un caractère plus impératif. Alors ils écrivirent à l'assemblée générale une lettre dans laquelle ils racontaient leur position et leurs démarches, et députèrent Dom Maurice Nélaton, prieur de Luxeuil, que le parlement leur avait seulement permis d'envoyer, pour présenter leur obéissance et exposer le désir où ils étaient d'obtenir du chapitre général la permission de faire dans le pays une assemblée qui eût la forme des chapitres ordinaires, pour pourvoir sur les lieux aux nécessités des monastères jusqu'à la fin de la guerre.

Tous protestaient de leur ferme désir de demeurer unis à la congrégation. La nouveauté de l'ordre du cardinal renversait toutes leurs idées d'obéissance.

Dans l'assemblée générale, cette proposition fut acceptée; on résolut de continuer dans leurs charges tous les supérieurs, et on nomma deux visiteurs pour les maisons de Franche-Comté. Ce furent Dom Jérôme Coquelin et Dom Claude Hydulphe, l'un abbé de Luxeuil et l'autre de Faverney. On accorda aux visiteurs le pouvoir de faire, dans un monastère du pays, une espèce de chapitre dans lequel ils pourraient instituer un ou plusieurs visiteurs, établir des supérieurs où il serait nécessaire, dont l'autorité, néanmoins, ne pût durer que jusqu'au premier chapitre général, auquel ils seraient obligés de paraître comme de coutume, à moins d'empêchements indispensables, et on leur enjoignit d'envoyer les actes de leur assemblée particulière au Révérend Père président afin qu'il les examinât.

Les abbés de Luxeuil et de Faverney, en vertu de cette commission, convoquèrent une assemblée au collége de Saint-Jérôme de Dole. Les prieurs et conventuels des huit maisons de la province alors sujettes à la réforme, s'y trouvèrent le 22 janvier 1638. Voici l'acte de leur réunion. Il constate bien la soumission aux ordres du roi et l'érection en province: «In nomine Domini amen. Tenore hujus publici instrumenti omnibus notum sit et manifestum, quod cum ex decreto regis, ducis ac comitis Burgundiæ, seu serenissimi principis cardinalis Infantis Hispaniarum, et supremæ curiæ dolanæ, anno superiore prohibitum fuerit omnibus et singulis abbatibus, prioribus, superioribus, ac religiosis ordinis S. Benedicti, strictioris observantiæ hujusce comitatus Burgundiæ videlicet Sancti Petri Luxoviensis, Sanctæ Mariæ de Faverneio, Sancti Vincentii Bisuntinensis, etc. ne nullam in posterum unionem, associationem, aut commercium haberent cum superioribus, religiosis, monasteriis, et congregationibus regni Franciæ, sub pœnâ regiæ indignationis, et confiscationis honorum ac redituum temporalium, atque expresse ipsis demandatum, ut quamprimùm curarent erigi Provinciam intra comitatus limites, ab externis monasteriis sejunctam. Eaque de re moniti Reverendi Patres definitores capituli generalis congregationis sanctorum Vitoni et Hydulphi (cujus præfati Burgundiæ religiosi alumni sunt et hactenùs fuerunt) rationi consonum duxerint, regio mandato non reluctari, ac propterea liberè consenserint, ac præfatis superioribus et religiosis facultatem dederint capitulum provinciale celebrandi, in eoque visitatorem provincialem et monasteriorum superiores eligendi, cæteraque in capitulis consueta obeundi : deputarintque Reverendos Patres Domnum Hieronimum Cocquelin abbatem Luxovii, et Domnum Claudium Hydulphum abbatem Favernii, ut dictum capitulum provinciale convocarent juridice, concessa eis omnimodo potestate ea præstandi et exequendi quæ circa illud necessaria forent et opportuna ; ipsi Reverendi abbates vi suæ commissionis capitulum indixerint in diem 22 mensis januarii anni 1638, et ad illud invitarint et convocarint in monasterio S. Hieronimi de Dola omnes superiores et religiosos conventuales prædictorum monasteriorum; comparuerunt et presentes fuerunt cum prædictis Reverendis abbatibus Luxovii et Faverneii, Reverendi Patres Domnus Josephus Saulnier, abbas Sancti Vincentii Bisuntini, Domnus Joannes Baptista Clerc, prior Beatæ Virginis de Monte Rolandi, Domnus Fulgentius Brenier, prior monasterii S. Hieronimi de Dola, Domnus Eustachius Broche, superior Sanctæ Mariæ de Vallibus, Domnus Hyppolitus Beban, subprior prioratus Sancti Petri de Mortua Aqua, Domnus Victorinus Renauld, subprior prioratus Sanctæ Mariæ de Castro, etc., omnes prædicti conventuales a cæteris præfatorum monasteriorum religiosis deputati, et ad prædictum capitulum provinciale discreti. Qui omnes sic capitulariter congregati, repræsentantes omnes et singulos religiosos, ac supradicta monasteria strictioris observantiæ ordinis S. Benedicti comitatus Burgundiæ, unà cum præfatis Reverendis abbatibus Luxovii et Faverneii, lecto iterum et diligenter examinato præfato regis imperio, matura deliberatione præhabita, et invocato prius tum publicis tum privatis precibus Dei nomine, multisque hinc inde discussis et agitatis rationibus unanimi voto, et voluntati regis, seu regiæ celsitudini, et supremæ curiæ dolanæ obtemperare, ac observantiæ regularis reformationi consulere cupientes, se et supradicta omnia monasteria, omnesque præfatos superiores et religiosos hujusce comitatus Burgundiæ, tam de prædicto Reverendorum Patrum definitorum consensu, quàm concilii Tridentini authoritate, unierunt et aggregarunt, uniunt et aggregant in unam provinciam se et sua omnia submittentes dispositioni capituli provincialis, proximè et singulis annis succedentibus celebrandi, ac promittentes se obedientiam præstituros ordinationibus ab ipso faciendis, nec non visitatori provinciali, cæterisque superioribus eligendis; eo planè modo, submissione ac reverentiâ quibus hactenùs capitulo generali, præsidenti, visitatoribus, et aliis superioribus paruerunt. Acta fuerunt hæc in prædicto monasterio S. Hieronimi de Dola die et anno prædictis coram me Stephano Bouton ejusdem loci notario, etc., etc. »

Cependant, sous l'empire de leur serment d'obéissance, le même jour, 22 janvier, les mêmes abbés et prieurs, c'est-à-dire D. Joseph Saulnier, abbé de Saint-Vincent, D. Hiérome Coquelin, abbé de Luxeuil D. Claude Hydulphe, abbé de Faverney, D. J.-B. Clerc, prieur de Montroland, D. Fulgence Brenier, prieur de Saint-Jérôme de Dole, D. Eustache Broche, supérieur de Notre-Dame de Vaux, D. Hippolyte Boban, D. Victorin Renauld, sous-prieur de Château, et les autres conventuels, déclarèrent « qu'encore que pour satisfaire au commandement du roi, de Son Altesse Royale et de la cour souueraine de Dole, nous nous soyons unis et aggrégez pour établir une prouince séparée au comté de Bourgogne, si est ce que nous n'entendons en aucune façon nous separer de la-dite congregation de Saint-Vannes et Saint Hydulphe et de l'obeissance deüe au chapitre general ; ains declarons en uouloir demeurer perpetuellement très humbles enfans et obeissans religieux ; promettant tous qu'aussitost que ces trousbles seront passez, nous ferons tous nos deuoyrs de urays religieux, et nous soumettrons à tout ce qui sera juge raisonnable pour le bien commun et conseruation de la congregation. »

Le parlement enregistra l'acte d'association le 25 février 1638.

Il résulte de documents très relevants que, malgré cette érection en province séparée, jamais la Franche-Comté ne fut complètement indépendante de la congrégation de Saint-Vannes ; mais les rapporter nous entraînerait trop loin. En 1650, les prieurs et conventuels de Franche-Comté se rendirent au chapitre général de Saint-Mihel, et toujours, dès-lors, ils continuèrent à y assister comme avant les guerres. Les trois provinces ensemble élisaient les supérieurs majeurs et tous ceux des monastères des trois pays; mais on ne pouvait envoyer aucun supérieur ou religieux qui ne fût de la même nation et de la même province que celles où le monastère était situé.

Le 22 février 1674, les Bénédictins de Saint-Vannes obtinrent de Louis XIV un arrêt d'évocation pour tous leurs procès mus ou à émouvoir au grand conseil, et défense au parlement d'en connaître.

Cet état de choses dura jusqu'au mois d'octobre 1677. Le 17 de ce mois, le R. P. abbé de Saint-Mihel, président de la congrégation, reçut des ordres du roi de France pour établir des supérieurs français naturels dans tous les monastères du comté de Bourgogne. Le président fit des remontrances inutiles : il fallut obéir. Ce changement avait effarouché les esprits dans la province. L'ordre de Cluny, qui méditait depuis longtemps de recouvrer les prieurés de Franche-Comté qu'il avait abandonnés, saisit cette occasion pour s'en procurer la réunion.

Plusieurs des mécontents donnèrent d'officieux avis à cet ordre, dans l'espoir qu'ils avaient d'être rétablis dans leurs emplois si l'étroite observance de Cluny recouvrait les maisons qu'elle avait perdues. Un nombre assez considérable de religieux franc-comtois présenta même une supplique au Pape, au nom de la province, pour lui demander permission de se séparer de Saint-Vannes pour s'unir à l'ordre de Cluny.

Celui-ci commença son instance au conseil du roi et réclama neuf monastères. Les réformés résistèrent : ils désiraient être jugés par le parlement de Besançon ; mais ils ne purent l'obtenir, bien qu'ils aient excipé de leur érection en province de Franche-Comté. Alors les Pères de Cluny firent assigner ceux de Saint-Vannes au grand conseil, et, le 12 septembre 1684, ils obtinrent un arrêt qui condamnait les prieurs et monastères de Vaucluse, Moutier, Lons-le-Saunier, Vaux, Morteau, Château-sur-Salins et Dole, à reconnaître les supérieurs et chapitres généraux de l'ordre de Cluny, et laissait aux religieux qui formaient ces communautés la liberté d'opter entre Cluny et la congrégation de Saint-Vannes. L'option devait être faite dans les trois mois à compter de la signification de l'arrêt. Les monastères adjugés à Cluny devaient payer, à chacun des religieux qui opteraient pour Saint-Vannes, une pension annuelle et viagère de deux cents livres et une somme de cent vingt livres une fois payée pour leur ameublement.

A cette occasion, le grand conseil déclara qu'il n'y avait pas abus, comme le prétendait Cluny dans l'exécution des bulles d'Urbain VIII, pour l'union de Montroland et Jouhe à la congrégation de Saint-Vannes, débouta l'ordre de Cluny de son opposition à l'exécution de cette union, et le condamna à l'amende pour son fol appel.

Dès qu'on sut en Franche-Comté l'arrêt du conseil, les religieux des monastères adjugés persistèrent à déclarer qu'ils ne voulaient en aucune sorte se séparer de Saint-Vannes. Ils étaient loin d'être tous sincères.

Au surplus, les dispositions de l'arrêt offraient à Cluny des difficultés presque insurmontables; car l'étroite observance de cet ordre n'avait pas assez de religieux pour remplir les maisons au cas où ceux de Saint-Vannes opteraient d'en sortir, et tout le revenu de ces maisons n'aurait pas suffi pour payer les pensions annuelles et les ameublements.

Les Pères de Cluny firent signifier l'arrêt seulement le 22 janvier 1683. En même temps, connaissant l'état des esprits dans les monastères adjugés, ils s'adressèrent au Pape pour lui représenter qu'ils ne pourraient exécuter l'arrêt du grand conseil s'ils étaient obligés de trouver les sommes immenses auxquelles ils avaient été condamnés pour les pensions, et que les religieux résidant dans ces maisons ne pourraient, sans blesser leur conscience, quitter la congrégation de Saint-Vannes à laquelle ils se trouvaient engagés par leurs vœux de stabilité et leurs serments: *ex eo præsertim, quod ipsi obedientiam præ-*

fatæ congregationis superioribus vererint. Ils supplièrent Sa Sainteté de leur accorder la dispense de leurs vœux et de leurs serments, et de permettre aux autres religieux du pays d'unir leurs personnes et leurs monastères à l'ordre de Cluny, attendu que la plus grande partie d'entre eux le souhaitaient.

Il semblait qu'en Franche-Comté on n'attendît que la signification de l'arrêt pour se déclarer en faveur de Cluny. Le 28 janvier, plusieurs supérieurs de la province se réunissent à l'abbaye de Saint-Vincent ; ils prennent la résolution de maintenir l'indivisibilité de la province de Franche-Comté, et députent au Père président, Dom Ferdinand Bouhelier, prieur de Vaux, pour obtenir permission de faire une assemblée de tous les prieurs et conventuels de la province, afin de délibérer sur les mesures à prendre dans les conjonctures où ils étaient. Ils sont refusés. Ils demandent alors au roi ce qu'ils n'avaient pu obtenir du supérieur. Une lettre de cachet est expédiée par le monarque à M. de Lafond, intendant de Franche-Comté. Louis lui ordonne de convoquer une assemblée des prieurs et conventuels de la province dans l'abbaye de Saint-Vincent, pour y être délibéré par eux, en sa présence, sur le sujet de l'union des quatorze (1) monastères de la réforme à l'ordre de Cluny.

(1) Le président Lullier avait fondé celui de Morey, dans la Haute-Saône, en 1637.

Cette assemblée, tenue le 7 avril, fit plus de bruit que d'effet, car le roi, informé par son intendant des difficultés qu'offrait cette affaire, ne voulut plus s'en mêler et renvoya les parties à leur supérieur ecclésiastique, le Pape, afin de se pourvoir près de lui comme ils le jugeraient à propos.

Cependant Cluny avait activement et habilement négocié avec les religieux des sept monastères, qui, à l'exception de seize, optèrent en sa faveur. Une délibération en ce sens fut prise, le 25 mars 1685, par les supérieurs, qui députèrent les prieurs de Vaux et de Vaucluse pour traiter et arrêter les conditions sous lesquelles l'option serait faite et acceptée. Le traité, disons-le de suite, fut conclu le 15 septembre 1685. Le cardinal de Bouillon, supérieur de Cluny, s'engagea à procurer l'approbation du Saint-Siége pour lever les peines que les religieux pourraient encourir pour leur option. Il consentait à la formation de la nouvelle province, composée des sept maisons, et émit l'espérance qu'un jour les sept autres maisons réformées de Franche-Comté ne formeraient qu'un même corps avec celles que le grand conseil avait adjugées à Cluny. Les conditions du traité sont nombreuses; elles furent toutes acceptées. Le 19 octobre, la province fut associée à l'ordre, et un nouveau traité, rappelant les conditions établies par le cardinal, fut passé le 24 du même mois.

L'assemblée de Besançon à peine terminée, les supérieurs et conventuels franc-comtois avaient dû se rendre à Saint-Mihel, au chapitre général de l'ordre. Les supérieurs majeurs connaissaient la manière peu obligeante dont on les avait traités à l'abbaye de Saint-Vincent; ils savaient aussi le projet de convention qui avait été fait avec Cluny et qui devait leur enlever le reste des monastères de la province: pour parer à cet événement, ils mirent dans les monastères des supérieurs sur la fidélité de qui ils pussent compter, et exigèrent d'eux une déclaration écrite de leurs sentiments. Tous s'engagèrent à maintenir leur serment et leur obéissance et reconnurent qu'ils étaient inviolables. Ils promirent d'empêcher qu'aucun monastère ou religieux ne fût désuni de la congrégation; de ne pas exécuter l'arrêt de 1684; ils promirent en outre de ne pas permettre, directement ou indirectement, qu'aucun religieux de la congrégation ou aucun des monastères de Luxeuil, Besançon, Faverney, Morey, Jouhe, Montroland et Fontaine, fût séparé ou désuni.

Deux supérieurs des monastères adjugés refusèrent de signer cet acte; ceux des maisons non réunies l'acceptèrent sans difficulté.

Le 15 mai 1685, les supérieurs et religieux présentèrent au chapitre général un acte de soumission encore plus explicite; entre autres choses, ils demandaient qu'en cas d'exécution de l'arrêt du conseil, et en cas d'option de sortie de la part des religieux, on leur assignât quatre monastères qu'ils posséderaient tant que Cluny jouirait des leurs. Ils offraient en outre de céder aux PP. de Champagne et de Lorraine tous leurs droits et actions sur les maisons adjugées à Cluny.

Cette requête fut favorablement accueillie, et les monastères de Potiers et Huiron en Champagne, de Munster et de Mont en Lorraine, furent déterminés pour être cédés aux religieux qui sortiraient des maisons au cas où l'arrêt serait exécuté. Ce fut un Franc-Comtois, D. François Dorival, qui rédigea l'appointement de cette requête.

Tout semblait arrangé parfaitement ; les religieux paraissaient satisfaits. Alors on ne déposa que Dom Innocent de Fouchier qui était entré à Cluny et avait changé son nom en celui de Vautravers.

Mais Cluny ne s'était point endormi, et ses promesses avaient eu leur efficacité. En vain, dans une diète tenue à Verdun le 1er septembre, on minuta une lettre circulaire que l'on envoya aux maisons adjugées pour leur affirmer qu'on leur accorderait certainement les quatre maisons promises : Cluny l'emporta et le traité du 15 septembre fut signé. Les deux plus considérables des religieux qui restèrent soumis à Saint-Vannes sont Dom Léandre Vincent, supérieur de Mouthier, et Dom Ambroise Mercier, principal du collége de Dole. Les cinq autres prieurs se rendirent au chapitre général de Cluny, où le traité d'union fut adopté, comme nous l'avons vu.

Sur ces entrefaites, Dom Rupert Javel, sous-prieur de Montroland, arriva à l'assemblée de Cluny avec deux actes; il fit signifier le premier, au nom de Pierre Ringo, président de Saint-Vannes, à D. Pierre Simon, supérieur général de l'étroite observance de Cluny. Cet acte était une opposition à tout traité fait ou à faire avec les religieux de Saint-Vannes qui s'étaient transportés au chapitre et à tout ce qui serait fait dans ce chapitre au préjudice de la congrégation. Il contenait de plus l'extrait d'une bulle d'Eugène IV qui excommunie, *ipso facto*, tant ceux qui sortent de la congrégation sans permission que ceux qui les reçoivent.

D. Javel notifia à D. Ferdinand Bouhelier, à Innocent de Fouchier, à François Dorival et autres, son second acte; c'était un commandement exprès, à eux fait en vertu de la sainte obéissance, de quitter le chapitre et de rentrer dans leur monastère. Cet acte, cassant tous traités, leur intimait l'ordre de les rétracter jusqu'à ce qu'ils aient justifié d'un pouvoir suffisant du Saint-Siége et d'une dispense légitime de leurs vœux et serments. On protestait, en dehors de tout cela, du respect que l'on avait pour l'arrêt du conseil, sauf à se pourvoir contre lui.

C'était hardi, d'autant plus que la congrégation de Saint-Vannes, pour parer à la défection, avait déjà envoyé plusieurs conventuels des sept maisons dans d'autres monastères; mais elle avait été forcée, par un arrêt du conseil du 30 juin 1685, rendu sur les plaintes de Cluny, de renvoyer dans les monastères les supérieurs et religieux éloignés, afin qu'ils pussent faire l'option.

Les religieux de Saint-Vannes avaient fait précéder cette opposition d'un acte plus grave encore, car, le 12 octobre, les supérieurs avaient décerné les censures ecclésiastiques contre les religieux qui avaient opté pour Cluny. Voyant qu'opposition et défenses étaient méconnues, le visiteur de la province fit signifier aux religieux récalcitrants une sentence par laquelle, à raison de leur contumace et de leurs mépris, il les suspendait *à divinis* jusqu'à ce qu'ils fussent rentrés dans le devoir; leur faisant une nouvelle défense, sous peine d'excommunication *ipso facto*, de s'ingérer dans aucun office de supériorité à eux commis dans le chapitre de Cluny, et prohibant à tous les religieux, sous les mêmes peines, de reconnaître leur autorité.

Les Bénédictins, ainsi frappés, appelèrent au Saint-Siége. Quelques-uns avaient signifié leur appel aux supérieurs majeurs; mais comme cela était contraire aux règles que nous avons rapportées en commençant ce chapitre, les supérieurs refusèrent de le recevoir. Sur ce refus, ils recoururent au parlement de Besançon, demandant six mois de terme pour faire venir un rescrit. Le parlement leur accorda un mois pour assigner les parties et plaider leur cause; mais une cédule évocatoire l'empêcha d'en connaître.

Cependant un rescrit de Rome délégua l'archevêque de Besançon pour juger ce différend. La congrégation de Saint-Vannes, qui connaissait ses préventions contre elle, le récusa. L'archevêque retint la cause. La congrégation fit alors défaut, et, le 13 mai 1686, le prélat bisontin déclara les censures nulles et incompétemment décernées et sans avoir observé les formalités canoniques, sans cause légitime, sans juridiction, sans autorité de la part de la congrégation de Saint-Vannes, et déclara en outre les religieux appelant des censures exempts et affranchis de l'autorité de cette congrégation.

Le désordre avait gagné d'autres maisons. Le R. P. président, le 7 novembre 1685, fut obligé de menacer encore les sept autres monastères de Franche-Comté qui restaient à la congrégation de Saint-Vannes. Il leur défendit, sous peine d'excommunication, de faire aucun traité, soit avec le cardinal de Bouillon ou autre supérieur de Cluny, soit avec les religieux de leur ordre qui avaient opté pour Cluny.

Plusieurs religieux de Luxeuil, Faverney, Besançon et autres en appelèrent au Saint-Siége et résistèrent au supérieur, prétendant que leur appel les dispensait d'obéissance; d'autres s'adressèrent au parlement; enfin la révolte était ouverte. Ils entretenaient des intelligences avec ceux qui avaient opté pour Cluny et résolurent de secouer le joug. Ils convoquèrent une assemblée à Faverney pour le 5 avril 1686. Elle était composée de tous les supérieurs nouvellement nommés par Cluny, sauf Dom Dorival qui avait été envoyé par eux à Rome; chaque supérieur était accompagné d'un conventuel. Deux supérieurs de Saint-Vannes, celui de Faverney et celui de Fontaine, y assistèrent. Il s'y trouva des religieux de Montroland, Morey et Luxeuil. Ils n'observèrent pas les règles ordinaires des chapitres, déposèrent tous les supérieurs qui n'étaient pas venus, établirent à leur place les principaux de ceux qui s'étaient rendus à l'assemblée; enfin, le 6 avril, ils dressèrent un acte par lequel ils témoignaient de leur ferme vouloir de ne plus assister aux réunions générales des trois provinces, mais de maintenir l'intégralité de celle de Franche-Comté, exprimant leurs résolutions de célébrer désormais leur chapitre dans cette province, sans envoyer, à l'avenir, à ceux des Pères de Champagne et de Lorraine; *sauf l'aveu et l'agrement de Sa Saintete et de Sa Majeste si besoin fait.*

Dom Rupert Javel était arrivé le 4 avril à Faverney, comme il était venu au chapitre de Cluny. Il fit injonction, au nom du visiteur de la province, aux supérieur et religieux de Faverney de faire vider les lieux à l'assemblée, et aux autres religieux de regagner leurs monastères. Cet ordre fut méprisé. Dom Javel fit assigner de suite le prieur de Faverney devant le lieutenant général du bailliage de Vesoul. Ce magistrat, assisté de ses sept assesseurs, donna raison au Père visiteur par une sentence de maintenue du 6 avril. Les révoltés n'en tinrent compte; le chapitre fut conclu et les actes lus publiquement.

Dom Coquelin, nommé par eux supérieur de Saint-Vincent, se rendit en toute hâte à cette abbaye et y pénétra avec dix-huit religieux qui l'avaient suivi, et, devant un grand concours de séculiers, incontinent il se mit en possession de sa dignité, et Dom Fulgence Camu, qui était chargé de notifier au visiteur, en même temps supérieur de Saint-Vincent, l'acte de l'assemblée, le lui fit signifier par un sergent.

Mais au même moment arrivèrent les ordres du roi, donnés, le 3 avril 1686, à son intendant, et lui enjoignant de tenir la main à ce que ces religieux fussent contenus dans l'obéissance qu'ils devaient à leurs supérieurs en attendant que le différend pendant en cour de Rome fût décidé, et de faire sortir de la province ceux qui ne voudraient pas se soumettre.

Dom Coquelin n'avait joui qu'une demi-heure de son nouvel office ; il se soumit aux ordres du roi en faisant signifier toutefois un acte de non préjudice.

Cependant la congrégation de Saint-Vannes, qui avait appelé de la sentence de l'archevêque de Besançon, en obtint une de la congrégation romaine des réguliers, le 13 mai 1686, qui annulait celle de l'archevêque : bientôt elle apprit que, non content de l'arrêt du grand conseil qui lui adjugeait les sept monastères, l'ordre de Cluny avait présenté, le 16 novembre 1685, une supplique à Sa Sainteté, demandant qu'il lui plût lui réunir encore les sept qui appartenaient à Saint-Vannes. Cluny avait su mettre dans ses intérêts les principaux personnages de la Comté et leur avait persuadé que cette union en province offrait de grands avantages.

Les supérieurs de la congrégation de Saint-Vannes, effrayés de cette entreprise, portèrent leurs plaintes au roi : il leur permit d'envoyer à Rome des députés pour soutenir leurs droits ; de plus, il fit écrire à son ambassadeur à Rome pour presser l'expédition de cette affaire. L'ambassadeur en parla aux procureurs généraux de Cluny et de Saint-Vannes et les fit convenir de s'en rapporter à l'arbitrage de Mgr le cardinal d'Estrées; ils acceptèrent. Le prélat rendit, le 21 juin 1686, une sentence portant 1° ordre à Saint-Vannes d'accorder aux religieux des monastères adjugés qui avaient passé à Cluny le consentement d'y rester et la levée des censures prononcées contre eux; 2° injonction à l'ordre de Cluny de renoncer à tous traités, actes et prétentions tendant à détacher de Saint-Vannes Saint-Vincent de Besançon, Luxeuil, Faverney, Jouhe, Montroland, Morey et Fontaine; 3° défense qu'à l'avenir l'un ou l'autre des ordres ne pût recevoir religieux et monastères sans le consentement de l'autre; 4° pour les pensions et meubles des religieux, etc., il les renvoya à se pourvoir comme ils le jugeraient convenable.

Cette sentence fut confirmée par lettres patentes du mois d'avril 1687 et enregistrée au grand conseil le 17 du même mois. Les deux parties y acquiescèrent librement, et les sept monastères, assemblés capitulairement pour en être avisés, y souscrivirent unanimement.

On était dans cette situation quand le roi, en son conseil, considérant, entre autres choses, que la division des monastères de la province avait fait naitre quantité de procès, non seulement entre l'ordre de Cluny et la congrégation de Saint-Vannes, mais encore entre les religieux de ces monastères ainsi partagés, au scandale des peuples et à la ruine du temporel desdits monastères, rendit un arrêt, le 21 octobre 1694, par lequel il réunissait les quatorze monastères réformés de la Franche-Comté pour n'en faire qu'une province dans l'ordre de Cluny. C'était encore cet ordre qui, au mépris de la sentence arbitrale, voulait s'approprier ces maisons sous le prétexte que dans un temps ancien il les avait réformées, et que cette réforme lui avait affecté sur elles un droit de juridiction et de propriété. L'archevêque de Besançon, le premier président et l'intendant de Franche-Comté furent commis pour l'exécution de cet arrêt. Ils convoquèrent une assemblée des supérieurs et conventuels des quatorze monastères dans l'abbaye de Saint-Vincent de Besançon, et l'assemblée se soumit avec respect à cette sentence.

La congrégation de Saint-Vannes présenta une requète contre l'arrêt; les religieux de la province en envoyèrent une autre pour demander le maintien. Cette fois la congrégation eut gain de cause, et, le 3 mars 1695, le roi rapporta son arrêté.

On le voit, cet ordre était ardent aux procès, et les Bénédictins de Jouhe avaient pensé avec juste raison qu'il serait capable de résister aux Jésuites. Ce qui le rendit inférieur à ces Pères, c'est l'esprit d'indiscipline qu'il montra, tandis qu'eux portent au plus haut point l'esprit de discipline, d'abnégation et de soumission à leurs supérieurs.

La congrégation de Saint-Vannes et de Saint-Hydulphe donna encore, en 1645, la mesure de son esprit entreprenant. Baume-les-Moines, Gigny et Saint-Claude avaient été dépeuplés par suite des calamités des temps : elle voulut profiter de cette circonstance pour s'introduire dans ces maisons ; mais elle trouva une résistance à laquelle elle ne s'attendait pas. Un mandement de garde du parlement de Dole, confirmé par le roi d'Espagne, maintint les trois monastères dans leur privilége de n'admettre que des gentilshommes de naissance ayant fait preuve de seize quartiers de noblesse. MM. de Fertan de Traves et de Lavilette, au nom de la noblesse, formèrent opposition aux prétentions des Bénédictins, qui, le 23 août 1647, furent condamnés par défaut par le parlement à ne plus troubler, ni directement ni indirectement, dans leurs possessions, les trois abbayes qui avaient aussi résisté. Sur la demande des Etats de la province, le roi d'Espagne confirma ce privilége en 1654. Malgré ces sentences, les Bénédictins tentèrent encore de s'emparer de ces bénéfices ; mais la noblesse lutta énergiquement, et, en 1678, le 3 octobre, le roi, en son conseil, sur les représentations de la confrérie de Saint-Georges, ordonna aux Bénédictins de justifier, par titre, de leur droit à imposer la réforme à ces monastères. Les choses devaient demeurer dans le *statu quo* jusqu'à ce qu'il fût autrement décidé. Enfin les tentatives en restèrent là.

CHAPITRE XXVII.

1639—1649.

Nous avons laissé les Bénédictins plaidant contre les Jésuites pour obtenir le paiement des prébendes que ceux-ci leur refusaient à cause des malheurs de la guerre. Si les prieurs eux-mêmes en avaient souffert, combien, à plus forte raison, les manants n'en avaient-ils pas été affligés! Nous avons trouvé, dans une requête que ceux de Jouhe et d'Archelange présentaient pour obtenir des prieurs l'affranchissement de la mainmorte par le cens d'un écu par journal, une triste peinture de l'état de ces pauvres villageois.

« Ils remonstrent que tant par infortune des guerres que par la rudesse de ceux qu'ont tenus auant les RR. PP., du moins de leurs facteurs et amodiateurs, et principalement pour être à cause dud. prieure de condition de mainmorte ils se uoyent reduits a une grande pauurete. Beaucoup estant quasi de tout ruines, d'autres oppresses de tant de debts quils ne scauent du commencement mesme de l'annee de quoi sentretenir le reste dicelle, eux et leurs familles. Personne ne les uoulant assister d'argent ou dautres moyens a cause de leur condition et s'il se trouue quelquun qui le fasse on les fait obliger termes les moissons ou les uendanges lesquelles arriuees on les contraint et par jugement on leur prend leurs grains et leur uin que l'on uend a fort uil prix, et dans un mois ou deux ils se uoient denues de toutes prouisions. »

La réponse ne fut pas favorable : les Pères étaient peu riches alors, et, d'ailleurs, les procès incessants qu'ils avaient avec les Bénédictins leur fermaient le cœur à ces doléances ; quand on souffre soi-même, on a moins le temps de compatir aux souffrances d'autrui.

Le 9 avril 1639, le parlement rendit un arrêt sur les plaintes des Bénédictins. Il disposait que les Jésuites prendraient pour eux les deux tiers du prieuré de Jouhe et de Montroland, et céderaient l'autre aux réformés pour et en place de leurs cinq demi-prébendes, tant que durerait la guerre, sans préjudice des droits des parties. Mais les Jésuites ne s'y étant pas soumis, la cour leur enjoignit, par un nouvel arrêt, de rendre compte des années 1637, 1638, 1639, pour être les religieux payés sur le tiers. Enfin, le 21 novembre 1640, le parlement ordonna de nouveau que le tiers des biens du prieuré serait abandonné aux Bénédictins pour en jouir par leurs mains jusqu'à ce que les Jésuites eussent satisfait au traité de 1631. Les Bénédictins prétendaient que les Pères Jésuites dressaient leurs comptes de telle sorte que la dépense excédait toujours la recette. En vertu de cet arrêt, les Bénédictins jouirent du tiers lot et administrèrent par eux-mêmes jusqu'à la publication de la paix. Alors le traité de 1631 reprit force.

Dans cette situation, tout devenait matière à procès entre voisins aussi rapprochés. La vigne du clos de Jouhe fut partagée entre les parties. Le 11 février 1641, Boyvin déclara ce partage non valable, attendu que les frères Cordier et Coquelin, qui y assistaient pour les Jésuites, n'étaient point autorisés par le recteur comme il en constait par serment du P. recteur et des Pères. « Le Père Bouvier, présent et comparant pour le recteur, interrogé s'il reconnaissoit la signature du Père Coquelin, et si la portion attribuée aux Bénédictins par ce partage leur étoit arrivée ils auroient désavoué le dit Coquelin, répondit qu'oui. »

Les Jésuites se plaignirent alors que les supérieurs de Jouhe et de Montroland s'attribuaient la qualité de prieurs. Les Bénédictins répondirent qu'ils ne s'attribuaient aucune qualité que celle qui leur était accordée par les contrats faits lors de l'union et le règlement des prébendes, et protestèrent d'appeler.

Le lendemain, le président Boyvin, après avoir ouï

les parties, reçu leur serment et celui du P. recteur, ordonna un nouveau partage.

Le 12 février, le P. Brun, recteur du collége de Dole, donna à Philippe Brun procuration pour comparoir et prêter serment en son nom pour ce fait. Le 14, les Bénédictins appelèrent. Enfin, le 15, ils révoquèrent cet appel et le partage eut lieu.

Devant le même président, le 12 octobre 1642, intervint un traité par lequel les Jésuites s'obligèrent à payer aux religieux 2522 francs pour les prébendes.

Dans un dénombrement, nous avons découvert une note ainsi conçue : « Appartient encore auxd. RR. de Montroland l'ermitage de Montroland présentement ruiné ou estoit une chapelle, maison, jardin et pourpris, le tout donné auxd. religieux par le s^r^ Claude Griguel, seigneur de Landon, par donation en date du 9 janvier 1644. »

Il existait au pied de la montagne de Montroland un ermitage fort ancien à la nomination de la ville. Le 28 octobre 1620, le conseil prit la résolution de donner cet ermitage aux RR. PP. Capucins du couvent de Dole, aux conditions qui leur seraient proposées par les sieurs mayeur, Humbert et Pétremand, conseillers à ce commis. Les Capucins écrivirent au sieur de Malpas, mayeur, pour connaître les conditions : elles étaient de placer à l'ermitage cinq ou six religieux. Elles ne furent pas acceptées.

Le 13 juin 1620, Antoine Caravala, ermite, donna aux familiers de Dole tout ce qui lui appartenait, tant en bâtiment audit ermitage, ornements d'église, meubles, qu'autres choses en dépendant, avec pouvoir d'y mettre et instituer tel personnage que bon leur semblerait pour le régir et gouverner.

Le 8 octobre, l'inventaire eut lieu. L'année suivante, frère Antoine Goubot, ermite, présenta un placet au conseil de Dole pour obtenir permission de faire la quête dans la ville une fois par semaine. Ce placet fut appointé favorablement le 3 février 1621.

Comment, des familiers, l'ermitage passa-t-il au seigneur de Landon? Peu importe. On ne le retrouve plus dans la suite que comme une dépendance du prieuré de Montroland.

Par ce principe vrai de toute éternité, que le plus fort finit par absorber le plus faible, la veuve de Montureux se vit obligée, le 22 octobre 1645, de faire hommage au collége pour le fief de Verchamp. Elle reconnut que ce bien dépendait de la totale justice et seigneurie de Jouhe, et devait être chargé des dîmes accoutumées. Elle céda aux Pères Jésuites les dîmes de mainmorte qui y étaient attachées ainsi que les autres droits seigneuriaux, et leur remit quelques autres héritages.

Le contrecoup des malheurs des dernières guerres se fit sentir longtemps encore pour les religieux de

Joulie et de Montroland. On se rappelle qu'en 1628, un traité avait été fait entre l'abbaye de Baume et les réformés, et qu'une somme de 30 francs par an, représentative du droit de dépouilles, devait être payée à celle-ci. Les réformés avaient laissé passer treize ans sans l'acquitter. Ne pouvant plus la payer parceque'elle était devenue trop considérable et que d'un autre côté ils avaient été très apauvris par les événements, ils chargèrent Dom Odilon Bebin, prieur des deux monastères, de provoquer un arrangement avec Baume et d'obtenir une diminution. Un traité en ce sens intervint le 18 juillet 1649, et Baume, par l'organe du sous-prieur D. Louis de Chantrans, fit aux Bénédictins, par grâce spéciale et sans préjudice, remise du tiers de la somme due, à condition que les deux autres tiers seraient payés dans un bref délai. Ces deux tiers montaient à 312 francs, monnaie de Bourgogne. D. Bebin en promit le paiement à la fête prochaine de saint Bartholomey, apôtre.

CHAPITRE XXVIII.

1649—1650.

Les pieux désirs des Dolois, si éloquemment exprimés par Boyvin, devaient être exaucés, mais ce ne fut pas sans de grandes démarches de leur part.

Montroland resta inhabité à cause des courses des ennemis jusqu'au 20 février 1644. Les Bénédictins, pendant tout le temps de leur absence, depuis leur retour et depuis surtout qu'ils eurent relevé le tronc de leur chapelle, ne cessèrent de réclamer au roi de France la sainte et miraculeuse Image qui faisait la gloire du sanctuaire et qui était si chère à nos aïeux.

Les premières réclamations furent inutiles. Ils s'adressèrent alors au roi d'Espagne qui négocia, mais sans plus de succès. Enfin, Anne d'Autriche obtint de Louis XIV, qui venait de parvenir au trône, un ordre de rendre la statue à son autel antique et vénéré.

Le 17 mars 1647, Louis écrivit, à cette occasion, au gouverneur d'Auxonne, une lettre dont voici la teneur :

« Monsieur Duplessis Besançon sur ce qui m'a

esté representé par les religieux Benedictins de l'etroite obseruance du monastere de Montrolland au comte de Bourgogne. Quayant este contrainctz d'abandonner leur dit monastere a cause des guerres et que leur eglise auoit este pillee et demolie mesme fouye jusques aux monuments. Ils en auroient néantmoins sauué la principale deuotion qui est une Image de la Vierge quils ont refugiee au monastere des PP. Capucins de ma uille d'Auxonne uoisine dud. Montrolland que lesd. religieux Benedictins mont supplie de leur faire rendre et restituer attendu la deuotion des peuples qui journellement uont en pelerinage aud. Montroland pour la uisitter et honorer. Laquelle Image mesme mes predecesseurs roys ont heue en singuliere ueneration y ayant faict des liberalites dont les marques restent encore a present jay bien uoullu uous escrire celle cy par laduis de la Reyne regente Madame ma mere pour uous dire qu'aussy tost icelle recue uous ayez a faire rendre la ditte Image auxdits religieux Benedictins du monastere de Montrolland pour y estre establie auec l'honneur et ueneration requise pour la reuerence dehue a la Saincte Vierge et ensemble les ornements dautel qui se treuueront aussy auoir este refugies audit Auxonne. A quoy m'assurant que uous satisfferez je prie Dieu quil uous ayt Monsieur Duplessis Besançon en sa saincte garde. escrit a Paris le VIIe jour de mars 1647. »

Quelque impératifs qu'aient été les ordres de Louis XIV, ils ne furent pas suivis d'exécution. Le parlement s'en mêla et fit à ce sujet des représentations au premier président du parlement de Dijon tandis qu'il traitait avec lui les affaires du duché et du comté. Les Bénédictins allèrent à Dijon porter leurs réclamations à Condé. Alors ce prince leur donna parole et ordonna que la Vierge fût rendue. Mais les obstacles ne firent que s'accroître. A Auxonne, le peuple menaçait, les dépositaires s'opiniâtrèrent et rien ne se fit. Enfin Condé, par l'intermédiaire du premier président, écrivit en termes si absolus et avec de telles menaces qu'il fallut se résoudre à obéir.

M. du Bosquet, lieutenant de roi au gouvernement de la ville d'Auxonne, fit savoir aux religieux qu'il leur remettrait la sainte Image sur les limites de la France, où les Capucins l'apporteraient en procession. Il écrivit dans le même sens au parlement et le pria de prévenir les désordres qui pourraient s'élever.

Claude-Laurent de Marenches, seigneur de Nenon et Champvans, alors vicomte mayeur, pour parer aux rixes qui pourraient résulter du mélange de la bourgeoisie d'Auxonne et de Dole, ordonna que les réjouissances et processions n'auraient lieu à Dole que le lendemain du jour où la Vierge serait rapportée au Montroland, puis fit publier défense à tous les bourgeois de sortir de la ville avant onze heures du matin, sous peine de cinquante livres d'amende.

Il assembla le conseil le 25 septembre 1649, et dit que l'Image de la Vierge, qui avait été enlevée par l'ennemi français au siége de la ville de l'an 1636, devait être rapportée, le mardi 28 septembre, par MM. d'Auxonne, de l'assistance des ennemis français, et demanda s'il ne conviendrait pas d'y aller en procession. Il fut résolu que l'on en parlerait à MM. d'église ; que s'ils ne voulaient pas y aller, en ce cas on y irait le mercredi. On commit MM. Gollut et Desne pour voir MM. d'église à ce sujet.

Tout s'arrangea à la satisfaction générale et à la plus grande gloire de Marie.

Laissons maintenant parler Dom Gody, témoin et acteur dans ce qu'il appelle le rapportement de la Vierge miraculeuse : «Les religieux de Sainct Jerosme de Dole estant uenus à Montroland, partie la ueille, partie le matin du uingt huitième septembre, une des belles aurores de toute l'année nous ouurant les portes d'Orient, nous partismes tous en procession le flambeau à la main, suiuis de quelques personnes des plus notables de Dole et de quelques bourgeois, qui s'estoient dérobez de la uille dez la ueille, et de quelques uillageois d'alentour.

» On s'arreste au bois destiné sur la frontière de la prouince, doù lon enuoye à Auxonne le sieur Daresche contregarde des monnoyes et juré en parlement de Dole, pour y uoir ce qui s'y passeroit et nous aduertir de leur sortie, laquelle fut retardée de quelques heures par la deuotion de la bourgeoisie et des religieux, qui demanderent la faueur de baiser la saincte Image et qui leur fut accordée.

» Sur les dix heures l'auertissement fut donné; on se dispose en bon ordre : l'Image sacrée paroit portée sur les épaules de deux Pères Capucins, le reste de la communauté suiuant, et accompagnée de monsieur le curé Vyard, tres honneste et tres obligeant pasteur, et de quelques autres ecclesiastiques, de monsieur du Bosquet, de madame du Plessis, de madame du Bosquet, de monsieur le lieutenant de la uille et d'autres officiers et bourgeois, iusqu'au nombre de deux ou trois cens, et de quantité de filles reuetües de blanc.

» Monsieur du Bosquet fendant la presse uint au Reuerend Pere prieur de Montroland reuestu en chappe et après l'auoir salüé luy dit qu'en suitte des ordres quil auoit du roy et de son altesse monsieur le prince de restituer l'Image miraculeuse de Nostre Dame, qui estoit en depost chez les Peres Capucins, il la luy remettoit en main en presence de tout le peuple; et comme il apperçeut monsieur le uice president Lullier, il sadressa aussi a luy avec les complimens ordinaires, et luy tint le mesme discours, témoignant quil auroit uolontiers poursuiuy ce petit uoyage de deuotion iusqu'à Montroland, si sa charge ne l'eut obligé à ne point sortir de la frontiere du royaume.

» Cependant le Reuerend Pere gardien des Capucins s'estant auancé uers le Reuerend Pere prieur de Montroland et l'ayant salüé, le pria d'agréer que les religieux de son couuent portassent la saincte Image iusqu'à la montagne et chapelle de son repos, et que là il luy fut permis de prescher.

» On luy accorda tres uolontiers la seconde demande, mais non pas la première, de sorte que le dit Reuerend Pere prieur ayant reparty que c'estoit la raison de partager cette agreable peine. Deux religieux Benedictins reuestus de riches tuniques reçurent sur leurs épaules la saincte Image, qui alors parut changer de uisage et deuenir toute riante et plus belle qu'auparauant, comme il fut remarqué par quantité de personnes des plus considerables et des iudicieuses de la compagnie.

» Tout le peuple des deux costez s'estant mis à genoux le Reuerend Pere prieur encensant l'Image, entonna l'antienne *Salve Regina,* chant qui fut poursuiuy de toute la compagnie auec des sentimens bien diuers, quoyque la tristesse des uns qui perdoient la presence de ce precieux gage, et la ioye des autres qui le recouuroient, fussent des effets d'une mesme

12*

deuotion et d'un mesme amour enuers la Sacrée Vierge. Apres le *Salve*, toute la compagnie se leue; et puis le mesme Reuerend Pere ayant commencé *Te Deum laudamus* auec le chant ordinaire, on tourne uisage uers Montroland, les deux peuples se ioingnant sans desordre, ni desúnion.

» On eust dit que tous les uens auoient conspiré de ne faire aucune course pendant ce jour là, de crainte que la uenerable Image ne fust pas accompagnée de flambeaux allumez. Mais certes l'air estoit assez bien occupé de chants continuels, Hymnes et Pseaumes qu'on n'intermit nullement, et des soupirs de plusieurs de la compagnie iusqu'à la saincte montagne.

» La procession y estant arriuée, on reposa l'Image sur l'autel qui auoit esté preparé au pied de la crois distante de la chapelle et du monastere de quarante pas, doù lon uoit cette uille egalement forte et fidelle et dont les bourgeois n'attendoient que l'ouuerture des portes, pour uenir en foule salüer leur *Palladium* sans attendre la solennite toute entiere du lendemain.

» Là donc on depouille l'Image des habillements quelle portoit de la pauureté des quels il estoit aise de uoir qu'elle uenoit de pays etrange, ou elle auoit demeuré chez de bons amis uoirement, mais qui font gloire de mendicité. On la pare richement de robbes et de uoiles nouueaux; au lieu d'une couronne de fleurs d'hyuer qu'elle portoit on luy en pose une belle d'argent, et apres quelques chants et prieres le Reuerend Pere prieur en donne la benediction sur la uille de Dole.

» Cela fait on la porte dans son eglise; on la place dans un beau throsne qu'on luy auoit eleué sur le maistre autel; les religieux du monastere chantent la saincte messe solennellement; le Reuerend Pere gardien faict sa predication. Et si la rejouissance de ceux du comté fut grande, certes les messieurs et surtout le sexe deuot d'Auxonne ne témoigna pas de petits ressentiments de tristesse par les larmes qui furent uersées sur cette separation.

» Il ne fut pas moyen d'empescher quantité de bourgeois de Dole de se rendre à Montroland dez ce jour là mesme, la defence de sortir de la uille estant leuée depuis le midy; la plus part neantmoins se reseruerent pour le lendemain, que la procession generale s'y deuoit faire.

» Sur les huict heures du soir les Reuerends Peres Benedictins, pour donner un signal de ioye a tous les lieux circonuoisins, mirent le feu a un uieux et grand orme, dont ils auoient meslé les branches de sarmens secs. Et le feu en fut apperceu facilement iusqu'au delà de Dijon. D'autre part on commanda dans Dole sur cette mesme heure qu'on publioit le rapportement de l'Image par la uoix des canons, qui firent retentir toutes les collines d'alentour auec des redoublemens d'aise dans tout le peuple.

» Le lendemain matin le son de la principale cloche de l'eglise collegiale ayant reueillé la uille, et donné le signal de la procession generale, on la uint ordonner sur les sept heures dans la mesme eglise; messieurs les chanoines s'y portant d'une affection et deuotion entiere; messieurs de la cour, et le magistrat de la uille auec les religieux en corps, le peuple, et une troupe de plus de cent honnestes filles reuestües de blanc remplirent tout ce grand uaisseau, et sortirent en fort bel ordre, auec des chants et des prieres conformes au sujet.

» L'eglise de Montroland n'estoit pas capable de la moitie de ce peuple. C'est pourquoy une partie ayant salüe la saincte Vierge deuant son Image sacrée, sortit pour donner sa place aux suiuans. Neantmoins les plus honorables de la uille s'y arrestèrent, quoyque bien a l'estroit. Messieurs du parlement et du magistrat auec les chantres enuironnerent l'autel. La saincte messe fut chantée en musique auec toute la solennité possible. Un des nostres fit a l'offertoire un petit discours sur le rapportement de la saincte Image. A la fin de la messe plusieurs receurent le grand Sacrement d'actions de graces, en reconnoissance du bienfaict de cette agreable et tant desirée reueue. Et on ne cessa point tout ce matin de celebrer à tous les autels, et d'offrir des flambeaux de cire blanche.

» Il estoit merueilleux de uoir les sentimens de ce bon peuple par ses douces larmes, et par l'attachement de ses regards sur cette saincte et miraculeuse Figure. On employa deux ou trois heures à la donner à baiser; et quelque ordre qu'on taschast d'y apporter, la presse et la foule fut si grande, que peu s'en fallut qu'on ne la mist en piece entre les mains du Reuerend Pere prieur, qui uoulut prendre ce sainct contentement en la donnant, et honorer la Vierge par les deuots respects de tout le peuple.

» Le lendemain, auquel s'estoient reseruez ceux et celles qui de necessité auoient gardé le logis, l'eglise ne manqua pas d'estre frequentée, néantmoins auec incommodité: le ciel qui dez longtemps s'estoit rendu fauorable a tout ce pieux dessein, retournant dans ses inconstances d'autonne, et faisant succeder les uens et les pluyes de ses demy-iours à la serenité des beaux soleils qui auoient precedé. »

Voici l'extrait du cérémonial de l'anniversaire du 28 septembre:

« *Festum relationis Imaginis B. Virginis ex Auxonio.*—*Officium fit duplex tertii ordinis,* 2^ne^ *classis. Officium fit sicut in festo a primes lectiones secundi nocturni sumantur de secundo nocturno e. diei octavæ nativitatis B. M. Virginis. Sermo sci*

Cirilli Alexandrini Hilare Vider. Dicitur Credo in missa ad Hymnos horarum dicitur Gloria tibi domine, Qui natus est in 2dis Vesp. qui envr'o de S. Michaele. »

Nous croyons devoir réimprimer ici une pièce de vers composée à l'occasion de la translation de Notre-Dame par Sulpicien Gody. Elle est précieuse à plus d'un titre et ne manque pas d'une certaine poésie.

INVITATION

AUX VILLES DU COMTÉ.

Vieille, belle grande cité,
Besançon, Rome du comté,
Baisse tes sourcilleuses cimes,
Et des uœux et uoix immolant,
Reuere les grandeurs sublimes
De la reine de Montroland.

Et toy noble mere des arts,
Sejour de Themis et de Mars,
Forte et religieuse Dole,
Senat, qui n'as point de pareil,
Regarde l'adorable Pole
De ton mystérieux soleil.

Salins, qui n'aimes rien de tel,
Que de changer en or le sel
Par une chimie plausible,
Que seruira ton double fort?
Ta Libératrice inuincible
Ne craint ni le dol ni l'effort.

Ville d'un ample tribunal,
Berceau de ce grand cardinal
Qui présida sur la Sicile,
Ornans, soupire icy tes uœux,
Où se uoit un meilleur azile,
Que tu n'es point aux mal-heureux.

Quingey, d'agreable sejour,
Petite uille de contour,
Où le mal, où le bien se plaide,
Voy dans ta désolation
Montroland pour auoir de l'aide
Après les maux de Gassion.

Petite place, bon terroir
Des plus heureux qu'on puisse uoir,
Vesoul, uille delicieuse,
Il uaut mieux auoir de l'accès
A la Vierge uictorieuse,
Que de gagner mille procès.

Gray, munie de toutes parts
De bastions et de ramparts,
Tu sçais pourtant que sans Marie,
Ta Saône est des moindres ruisseaux,
Un sifflet ton artillerie,
Et tes bouleuards des roseaux.

Beaume, c'est assez soupirer
Les maux qu'on t'a faict endurer,
Essuye maintenant tes larmes,
Recoy la Justice et la Paix
Par celle qui change les armes
Aux oliues de ses bien-faicts.

Montmorot, et Lons-le-Saunier,
Qui dans cet orage dernier
Auez partagé la fortune,
Venez ensemble et prenez part
A cette allégresse commune
Que Nostre Dame nous départ.

Pontarlier, i'ay pitié de toy,
Voyant comme un prince sans loy
Et sans foy t'a desfigurée:
Cependant te uoila soudain
En lustre et beauté reparée,
La Vierge te prestant la main.

Restes de Poligny si beaux
Quoy que semblables aux tombeaux,
Vous changerez pleins d'allegresse
Vos baraques en bastimens,
Quand l'amour de cette princesse
En iettera les fondemens.

Petite uille qui n'as point
De pareille, le uerre au poingt,
Dont le bois tortu faict la gloire,
Arbois, ton breuuage n'est rien,
Si, comme nous, tu ne uiens boire
A la fontaine de tout bien.

Orgelet, ie t'inuite aussi
D'auoir tes yeux et ton soucy
Sur nostre immortelle princesse :
Si les flammes t'ont deuoré,
Basti, chante, loüe sans cesse
Le retour d'un âge doré.

Luxeux, dont on prise les bains,
Mais encore bien plus les saincts,
Lieu redeuable à Charlemagne,
Offriras-tu pas quelque uœu
Dessus l'autel de la montagne
Où uit le nom de son neueu?

Sainct-Claude, lieu d'antiquité
Et d'illustre celebrité,
Les thresors, l'honneur et la race
Sont des chimeres seulement,
Si la saincte Mere de grace
Ne les fonde solidement.

Ville où le Pain mysterieux
Se fit un thrône glorieux
Dans une deuorante flamme,
Fauerney, sejour excellent,
Par le nom d'une mesme Dame
Fraternise auec Montroland.

Marnay, Pesmes, l'Isle, Jussey,
Clairual, Gy, Villersucé,
Bletterans, Nozeroy, Jouuelle,
La Vierge, en ce fortuné jour,
Vous faict annoncer pour nouuelle
Vostre paix auec son retour.

Champlite, Saint-Amour, Beauuoir,
Villafans, uenez receuoir
Cette nouuelle triomphante :
Chasteaux, bourgs, uillages, prenez
Vostre part de la paix naissante,
Parmy uos trauaux couronnez.

La guerre n'aura plus de lieu
Si vous ne la faictes à Dieu :
Et pour en auoir l'asseurance,
Efforcez-vous d'entretenir
L'amour de l'Arche d'alliance
Que nous auons faict reuenir.

Donnez l'encens de uos souspirs
A celle par qui uos desirs
Forceront toute resistance :
Vous ne craindrez ni fers ni feux,
Quand les eaux de la penitence
Lui feront agréer uos uœux.

Et si iamais le Tout-Puissant
Releue son bras punissant,
Souuenez-uous de uostre azile
Où sans doute l'humble recours
Ne sera iamais inutile
Ni priue d'un heureux secours.

Il paraît que, dans les premiers mois de l'année 1650, la Notre-Dame de Montroland avait été apportée dans les murs de la cité fidèle et héroïque. Nous en trouvons la preuve dans une délibération du conseil que nous allons transcrire en entier ; elle est du 3 mai.

« M. le mayeur a fait sauoir que l'Image de Notre Dame de Montroland estant en l'église des R. P. Benedictins de cette uille ils se disposoient à la remporter à Montroland. Que MM. d'eglise auroient résolu de la reconduire en procession jusqu'a Montroland et demandoient si MM. de la uille y assisteroient en corps. Si on inuiteroit le peuple à y uenir et suiure la procession. Si on feroit quelque chose pour les frais de MM. d'eglise et de MM. de uille. Il a été resolu que comme cette procession étoit extraordinaire et que MM. d'eglise la faisoient par deuotion particuliere, la uille n'en supporteroit aucun frais. Que l'on feroit sauoir que la procession partiroit demain 4 du mois a 6 heures et demie du matin, inuitant le peuple de sy trouuer auec deuotion et les filles uêtues de blanc. »

CHAPITRE XXIX.

MIRACLES. — ÉVÉNEMENTS EXTRAORDINAIRES.

« Quoiqu'on n'ait jamais douté que l'Image de Montroland ne fût miraculeuse, dit Dom Gody, neantmoins pour oster le soupçon de legerete à croire, et pour authoriser ces merueilles par le moyen que donne le Concile de Trente, pour les asseurer dans la creance des peuples, les faire tenir pour urays miracles et les publier comme tels, nous jugeames quil en falloit donner aduis a monseigneur l'illustrissime Archeueque de Besançon et le supplier que ce fust son bon plaisir de deputer quelqu'un pour en informer dans les uoyes et les procedures accoustumées. »

L'archevêque donna cette commission au Révérend Père Marc le Doux, correcteur au couvent des Minimes de Dole. Ce Père reçut quantité de dépositions dont il envoya copie à l'illustre prélat.

Dom le Doux ayant vérifié sept ou huit miracles et reçu les dépositions et le serment des malades guéris, des médecins et des témoins, l'archevêque députa M. Millet, chanoine de l'insigne métropolitaine de Besançon, et procureur fiscal et général de sa cour archiépiscopale, et lui donna commission expresse de passer à Dole, à l'effet d'entendre de nouveau les témoins avec serment sur les faits miraculeux déjà examinés et sur tous autres qui se présenteraient. Il exécuta cette mission les 25e, 26e et 27e jours d'août 1650. C'est de ces procès-verbaux que sont tirés cinq miracles que nous rapporterons à leurs dates, car nous avons cru devoir suivre l'ordre chronologique dans la transcription de tous ceux dont nous avons trouvé les attestations aux archives du Jura.

Mais avant nous croyons devoir retracer « quelques merueilles faictes autrefois par Nostre Dame de Montroland dont la memoire et les marques sont restées jusques à present » et qui ont déjà été imprimées par le pieux Bénédictin :

« Il aduint il n'y a pas fort longtemps, qu'un soldat temeraire et libertin fit boire son cheual dans l'eaubenitier de pierre qui estoit a l'entrée de l'eglise : insolence que la Vierge punit sur le champ; car le cheual creua et mourut soudain. De quoy le soldat fut tellement touché, qu'après auoir faict les deuoirs de chrestien, que la componction et le regret d'une telle temerité peuuent inspirer en tel rencontre suiuant les mouuements de la grace, il fit faire sa statüe de pierre à genoux, portée sur quatre piliers en memoire de la merueille. Cette statüe se uoyoit encore auparauant les dernières guerres de ce temps icy : et le bassin de l'eaubenitier est celuy là mesme qui reste deuant la porte collaterale de l'eglise, du coste du cimetiere.

» Parmy la quantite de chaines attachées aux murailles de l'eglise se uoyoient les liens que trois honnestes marchands y auoient apportés, dont uoici l'histoire qui s'est passée dès enuiron quarante ans seulement, comme ie l'ay appris d'une personne fort religieuse et digne de foy. — Trois marchands uoyageans de compagnie furent arrestez par des uoleurs dans la forest qu'on appelle le bois des Clefs, assez pres de la uille de Pesmes et leur argent, marchandises, cheuaux, leur ayant esté pris, afin de leur oster le moyen de les recouurer par quelque diligence et secours des uoisins, ces uoleurs les attacherent auec de gros liens de cordes à trois arbres, tellement separez l'un de l'autre dans l'epaisseur de la forest, quils ne pouuoient nullement se uoir, ni se parler l'un à l'autre, et beaucoup moins s'entraider en cette extreme necessité. Enuiron quatre heures s'estant ainsi passées et nul secours humain ne paroissant, ils furent tous trois inspirez a mesme temps de se recommander a Nostre Dame de Montroland, et de luy demander qu'au moins apres la perte de leurs moyens, la uie et la liberté leur fussent conseruees par son assistance. Priere quils n'eurent pas plustot faicte qu'à l'instant leurs cordages se mirent en pieces; et tous trois de ce pas là, s'en allerent à l'eglise de Montroland, ou ils rendirent leurs uœux et leurs actions de grace a leur saincte liberatrice, raconterent la merueille aux religieux et pendirent leurs liens aux grands ballustres, ou ils se uoyoient encore auant ces desolations dernieres.

» Pareillement il se uoyoit une statüe de cire de la grosseur et grandeur d'un puissant corps humain, offerte par un honneste bourgeois de la ville de Salins, lequel ayant demeuré l'espace de treize ans tellement perclus et accablé de maladies, quil désesperait toute la science de la medecine. Et enfin s'estant adressé au commun refuge de Nostre Dame de Montroland il fut incontinent deliuré de toutes ses maladies et retably en sa premiere santé. Et luy mesme en action de graces apporta cette statüe de cire par la quelle il estoit representé.

» Le seigneur Christophle de Ric, marquis de Varambon, se uoyant priué de cette bénédiction du mariage, qui consiste à donner des enfans a l'Eglise catholique, pour continuer sa posterité et remplir le nombre des eleus, resolut de faire le uoyage de Montroland, luy, et madame Eleonore de Chabot sa femme, afin d'obtenir de cette Vierge feconde des heritiers et successeurs en leur tres illustre maison par quelque enfant. Ils se mirent en chemin et arriuez au prioré de Joühe, descendirent de carosse, et de là uindrent a pied jusqu'à l'eglise de Montroland, ou ayant faict et acheué leur deuotion le iour mesme de la Conception Immaculée de la saincte Vierge, ils donnerent cent ducatons pour la celebration d'une messe solennelle à tel jour par chasque année. Et leur uoyage et deuotion ne fut point depouruüe du bon succès quils en attendoient. Car l'année suyuante madame accoucha de messire Francois de Ryc marquis de Varambon; et en reconnoissance de cette faueur tant signalée, ils enuoyerent a Montroland un enfant d'argent.

» Le seigneur Ermenfroy baron d'Osselay auec madame sa femme se trouuant dans une pareille disgrace de sterilite et faute de lignée, uindrent à pied en habit deguisé jusqu'à Montroland, pour y trouuer du remede, comme les précédents auoient faict par l'entremise de la Vierge Mère. Et l'an reuolu ils retournerent et y apporterent leur enfant qui est madame la baronne de Ville, la presentant a cette puissante princesse, comme l'ayant reçüe de sa main et desirant de la conseruer sous sa fauorable tutelle et protection. »

Enfin, pour conclusion de ce chapitre, le pieux Bénédictin raconte l'aventure suivante :

« Jacques Courtois laboureur de Champuans en l'an 1639 au mois de januier ayant esté fait prisonnier de guerre par les soldats de St-Jean de Lone il y fut mené et mis dans une tour auec un sien compagnon aussi laboureur et fit tant quil rompi la prison et sortirent tous deux, mais estant delà la Sone et ne pouuant repasser ils furent deux jours parmy les bois sans manger dans de grandes froidures, et enfin trouués par des peysans qui les cherchoient et son compagnon fut repris et tué, mais cetuy s'estant uoué a N. Dame de Montroland au cas qu'il eschapat de ce danger, et y ayant mis sa confiance il eschappa a force de courir, et uenant le soir au bor de la Sonne extremement foible, et esgalement pressé du froid et de la fain, il renouuela son ueux promettant de uenir a Montroland aux 4 principales festes de N. D. sy confesser et communier faire dire une messe, et recita son chapelet tout du long et puis se ietta dans la Sonne nayant iamais nagé sinon qu'estant petit enfant il auoit nagé sur des nasses dans des marest qui sont des petits amas d'eau, et neantmoins dans cest extreme foiblesse il passa ce grand fleuue qui est large et profont et arriua a la pointe du jour a la demye lune de la porte d'Aran de la uille de Dole, et sestant approché du corps de garde le caporal qui y commandoit estonné de le uoir luy porta un coup d'alebarde au milieu du uentre qui le deuoit percer d'outre en outre, mais la halebarde glissa sur sa chemisse glassée et ne l'offença point, si bien qu'estant recogneu il fut mis aupres du feu, et enfin consterné de tant de dangers, ceste presente année 1618 il est uenu rendre son ueu a Montroland. »

Ces trois récits sont écrits de la même main; ils sont aux archives. Transcrivons maintenant les miracles.

4 novembre 1636.

« § 1. Je Jean Humbert, conseiller ordinaire de monseigneur le prince de Condé premier prince du sang certifie a l'honneur de la tres saincte sacree et adorable Vierge qu'apres auoir esprouué toutes les receptes et les secrets de la medecine en uain et inutillement, je suis uenu en ce sainct lieu de Montroland, ou apres auoir este confesse et communié et imploré l'assistance de la saincte Vierge m'en suis retourné absolument guary, sans que depuis i'en aye resenty aucune attaque, en foy de quoy ie me suis soubsigne. A Montroland ce quatriesme nouembre mil six cent trente quatre.

HUMBERT.

1er août 1648.

» §2. Une fame le nom de quelle ie tairai s'estant confessée a moy le 1 dimanche du mois d'août 1648. Sortant de la confession, et uoyant une autre fame uillageoise qui uenoit le long de l'eglise et estoit enceinte elle eu une pensée de iuger mal de cette fame (la quelle dailleurs estoit honeste fame et sans reproche), pensant en soy mesme de qui estoit enceinte, et la dessus estant allée a la communion elle ne peut aualer le St Sacrement le quel demeura a son gosier, et coe elle s'en retourna a sa maison passant aupres de l'eglise dud. Saupan, elle entra dedans et ayant fait sa deuotion, elle prit de leau beniste dans sa main quelle beu pour ayder a aualer le St Sacrement mais en uain, estant arriuée a sa maison elle prit de la despense, ou boire, a ceste mesme fin, mais elle nauança en rien. Elle se met a disner auec son mary bien estonnée d'un tel accident et quand elle mageoit, il luy sembloit que le St Sacrement descendoit un peu pour donner passage a la uiande mais il se retrouuoit tousiours a mesme lieu ce qui luy dura led jour du dimanche, le lundy suiuant et le mardy iusque a mydy, de quoy estant extremement estonnée et ne l'osant dire a personne, elle eut recours a la tres sacrée la priant de luy faire la grace de cognoistre la cause d'une telle nouuauté, et a cest effet elle se mit a genoux deuant une image de lad Vierge et de St Joseph et recitant trois fois le Pater et l'Ave Maria, au bout des quels elle se souuint de la pensée quelle auoit eu auant la communion, et en demanda pardon auec promesse de s'en uenir à Montroland se confesser et de déclarer le tout a son confesseur, et incontinent le St Sacrement descendit dans son estomach. Elle accomplit sa promesse se confessant a moy le jour de l'Assomption de la Vierge et me racontant le tout auec beaucoup de larmes et depuis hors de la confession en presence du R. P. D. Odilon Bebin superieur. itaque...

B. PLACIDE.

1er août 1649.

» § 3. La fame de Denys Gigue de Champuans, le mesme jour de l'assumption de la Vierge 1648 s'en uien rendre ses uœux a Montroland, et déclara qu'estant malade a l'extremité dans la uille de Dole, au temps du siege elle fut abandonnée de deux medecins, qui la traitoient comme proche de la mort, et se uoyant en cest extremité, elle fit ueu a N. Dame de Montroland que s'il luy plaisoit luy rendre la santé elle s'en uiendroit a son eglise feroit dire une messe et offriroit 2 cierges d'une demy liure et incontinent elle recouura l'apetit, et en peu de jours plaine santé, ce quelle a déclaree ledit jour que dessus ayant tardé a rendre son ueu a cause de labsence de limage miraculeuse de la Vierge.

17 septembre 1649.

» § 4. Auant que de uacquer à la reception des relations (1) et expositions uéridiques de ceux et celles qui ont este gueris miraculeusement par les merites et intercessions de la Vierge glorieuse, ie me suis transporté comme il estoit plus que raisonnable, en son sacré temple de Nostre Dame de Montroland, pour luy rendre mes tres humbles et tres respectueux debuoirs, ou appres auoir celebré le sainct sacrifice de la messe sur l'autel ou repose son image miraculeuse, ie la contemplay de tout pres, et la baisay bien deuottement, et auec grandissime joye et contentement. Quelques iours apprès ie commencay à entendre ceux et celles qui se presenterent pour deposer ueritablement, et auec serment, comme ils auoyent receu la sante, ou quelque autre benefice miraculeux

(1) C'est Dom le Doux qui parle; nous avons copié les authentiques. Nous aurions craint d'en altérer la couleur gracieuse.

par l'inuocation de la Vierge Marie selon les depositions suiuantes.

» Celle qui à receu la premiere grace de la Mere de Dieu merite de tenir le premier rang et ce dautant plus quil semble que Nostre Dame ayt uoulu recompanser la peyne et le soing qu'auoit eu celuy qui auoit trauaillé auec un grandissime zele pour le recouurement de son image miraculeuse de Montroland en guerissant sa femme des incommoditez dont elle estoit attaincte, desquelles elle fut guerie ainsy que ie le uay racompter fidellement.

» Le quinzieme iour de decembre de la presente année mil six cent quarante neuf estant en la maison de monsieur d'Aresche clerc juré en la cour souueraine du parlement damoiselle Jeanne Viton sa femme originaire de la uille de Dole, aagée de trente quattre ans, à presté serment entre noz mains, en presence du Reuerend Pere Claude Clement religieux prebstre, et profez de l'ordre de S. Benoist et frere Toussainct Bepois frere clerc et profez pareillement dudict ordre demeurand au college de Sainct Hierosme de Dole, et frere Benoist Freschot religieux profez de l'ordre des Peres Minimes demeurant aussy en leur couuent de Dole tesmoings requis : a depose ce qui sensuit, scauoir que le dixneufuiesme de septembre de lan mil six cent quarante neuf s'estant treuuée malade dune fiebure continue tres uiolente dont l'accez dura uingt quattre heures ou enuiron, à la suasion, et deuottion de son mary, elle se recommanda tres particulierement à Nostre Dame de Montroland ayant une ferme confiance à la Mere de Dieu, et croyant que par son intercession, elle impetreroit la santé comme d'effect elle la recouura sur les cinq ou six heures du soir le iour suiuant, car la fiebure la quitta entierement et fut guerrie.

» § 5. De plus elle at attestée auec ledit sieur d'Aresche son mary que quelque peu de temps appres luy estant arriué une durté et enfleure en la mamelle gauche accompagnée de beaucoup de douleur, et de fiebure, se souuenant qu'elle auoit desia receu tout freschement une singuliere faueur de la Vierge glorieuse, elle eut recours à elle pour la seconde fois, et la pria auec feruente instance de l'assister encore en ceste incommodité ou il faut remarquer que pour lord son mary estoit occupe au uoyage pour le recouurement de limage miraculeuse de Nostre Dame de Montroland, le propre jour qu'on la rapporta en son ancienne esglise qui feut le vingt huictiesme de septembre de la presente année mil six cent quarante neuf, laquelle Sainete Image il accompagna auec beaucoup de piet · et de deuotion, iusques aupres de la croix qui est sur le Montroland, ou il receut auec un indicible contentement la coronne que la sacrée

Vierge pourtoit lors sur son chef, laquelle luy fut donnée par les Reuerendz Peres Benedictins dudict Montroland. Il sen retourna ioyeux à la uille auec un si riche thresor, et pretieuse relique, et estant entré en sa maison il treuua sa femme malade de fiebure et de durté, et enfleure de mamelle. Il luy fit uoir la coronne qu'on luy auoit donnée, laquelle aussy tost que ladicte demoiselle eut appliquée elle mesme sur la partie malade et douloureuse, priant, et inuoquant de bon cœur Nostre Dame de Montroland de luy estre fauorable et de l'assister, aussy tost elle prit courage et sen alla à la procession de la uille auec les autres damoiselles, iusques à l'esglise de Nostre Dame de Montroland, ou elle fit ses prieres auec grande ferueur, puis sen retourna en sa maison ou estant arriuée elle fut guerie entierement le mesme iour de la fiebure, de ses douleurs et de son enfleure, et durté de mamelle.

» La presente deposition a este leue mot à mot auxdictz sieur et damoiselle d'Aresche lesquelz ont attesté par serment entre noz mains, et par le seing manuel le conteuu en icelle estre ueritable en présence des tesmoingts soubsignez (1).

» Je ne dis rien, continue Dom Gody après avoir

(1) Suivent les signatures et les certifications. Nous les omettrons afin d'abréger pour ce miracle et les suivants.

relaté ce miracle, d'une autre femme qui dez longtemps ne pouuoit nourrir ses enfans faute de laict, et qui estant uenue a l'eglise de la sacrée Vierge, après l'auoir affectueusement suppliée de luy en donner s'en retourna si parfaitement exaucée que le lait trop abondant luy couloit, et mouilloit tout le sein parmy les chemins.

» Je ne ueux point m'arreter sur ce que la fille de maitre Antoine Pion qui tient hostellerie deuant l'eglise, mariée à Champuans estant extremement malade de ces maux de sein tres difficile a guerir, sa mère luy ayant rapporté quelques merueilles operées par la saincte Vierge leur bonne uoisine, et l'ayant exhortée d'aller prendre un peu d'huile de la lampe qui brusloit deuant l'Image pour en frotter son sein obeit aux conseils et après auoir demandé à la sacrée Vierge sa guerison, et s'etre frottée de cette huile fut parfaitement guerie : ce que messieurs les medecins jugerent sans contredit pour miraculeux.

16 decembre 1649.

» § 6. Le seiziesme iour du present mois de decembre mil six cent quarante neuf estant accompagné du Reuerend Pere Claude Clement religieux prebstre de l'ordre de sainct Benoist et de frere Toussainct Bepois aussy religieux clerc demeurant au college de Sainct Hierosme de Dole, et de frere Benoist Freschot religieux Minime mon compagnon iay esté en labbaye des dames et religieuses dictes de Nostre Dame d'Ounans de l'ordre de Citeaux, estably en la uille de Dole pour apprendre de madame l'abesse sil estoit uray qu'elle eust esté guerie miraculeusement, d'un bruit et bourdonnement quelle auoit aux deux oreilles des plusieurs annees, par l'inuocation et intercession de Nostre Dame de Montroland mais comme ladicte Reuerende mere abesse estoit allictée des un mois dune fiebure quarte et ne pouuoit uenir à la treille du parloir pour nous declarer de bouche la grace et la guerison qu'elle auoit receue par les merites de la Vierge Marie Mere de Dieu, elle nous en a faict donner l'attestation cy joincte signée de sa main et des principales religieuses dudict monastere :

» Je sœur Anne de Crecy abesse du monastere Nostre Dame d'Ounans de l'ordre de Citeaux estably en la uille de Dole declare et certifie qu'estant affligee despuis enuiron trente ans d'un bourdonnement doreilles qui m'incommodoit iour et nuict, arriua que la nuict du troisieme au quattriesme iour que Nostre Dame de Montroland fut rapportée en son ancienne esglise, je ressenty plus qu'a l'ordinaire la susdicte incommodité. Il me uint en mesme temps en sentiment de l'inuoquer pour auoir soulagement, ce que je fis, et me treuuay à l'instant guarantie sans que du despuis jen aye eu aucun ressentiment ce que je certifie en foy de quoy je me suis soubsignée ce uingtroisiesme octobre mil six cent quarante neuf.

23 octobre 1649.

» § 7. Au mesme temps mesme jour mesme mois mesme année estant au parloir et a la grille nous fismes appeller une autre religieuse dudict ordre de Citeaux appellée sœur Barbe Baret de la mesme uille de Dole jeune fille et sœur conuerse audict monastere pour recepuoir aussy ses depositions et certifier de la santé quelle auoit recouurée par l'intercession de la Vierge glorieuse. s'estant recommandée à Nostre Dame de Montroland ce quelle fit de bouche en nostre presence et des tesmoins soubsignez et nous le donnant encor par escript signé de la Reuerende mere abesse et autres religieuses dudict monastere, elle ne scachant signer mais l'ayant asseuré la main sur la poitrine ladicte relation estre ueritable.

» Je sœur Anne de Crecy abesse du monastere Nostre Dame d'Ounans de l'ordre de Citeaux estably en la uille de Dole atteste que sœur Barbe Baret dudict Dole sœur conuerse en nostre dict monastere par quelque accident s'offensa la matrice en telle sorte quelle demeura unze jours auec de notables incommoditez, et au poinct d'estre toute sa uie inhabile aux fonctions de sa condition de sœur conuerse d'autant qu'elle ne pouuoit leuer les bras sans tomber en défaillance, estant contraincte par la uiolence du mal de demeurer au lict, pendant lequel temps l'on usa de diuers remedes, ce qui ne luy apportoit aucun soulagement mais plustot sembloit augmenter le mal ce qui la tenoit en grand ennuict: Le neufuiesme jour de son accident elle print confiance que Nostre Dame de Montroland la gueriroit, si elle auoit quelque linge qui leut touchée, deux jours appres qui fut le mardy onziesme octobre mil six cent quarante neuf l'on luy en apporta un duquel elle se ceignit autour du corps auec grande foy et confiance, elle pria pour sa guerison; aussy tost elle tomba en grande sueur, et sentit un tournement dans son uentre comme dune boule, dans un quart d'heure elle leue les bras et sescrie je suis guerie, tost appres elle se descouche, sen ua a l'esglise rendre grace à Dieu, puis se remet à son trauail ordinaire sans du despuis en auoir ressenty aucune incommodite: ce que je certifie estre uray, en foy de quoy ie me suis soubsignée auec plusieurs de mes filles religieuses qui en attestent comme moy ce uingtroisiesme octobre mil six cent quarante neuf.

17 decembre 1649.

» § 8. Le 17 decembre 1649 nous auons esté en

la maison de François Largeot habitant de Dole uigneron de profession ayant appris qu'un de ses filz auoit esté guery miraculeusement par Nostre Dame de Montroland le pere de l'enfant ne s'estant treuué au logis nous auons parle a la mere la quelle nous a declare comme il auoit recouuert la guerison qui fut de la sorte.

» Nicolas Largeot aagé de huict ans et demy estant tombe d'un soulier en bas fut grandement interesse de sa chute en sorte qu'il en chargea une fiebure fort uiolente et continue. et appres quelques jours se treuua blessé au costes du costé gauche dont il deuint bossu en la poitrine et au dos auec perte de la respiration et quoy que les chirurgiens y fissent tous leurs remedes pour remettre lesdictes costes neantmoins il ne laissoit pas que d'estre tousiour fort incommodé ce que uoyant les parentz ils eurent recours à la Vierge Marie et se recommanderent auec grande deuottion a Nostre Dame de Montroland luy uoüant leur enfant et appres trois mois quil estoit malade le pere le porta entre ses bras jusques à l'esglise de Nostre Dame de Montroland. Le lendemain que la saincte Image de la Mere de Dieu fut rapportee ou il luy offrit un cierge et luy rendit ses uœux auec des prieres tres feruentes pour la santé de son filz, ses deuottions ne furent uaines car en sen retournant son filz commenca de respirer librement et marcher une partie du chemin jusques à la uille sans qu'auparauant il eut peu faire un seul pas, et despuis lenfleure de la bosse diminuoit de jour a autre jusqua ce quelle fut entierement guerie et disparue sur son corps. et maintenant mesme il est aussy droit quil fut jamais se porte bien respire bien et nat aucune incommodité ce que nous pouuons attester estre uray parce que nous lauons ueu despouille layant faict uenir en nostre presence pour en scauoir la uerité la mere diceluy Nicolas Largeot a dict ne scauoir escripre.

17 decembre 1649.

» § 9. Le 17 decembre 1649 estant allé en la maison de monsieur Monnin procureur à Dole pour scauoir la uerité de la guerison et parfaicte santé de mademoiselle Claudine Patornay de Salins uefue de fut monsieur de Romprey elle nous en a faict le recit de bouche et nous la donné par escript signé de sa propre main de la maniere que sensuit layant attestée et prestée serment en noz mains en presence des tesmoings soubsignez.

» Je soubsignée Claudine Patornay uefue du fut sieur de Romprey declare qu'ayant este incommodée de diuerses maladies, sçauoir de fiebures, de fluxion par lespace d'enuiron sept mois, la defluxion s'estant jettée sur le sein auroit obligé les medecins à faire donner diuers coups de lancette et y faire faire ouuerture, auec la pierre de costic, neantmoins appres auoir trauaille à faire sortir l'humeur qui s'estoit jette sur ladicte partie, et fermer lesdictes ouuertures n'auroyent peu empescher qu'il n'y resta trois ouuertures qui suppuroyent, et m'obligeoyent a y mettre des tentes, et y entretenir un emplastre : or comme on rapporta d'Auxonne l'image miraculeuse de Nostre Dame de Montroland, j'heu croyance ferme que jobtiendrois la guerison de mes dictes incommoditez si ie me uoüois à ladicte Nostre Dame tellement que deux jours appres le rapport de ladicte image ie commencey une neufuiesme, au cinquiesme jour de la quelle pendant la saincte messe je senty une grande douleur au sein, et lieux desdictes ouuertures qui me contraignit m'asseoir, ladicte douleur dura un peu de temps appres que j'heu faict la saincte communion, et uoulant mettre la main sur mon mal ie ne treuuay ny emplastre, ny tente, mais les trous entierement fermez et la peau ferme et remise dessus comme si jamais il ny eut eu de playe et sans que despuis ils se soyent ouuerts ny que jen aye ressenty aucune douleur ny retreuue les tentes ny lemplastre mestant ueue que je sentois une main les arracher qui me causoit la douleur qui me fit asseoir. En foy de quoy i'ay cy mis mon seing manuel ce uingt deuxiesme octobre mil six cent quarante neuf(1).

(1) Nous avons vivement regretté de ne pouvoir, à cause

22 decembre 1649.

» § 10. Le R. Pere le Doux correcteur au couuent des Pères Minimes estant en la maison de monseigneur le president du parlement le 22 decembre 1649 damoiselle Claudine Mathey de la uille de Dole aagée de quarante ans ou enuiron femme du sieur Estienne Perret, marchand en ladicte uille de Dole à certifié en la presence des tesmoings soubsignez, questant incommodée d'une defluxion sur le genoux gauche qui lui causoit la fiebure et de grandissimes douleurs mesme lobligeoit de demeurer au lict ne scachant a cause de la uiolence du mal ou se mettre ce qui a duré par lespace de deux mois et quoy quelle y eut appliquée quelques amplastres et choses refrigerantes neantmoins cela ne la soulageoit point jusques a tems quelle se recommanda deuostement a Nostre Dame de Montroland et quelle fit uœu dy aller et faire dire messe en l'eglise se confesser et communier comme depuis elle fit y allant auec un petit baston nonobstant la rigueur du froid ayant au prealable auec grand confiance aux merites de la Vierge Marie Mere de Dieu applique en la maison de monsieur d'Aresche sur la partie malade la couronne le uoile et la robe que Nostre Dame de Mont-

de la longueur, imprimer l'attestation des médecins Caseau et Vuillet qui ont traité la dame de Romprey.

roland portoit sur elle lorsquelle fut rapportée en son ancienne esglise. Elle a attesté de plus que lorsquelle sen alla a Nostre Dame de Montroland en sortant du bois les linges qui tenoyent serrez le genoux incommodé se delioyent continuellement en sorte quelle fut contraincte de les oster, et quoiquelle fut fort foible et quelle eust demeurée pendant sa maladie sans se pouuoir mettre a genoux neantmoins lorsquelle fut a Nostre Dame de Montroland elle y demeura deux a trois heures sans se lasser appres auoir appliquée un linge qui auoit touché l'image de Nostre Dame, et enfin y ayant esté jusques a la troisiesme fois elle se treuua parfaictement guerie y laissant son baston ny ayant du despuis ressenty aucune douleur ny empeschement de marcher. Croyant qua raison de ceste incommodite elle ne pourroit jamais marcher droit et toutefois maintenant elle marche librement et sans difficultée.

27 aoust 1650.

§ 11. Le miracle que nous allons raconter se fit l'année 1650. Voici la déposition de la supérieure et des religieuses du monastère où il arriva :

« Nous Anne Francoise de Pra superieure des religieuses de la Visitation de Nostre Dame de Dole, sœur Marie Francoise Marlet infirmiere, et sœur Jeanne Augustine de Valimbert, Marie Beatrice de

Grammont, Marie Elisabeth Magnin, Marie Catherine Henry, toutes quatre conseilleres de la ditte maison religieuse, après auoir inuoqué le nom de Dieu, et celuy de la glorieuse Vierge Marie, et presté serment la main sur la poistrine, asseurons en uerite que sœur Marie Claude Maillot fut incommodée successiuement et a diuerses fois de grandes debilitez de tout le corps, lesquelles luy ayant duré quelque temps, lui rendoient la santé comme éclairs. Toutefois sur les deux derniers jours de juin elle fut contrainte de s'alicter auec de grandes foiblesses, accès de fièures et conuulsions fréquentes auec crainte de perdre l'esprit. Car elle se trouuoit si mal en son esprit, quelle rèuoit et ne sauoit pas ce quelle disoit : et sembloit estre reduite a sa derniere heure. De plus des douleurs de teste, d'estomach et d'articulations, qui la rendoient tellement debile, quelle n'auoit pas la force de se remuer et aider. Les remedes des medecins n'ayant pas le succes qu'ils se promettoient, mais plustost la maladie s'augmentoit contre toute aide, jusqu'à ce qu'enuiron les quatrieme ou cinquieme de juillet, la mere de la ditte religieuse malade fit uœu d'une neuuaine à Nostre Dame de Montroland; et cinq ou six jours apres, la ditte religieuse malade en uoüa aussi un autre auec la licence de sa superieure; d'ou arriua qu'a la fin de la neuuaine de sa mere et au milieu de la sienne, apres auoir aualé de l'huile de la lampe qui éclairoit deuant l'Image miraculeuse de la Mere de Dieu, elle se trouua tellement bien guerie, quelle ne s'est iamais ressentye des maux quelle ressentoit auparauant sa guerison si soudaine, contre la pensee et croyance de nous autres et de tous ceux qui l'auoient ueüe. Dont nous auons remercié Dieu et glorifié la Saincte Vierge Mere de Dieu par l'assistance de laquelle nous croyons par dessus toutes forces naturelles sa santé a esté rendüe a nostre ditte religieuse. Cest ce que nous asseurons et déclarons à l'honneur de Dieu et gloire de sa saincte Mere, à la protection de laquelle nous nous recommandons incessamment. Dole ce 27 aoust 1650. »

Signé de toutes les religieuses ci-dessus nommées, avec un beau témoignage de monsieur le professeur Caseau, que j'ai cru devoir insérer en ce lieu, pour une plus grande évidence du miracle :

« Venerandam religiosam sororem Mariam Claudiam Maillot variis à liene succo atro oppleto, fervore venæ cavæ, et arteriæ dorsalis, et uteri consentientis affectibus frequentibus, convulsionibus fortibus omnis ferè speciei laborantem, cum recurrentibus ex insperato insultibus, doloribus, vigiliis, totius corporis imbecillitate afflictam, circa finem junii cum clarissimo antecessore Joanne l'Abbé, doctore medico, ego infrascriptus vidi, consideravi, et medelis juvare sum aggressus, non eo tamen cum fructu, quo sperabam. Circa primos quidem julii dies miratus sum eam convaluisse ex morbo cuius diuturnitas ex arte medica solet præsagiri; neque curatio ulla medica solet præstari sinè recursu symptomatum; et præsertim convulsionum ad reversionem facilium. Ea propter sanitatis restitutionem insperatam, præsentaneam, et fidam, sine reliquiis mali præcedentis naturæ non debere ascribi assero, sed naturæ Domino, et Deiparæ invocationi. Ad cuius assertionis veritatem, iuramento etiam prestito coram Domino, Domino Millet, canonico Metropolitano, et procuratore generali Archiepiscopali, propria manu præsens testimonium scripsi, et subsignavi die 27 augusti 1650. Signé Millet. Claudius Caseau, doctor medicus, professor regius Dolanus. »

C'est après la vérification de ces miracles que le vicaire général permit qu'ils fussent publiés pour tels, prêchés et mis en lumière par l'acte suivant:

1er novembre 1650.

« Vicarius generalis in spiritualibus, et temporalibus illus^mi ac Reverend^mi in Christo patris, ac D. D. Claudii d'Achey Dei, et S^tæ Sedis Apostolicæ gratia Archiepi Bisontiny, sacrique Romani imperii principis et notum facimus universis et singulis præsentes inspecturis, lecturis, et audituris, nos vidisse, legisse, et mature considerasse testium depositiones coram R[do] D. Joanne Mille insignis Ecclæ metrop[ne] canonico, priore commendatario priorat. de Cusance, et procuratore generali in diœcesi nrà Bisontina habitas circa gratias sanitatum a Deo opt. max. meritis, et intercessione Deiparæ Virginis Mariæ. (Cuius Icon. sancta in Ecclesia de Montroland piè, et religiose asservatur, et colitur) anno proximo elapso 1649, et anno currente 1650. R[da] Anna de Crecy quondam abbatissa monasterii B[tæ] Virginis dicti d'Ounans ordinis Cisterciensis in urbe Dolana erecti; devotæ sorori Barbaræ Baret eiusdem ordinis, et monasterii religiosæ laïcæ, piæ sorori Mariæ Claudiæ Mailla ordinis Beatæ Virginis sub titulo eius sanctissimæ visitacionis monasterii Dolani, Nicolao Larger Dolano, et de[llæ] Claudiæ Patornay salinensi concessas; quibus accessit testimonium clarissimorum huiusce nostræ diocesis archiaorum D. D. Sciline Lucæ Jannet, et Jannis G...net, nec non etiam D. Claudii Caseau regii in accademia Dolana medicinæ professionis, quibus omnibus liquido, legitimeque nobis constitui curationes a gravibus, imo desperatis quibus prædictæ personæ tenebantur morbis, artis secreta, naturæque vires superare, quas ut divinos cultus, et Christi fidelium devotio erga Deiparam Virginem in hacce nrà diocesi magis, ac magis augeatur permittimus palam et publice annuntiari et divinæ virtutis opera suprà omnem naturæ vim et mentis Beatæ Virginis Mariæ a Deo perpetratæ et ad perpetuam rei memoriam scripto, tabulisque consignari posse: In quorum omnibus fidem præsentibus manu propria subscripsimus. Sigillumque cameræ illus[mi] ac R[dmi] D. D. archiepiscopi nostri Bisuntini apposuimus, Bisuntii die prima novembris anno D[ni] millesimo sexcentesimo quinquagesimo.

Marcus de VALIMBERT,
Vic. Ge.

(Sceau.) Per dictum R[dum]
Daum et pro secrio,
PERRIN.

» § 12. Le 7 januier 1650, continue le Père le Doux, estant en la maison du sieur Pierre Romette marchand de Dole sa femme Jeannette Geruais et Chrestienne Geruais sa cousine ont deposé par serment entre nos mains que Seruois Romette son filz aagé seulement de seize mois estant tombé malade d'une grande defluxion sur lœul droict qui le menassoit de luy faire perdre la ueüe de cest œul la la rigueur du mal dura huict jours et sy fit une aposteme et comme il estoit si jeune les parents ne le mirent pas entre les mains des chirurgiens a cause quil n'auroit peu soustenir les emplastres ny les remedes sa marrene Chrestienne Geruais le tenant entre les bras aupres du feu et sa mere estant tout proche uoüerent l'enfant à Nostre Dame de Montroland et aussy tost quilz leurent faict laposteme creua en un instant et en fut guery comme il est encore parfaictement layant ueu en bonne santé, les parentz en recongnoissance de la faueur quils auoyent receue de la Vierge Marie porterent le lendemain lenfant à lesglise de Montroland pour luy rendre graces de la santé quil auoit receu par ses merites et son intercession faisant dire messe en son honneur et offrant un cierge deuant son Image ce que la mere et la marraine ont asseuré estre ueritable en presence des tesmoins soubsignez le jour mois et an que dessus.

» § 13. Le 8 januier 1650 estant en la maison de dame Ursule Bartette pour m'informer de la maladie et guerison de dame Jeanne Lullier m'a dit la uerité elle mesme selon la deposition suiuante scauoir que cinq sepmaines durant elle fut atteinte d'une grandissime douleur par toute la teste comme si elle y eut eu des espines ou des (*illisible*) il semble que cestoit une espece de migraine continue la quelle luy causoit un grand desgoust et lempeschoit de manger, et comme elle nen pouuoit plus a cause de la uiolence du mal une de ses amyes de la uille luy dit de se recommander a Nostre Dame de Montroland et quelle sen treuueroit bien et recouureroit la santé par ce que sa fille religieuse de lordre de Sainct Bernard ayant eu recours a la Vierge glorieuse auoit esté guerie et en estant miraculeusement par ses merites et son intercession. Elle la dessus se recommanda bien deuottement a Nostre Dame de Montroland ayant grande foy et confiance quelle lassisteroit luy promettant si elle recouuroit la santé par sa faueur de len aller remercier en son esglise, lors elle eut desia de lalegement en sa maladie mais elle ne fut pas encor entierement guerie jusques a quelques jours appres qu'estant allée a l'esglise pour entendre messe elle se treuua si foible de jambe quelle trembloit et ne pouuoit marcher et estant a l'esglise elle eut plus de douleur et d'incommodité que d'ordinaire et fallu appres quelle eut ouy messe qu'une femme la ramenat en sa maison ou elle fut contraincte de se mettre au lict, frere Hierosme religieux de l'ordre de St Benoist luy dit dauoir confiance a Nostre Dame de Montroland et quelle la gueriroit et que luy mesme auoit esté guery d'une mesme maladie par son intercession la dessus elle luy donna pour faire dire une messe a son intention deuant l'Image miraculeuse de Nostre Dame de Montroland et le pria de luy faire toucher un morceau de taffetas a ladicte Image pour mettre sur sa teste. La ueille elle dict a sa cousine jespere que demain je seray guerie et me porteray bien, ce qui fut ueritable car le lendemain ayant appliqué sur son chef le taffetas il luy uint soudainement une grande chaleur et sueur par tout le uisage et la teste et immediatement appres se treuua sans aucune douleur et parfaictement guerie nayant eu de despuis aucune douleur ny incommodité de teste ce quelle a tesmoigne estre uray es presence des tesmoings soubsignez la lecture de la presente deposition luy en ayant esté faicte les jours mois et an que dessus.

» § 14. Jean Sanson de Dole dit ce qui s'ensuit: Veut que le 10 d'aoust 1650 sa femme nommée Claudine Girardot, deliurant d'un enfant, les pieds uiendrent deuant et le reste du corps suiuy iusqu'a la teste qui demeura dedans le uentre de la mere pendant quoy l'enfant se debattoit et ce par l'espace d'enuiron dune demie heure, ce qui luy fit perdre les forces et uint au monde sans aucun signe de uie. alors on eust recours a l'assistance de la Ste Vierge, et reclama en n^re^ Dame de Montroland, apres quoy la teste sorty apres le reste, et demeura l'enfant mort apres sa sortie enuiron deux heures que les assistants continuoient a implorer l'assistance de N^re^ Dame de Montroland qui les exauca, a la fin uie fut rendüe a l'enfant qui Dieu graces se porte tres bien iceux ayant uoüe de faire dire une messe. Ce que dessus m'a esté declare par le pere de l'enfant et dame Bernardine Girard de Gy sage femme juree de la uille de Dole, au soubsigne religieux Benedictin de Montroland et sont preste lesds tesmoings requis ce que dessus par leur serment. Fait au college St Hierosme a Dole le 20 may 1650. D. Alexis le Clerc el. Bened. a Montroland.

29 au. 1650.

» § 15. Ce jourdhuy 29 auril de l'an 1650 sest presente par deuant moy soubsigne religieux de Montroland Charlotte Lyon originaire de Gray femme du sr Alphere Renaud, et a dit quelle auoit este detenüe dune fieure continue lespace de trois mois accompagnee d'un flux de sang qui luy a duré l'espace de trois mois sans discontinuation nonobstant les remedes humains qu'on y a apporte, et lad. delle Charlotte s'appercenant ne receuoir d'allegement demanda licence au sr son mary de faire uœux a Notre Dame de Montroland et uisiter son eglise dud. Montroland neuf sambedy au cas qu'il pleust a Dieu luy rendre la sante et atteste lad. delle que sitost quelle eust fait son uœux elle se trouua quitte de la fieure continüe dont elle estoit detenüe et de susd. flux de sang, n'ayant uoulu deslors user d'aucun remede humain bien que l'on fut en deliberation de luy en appliquer ayant dit quelle n'en auoit plus de besoin a ceux qui la traistoient lesquelz loüerent Dieu et la

Ste Vierge d'une si subite guerison. fait au college de St Hierosme de Dole le 29 auril 1650. Present f. Toussainct Belpois, fr. Alexis le Clerc. BB. de Montroland.

28 août 1650.

» § 16. Ego infra scriptus, fidem facio me, ante novem menses. Paulo post reducem, almæ Christi matris Iconem, Auxona, montem Rolandinum, in ædibus meis vidisse, Joannam Cheuraux uxorem Petri Piard, vici de Sampan comitatus Burgundiæ, lactantem. Cui avulsa erat, ex integro papilla mammæ sinistræ cum fœdo ulcere profundo cancro non absimili, papillamque alterius uberis graviter vulneratam a puero, in denticinio, ob gravissimos dolores quasi convulsiones patiente. Quæ mulier rustica eadem die qua me invisit, medica præsidia exposcens, montem Rolandinum reversa, divinioris auræ afflata instinctu. E lampade ante deiparæ Virginis Iconem in eiusdem Virginis Sacrario lucente, aliquid olei eduxit, quo utramque mammam illinens in integrum ablata papilla, derepente restituta absque ullo alio præsidio (ut ipsa mihi retulit quod testor et vidi post mensem circiter puero que lactanti innocue et absque dolore obtulit) quod ultra humanum et non nisi deiparæ Virginis singulari privilegio, immo non sine miraculo perfectum, adstantibus reverendis patribus cœnobii eiusdem montis Rolandini, attonitus prononciavi. Ita subscribo Dolæ 28 augusti 1650.

» JOANNES LABBE doctor et professor regius medicus. »

Sans date.

§ 17. Le château de Parthey, distant de la ville de Dole d'environ une lieue, commença, en 1651, le onzième jour de mai, d'être inquiété d'un esprit. Voici l'attestation de ce fait :

« Je soussigné ayant este inuite du R^d Pere prieur des R^ds Peres Benedictins de Montroland de donner par escript ce que scauoit touchant sa deliurance miraculeuse d'un mauuais esprit lequel inquietant le chasteau de Parthey toutes les nuicts et enfin esté chassé le mesme jour quil auoit presenté lestaux (1) de sad. maison a n^tre Dame de Montroland par son pouuoir.

» Depose a la plus grande gloire de Dieu et de la Ste Vierge apres l'auoir inuoqué soubs protestation deuant eux d'en dire la uerité pure en tant qu'honneur il l'a peut dire,

» Que le jour de la St Jean Baptiste unziesme de may fut le premier jour au rapport d'une de ses do-

(1) C'était une bougie dont la longueur pouvait embrasser l'enceinte de la maison.

mestiques que le premier bruit arriua comme d'un homme marchant pesamment le long d'une sale, le soubsigné estant a Dole a raison de la presence de S. Ex^{ce} qui y estoit uenüe (le gouverneur).

» Que le lendemain en la chambre de sa femme nuittamment bien close led. Esprit frappe trois grands coups en trois differents lieux de la chambre scauoir contre une armoire, un buffet, et une table, et apres au mesme instant fit aussy de grand bruict en bas. Et que comme il estoit mort aud. chasteau un jardinier enuiron six sepmaines ou plus auparauant on creût estre luy et fit on dire des messes et prier pour luy.

» Quelques jours apres led. soubsigné informé du tout estant repassé aud. Partey auec tout son mesnage ne uoulant croire ce qu'on luy en disoit. Ains l'attribuant a quelques causes naturelles chasts, foins ou autres animaux, mesme peut estre a quelqu'un de la maison, mit tous les soings possibles a clorre les portes estoupper et condamner toutes ouuertures, jusques aux uitres cassées, crainte des hiboux et autres accidens que la nature pouuoit former a faire bruit.

» Que sur la minuit il oüyt en la sale uoisine un bruit extraordinaire comme d'une personne qui saulteroit a grand pas dont chaque marche retentissoit d'un bruit plus grand que qui frapperoit de toute sa force auec un baston sur le plancher. Ce quoy led. soubsigné criat. Que demande tu? Que ueux tu? On fera prier Dieu pour toy prononceant les noms de Jesus et de Marie. Autant en dit le s^r la Chappelle directeur de son fils couché en la mesme sale. Surquoy on ouyt fermer la porte de lad. sale. Et au mesme instant led. soubsigné sa femme et tous les domestiques entendirent frapper en bas et crier allarme dans un pouesle. Lagilité fut si grande de lesprit qu'on neust peü prononcer un mot des le bruit de la closture de lad. porte jusques aux coups ou bruit quil fit en bas.

» Le lendemain led. soubsigné enuoya prier le R^d Pere prieur ou soubs prieur des Carmes de luy enuoyer des religieux ce quil fit. Comme aussi priat le s^r Laisnier curé dud. lieu d'y assister auec lesd. religieux pour ensemble conjurer lesprit et prier Dieu pour les trepasses. Ce quils firent tous le jour suiuant rebenissant toute la maison, mettant des croix benistes sur toutes les fenestres et ouuertures de la maison, disposant papier, ancre crucifix.

» La nuict suiuant il y eut deux allarmes en bas. Le premier on n'en fit pas grand estat. mais le matin un jeune lacquais estant couché seul en bas se mit a crier allarme au secours pere Felician on me bat. Plus d'un miserere durant auant que led. pere et le sieur curé y peussent accourir, on entendoit frapper des coups sourds mais on n'en pouuoit juger. Sur quoy led. lacquais asseurat et porfiat (*sic*) et l'at tousiours ainsy juré qu'on l'auoit battu des les genoux en bas comme auec grands coups de baston ce luy sembloit; et cependant n'en ressentoit ny ressentit depuis aucune douleur.

» Led. R[d] Pere et led. sieur curé y coucherent encore le lendemain et renouuellerent toutes leurs prières et conjurations, et ne se souuient pas bien quel bruit fit lesprit. Bien est il uray quil en fit, comme le pourroient deposer lesd. sieurs. Led. esprit fut en bas a la cuisine et bransla le lit, ou estoit couché trois grands ualets leur tirat la couuerte. Comme il fit aussi aux filles qui estoient couchées au poüesle et a souuent faict le mesme.

» Une autre fois led. s[r] curé et le s[r] Dom Monnin a la requisition et prières dud. soubsigné y furent asperger de leau grégorienne et firent conjuration et prieres et ouyrent a ce quils disent et pourront deposer tousiours les tintamares de lesprit. Lequel fuyoit les prestres et la chappelle ny ayant jamais faict bruit et ou il en y auoit, aussi ou il y auoit de la lumiere sinon deux fois quil estaignit une lampe et une autre fois une chandelle a la chambre des seruantes.

» Le R. Pere Tramu y a aussi couché et coniuré lesprit d'escrire ou faire quelque signal. Il hurta deux fois a la porte.

» Plusieurs autres fois led. s. curé y a faict des huiles conjurées parfumees papiers oraisons et tout ce que la ste Esglise ordonne a cet effect et at ce quil pourrat dire, tousiours ouy grand bruit.

» Le soubsigné l'at ouy seulement trois fois n'y ayant pas uoulu coucher dauantage, deux fois de grands coups extraordinaires, et une autre fois seulement hurter a sa porte. Il y a courrut auec chandelle pour uoir sil uerroit rien mais jamais n'y luy n'y autre n'at rien ueu.

» De jour aussi il n'at rien oüy mais bien une femme de chambre dit et asseure auoir ouy des coups et un jour on l'en aduertit a Dole. Que lon auoit ouy de jour donner un grand coup a la caue. Led. soubsigne y enuoya le sieur de la Chappelle uisiter les tonneaux crainte qu'un cercle rompu n'eust causé ce bruit, mais rien moins.

» Le Rd Pere prieur des Carmes aux prieres du soubsigné y enuoya encore deux religieux et Mre Dom Monnin et led. sieur curé y assisterent encore de leur grace a son inuitation et se partagerent en hault et en bas et disent les deux denommés qu'estant montés en hault apres une heure de nuict pour uoir ce que faisoient les Peres. Aussitost lesprit frappa en bas de grands coups et qu'estant recourus en bas et coniuré lesprit il se teüt. et remontés de rechef en hault lesprit acheua sa carauane, qu'estoit de frapper toutes les nuicts lespace d'un demy miserere a differentes heures contre les tendües et apres de remüer lestaing, et tirer des couuertes ce quil a continué tousiours.

» Qu'un uiel jardinier couché a la cuisine et mesprisant le bruict et sa juppe qu'on luy tiroit souuent de dessus enfin quitta son lict parce quil asseura que l'esprit l'auoit battu sans que pourtant il en resenti les coups apres. Qu'un uigneron et sa famile couche et a tousiours couché dans le mesme chasteau, mais hors du corps de logis et encore un jardinier et sa famile, des faucheurs, des ouuriers qui n'osoient coucher a la maison entendirent et ont entendu toutes les nuicts led. bruit.

» Que led. sieur la Chappelle qui y at tousiours couché lorsque le mesnage dud. soubsigné (et plus souuent encore) estoit a Partey deposerat auoir tousiours ouy de grands bruits, mesme des coups a esbranler les murailles d'une grande espaisseur.

» Qu'enfin led. s^r^ curé arborat le St Sacrement uingt quatre heures sur l'autel de la chappelle et mit les reliques de St Anthoine sur la table de la cuisine ou lesprit auoit accoustumé de frapper. Il n'y frappa pas mais fict ouyr comme trainant la pele de la cuisine et plusieurs fois autour de la table, sur le paué de pierre donnat ses coups, remuat lestaing, et ne ménat point de bruit en hault. Et que led. jour que le

St Sacrement fut arboré apres la messe le soubsigné ayant escript et signé un uœu luy et sa femme daller au premier jour porter l'estaux de cire du tour de la maison a Nre Dame de Montroland. Et que sil luy plaisoit dans trois mois de les deliurer de cet esprit fut bon ou mauuais, qu'ils en presenteroient un tableau (1) a Nre Dame pour memoire de ses biens faicts. le donnerent aud. sr curé tenant le St Sacrement entre les mains.

» Qu'ils ont demeuré sept ou huict jours sans exécuter ce uœu, pendant quoy l'esprit reuenoit tousiours et croulat le lit d'une femme curieuse laquelle s'estoit uantée ne rien craindre. et quelle demanderoit a lesprit en particulier ce quil uouloit fut fort tourmentée sans toultefois en estre battüe.

» Que le soubsigné ayant pendant ce temps escript au Rd Pere Marmet a Salins le priant de passer a Dole et a Partey. Le jeudy troisiesme de ce mois. Led. Rd Pere. le sr curé le soubsigné et sa famille furent a Montroland pour presenter cet estau tous et auant qu'entrer a l'eglise le Rd Pere l'admonestat de ne point prendre le temps de trois mois quil auoit es-

(1) Fransquin (*Notes topographiques et historiques sur la ville de Dole, etc.*, p. 149) dit : J'ai vu, dans l'église de Montroland, un tableau qui représentait l'ancien manoir de Partey, avec cette inscription : *Parteum, partium est mea portio cede Satan.*

cript dans son uœu. mais de prier N^e Dame qu'au plustost quil luy plairoit elle le uoulusse deliurer, et luy suggerat encore de promettre trois messes a l'an reuolu ou pour trois ans sil le treuuoit a propos au mesme jour que l'on seroit deliuré a l'honneur du St Esprit, de N^re Dame et pour les trépassés.

» Led. R. Pere demeurat a Montroland jusques fort tard et le soir escriuit pour auoir son obedience au R^d Pere general lequel la luy enuoyat, et pendant ce temps la fut encore le lendemain a Montroland. Cependant on uient dud. Partey a la maison de Dole dire qu'on entendoit plus rien. Et y at heu conteste entre les domestiques les uns disant que deux jours auparauant on n'auoit rien ouy. mais la pluralite portoit que le jeudy matin jour qu'on offrit l'estau on auoit encore ouy du bruit. Et desalors jamais plus.

» Led. R^d Pere y passa assiste dud. cure le lendemain et trois jours de suite parlant auec une grande asseurance a tous les domestiques et aud. soubsigné et leur donnant parole qu'il n'y auoit plus desprit. quil n'en failloit plus attendre; quil n'en y auoit non plus que sur sa main, l'at reiteré plusieurs fois et que N^re Dame l'auoit chassé, auant mesme quil arriuasse aud. Partey, Quil le scauoit bien. pressé plusieurs fois du soubsigné comme il le scauoit respondit que sil y auoit encore esté quil s'eusse prins a luy et luy eusse fait affront et que ce ne seroit pas la premiere fois. pressé encore dauentage pour quelle raison il asseuroit tant la fuicte de lesprit. respondit. Et pour d'autres raisons que ie ne uous puis pas dire.

» Une autre fois pressé quelle deuotion il auoit faicte dit quil auoit uoüé trois messes trois ans durant et trois jeunes et trois francs d'ausmosnes, a faire entre le premier d'aoust et le quinziesme jour de l'assomption Nre Dame. Comme il eut couché deux jours aud. Parthey et uoulut sen uenir fut pressé par le soubsigné de demeurer encore un jour pour le remettre et sa femme en possession aux chambres et maison quils auoient esté contrainets d'abandonner se retirant la nuict a coucher a une chambre du grangeage hors du chasteau. Ce quil fit protestant tousiours quil ny auoit aucune necessite et quil n'y auoit ny auroit plus d'esprit.

» Voila la uerité de ce que scait le soubsigné et at ouy dire sur l'honneur quil doibt a Dieu et a la glorieuse Vierge auxquels soit gloire et honneur éternellement. Amen.

J. B. DU CHAMP.
Parthey.

26 juillet 1657.

» § 18. Ce 26 juillet 1657 Cristine Beau natisue

de Salins et demeurant à Poligny eagée de septante ans apres auoir estee confesser et communiee en cette eglise de Nostre Dame de Montroland a asseuré sur sa conscience et deuant Dieu ce que sen suit. Il y a enuiron trois ans que tout d'un coup et aussi lors quune certainne femme soubsonnee de sortilegé m'eust enuoyé son souffle et extremement froid au uisage je me trouua enflée et toute rouge comme sang par tout le corps auec des grandes douleurs et sans pouuoir casi me remuer, ce qui ma durée par lespace de deux ans et demy sans y pouuoir trouuer aucun remede aupres de plusieurs medecins qui y ont trauaillez ce que uoyant je me suis uouée à Nre Dame de Montroland et l'ayant priée de me donner les forces de la uenir honorer je me suis trouuée tout dun coup solargée par les bras et par les cuisses (que je ne pouuois plier en aucune facon) et en telle sorte que j'y suis desia reuenue par deux fois fort commodement et sans aucunes de ces douleurs qui ne sont plus retournées.

24 juillet 1658.

» § 19. Ce uingt quatriesme juillet mil six cent cinquante huit Leonarde Garnier uesue de George Marion de Vilers les Pots a expose et asseuré auec sermant en presence des soubsignés quil y a enuiron quatre mois quelle tomba mallade et demeura fort enflée par le corps qu'a penne pounoit elle passer par une porte ce qui luy continua enuiron deux mois sans que les medecins y peussent apporter aucun remede tellement que se uoyant hors de tous secours naturels et desespérée des medecins elle se uoua a Nostre Dame de Montroland et qu'aussitot elle se trouua grandement soulagée et en moins de quinze jours entierement guairie et aussi dispose de son corps qu'auparauant. faict a Montroland les jours et an que dessus deuant l'autel et l'Image miraculeuse de la Ste Vierge.

19 octobre 1664.

» § 20. Le Reuerend Pere prieur de Montroland aura un soing tres particulier de faire rediger par escrit et en presence de personnes dignes de foy qui signent auec les religieux tous les miracles quil plaira a Dieu operer en faueur de son peuple par les merittes de sa très saincte mere pour par ce moyen estre en quelque facon recognoissant de ses graces et obliger de plus en plus les fideles a son amour et seruice. Ce qui sentend non seulement pour l'aduenir mais mesme pour le passé, si desia par le soin et la diligence des superieurs on ne la faict, ainsy ordonné en l'acte de uisitte a Fauerney ce 19 octobre 1664.

Richard RICHARDET — A. de VAUTROMBOIS
uisiteur. — uisiteur.

30 mai 1669.

» § 21. Le trenticsme may mil six cent soixante neuf Francoise Bergier femme d'Emilland Pesgnotte demeurant a Cheuigney uigneron, estant accouchée d'une fille quelle nauoit point sentit dutout et y auoit un mois et nayant recougnu aulcune marque de uie dans led. enfant lors de sa naissance lesd. pere et mere conionctement auec la bonne femme et Nicole Granduaux et Marguerite Grauoisnier auroient eu recours a Nostre Dame de Montroland. Auquel lieu sond. pere auec plusieurs autres personnes de Cheuigny auroient porte led. enfant et faict leur priere a Dieu pour obtenir par intercession de la Ste Vierge quelques marques de uie dans led. enfant, afin quil put recepuoir la grace du st baptesme. pendant le quel temps led. enfant at jetté une goutte de sang par le nez ensuite de quoy les superieur, soubprieur et trois autres religieux soubsignez sestant transportes deuant le maistre hostel ont recougnus sensiblement et par plusieurs fois les mouuemens de lallere du costel gauche de la teste qui auoit asse de mouuement pour y recongnoistre uie suffisante pour le baptiser. Comme ils ont faict a linstant ensuite de quoy pour plus grande uerification et manifestation de la uerite susd. ils ont requis Pierre Madeux de Dole d'assister et de recongnoistre si led. enfant nauoit pas encore signe de uie. Lequel apres auoir apposé son doigt sur laltere gauche auant dite y at recongneu du mouuement par diuerses fois et lat declare tout hault en presence de plusieurs personnes et particulierement du s^r Pyon dud. Montroland et un moment apres ayant uoulu ressentir led. enfant a l'endroict susdit il ne sy est rancontré auleung mouuement de uie. En foy de quoy il sest soubsigne auec lesd. Reuerends Pere Henry de Fouchier superieur, C. Madeux. A. Cheuaux.

7 juillet 1669.

» § 22. Le septieme juillet 1669 au soir Claude Munie retournant de Bregil proche Besançon et s'estant embarquez auec 60 autres personnes tant hommes que femmes qu'enfants pour sen retourner a Besançon l'abarque sur la quelle ils estoient s'estant amplie d'eau elle enfonsat a causo de la multitude des personnes qui y estoient entres, en tel sorte que le dit Michel tombat au fond de leau et retenant son uent il se recommanda de cœur a Nostre Dame de Montroland et fit uœu de uisiter son eglise ce qu'ayant faict il receut aussitot des forces extraordinaires pour retorner a desus de l'eau ne sachant nager en aucune facon et par ce moyen il eschapat destre noyez. et il est uenen a Montroland le 12 du mesme mois pour y rendre son ueu et rendre grace a la Vierge de la uie quil luy a pleust luy conseruer : C'est ce quil asseure auec serment entre les mains de D. Seraphin Camus religieux Benedictin de Montroland. »

25 mars 1725.

§ 23. Relation authentique d'un fait merveilleux arrivé en la personne de demoiselle Marie-Anne Blanjean, par l'intercession de la glorieuse Vierge Marie qui repose dans l'église des RR. PP. Bénédictins du monastère de Montroland au comté de Bourgogne.

«L'an mil sept'cent uingt cinq, le uingt quatrième mars d[elle] Marie Anne Blanjean de Charnus, ses pere et mere originaires de Liége et demeurant présentement a Dijon ayant pris la résolution d'aller a Besançon par un motif de piété, pour y uoir le saint suaire de notre Sauueur au jour de feste de sa glorieuse resurrection, qui tomboit cette année le premier auril, et ses parens uoulans profiter de l'occasion d'un chariot, qui deuoit partir ledit jour, pour amener le trésor du roy en cette uille, prierent le sieur Claude Perrin trésorier du roy au département de Salins, citoyen de Besançon et commis principal de l'extraordinaire des guerres, etc., chargé de la dite uoiture, de uouloir bien permettre a leur enfant de trouuer une place sur ledit chariot si cela se pouuoit, ce que ledit sieur leur accorda uolontiers.

» Le uingt cinquieme suiuant jour du dimanche des rameaux, et de la feste de l'Annonciation de la bienheureuse Vierge Marie étans partis de la uille d'Auxonne, apres auoir entendus la sainte messe et étans arriués sur les onze heures du matin proche un uillage appelé Mounieres a un quart d'heure du monastere des RR. PP. Bénédictins de Montroland, ladite d[elle] ayant uoulu descendre precipitamment du deuant dudit chariot, sans auoir pris toutes les précautions quil auroit esté a souhaiter en cette occasion, elle se trouua tout a coup engagée sous les roues de ce pesant chariot, qui luy passerent dabord par le milieu du corps. Ledit sieur Perrin eut cependant assez de présence d'esprit pour lui crier dans le moment de se uouer a Notre Dame de Montroland, dont ils étoient si près, quils marchoient même sur ses terres, qu'elle assistoit ceux qui l'inuoquoient auec confiance et autres expressions semblables, qui lui uinrent en pensée dans un danger si éuident; ce qu'elle assure auoir entendu, n'ayant point perdu entierement la connoissance pendant ce tems. Tous les assistans néantmoins qui furent témoins occulaires d'une si triste auenture, saisis de frayeur ne pensoient plus qu'a prendre des mesures pour sa sépulture, et luy rendre les derniers deuoirs ne doutans point de sa mort.

» Le sieur Perrin étant descendu promptement

de cheual, et luy ayant fait donner quelques petits soulagemens, elle commenca de rapeller ses esprits a demy perdus, reuint a soy et trouua assez de force pour se transporter elle même a pied jusqu'au uillage de Monniere dans la maison de campagne de monsieur Perrenot fils du maitre en la chambre des comptes de la uille de Dole, ou il se trouua heureusement auec madame son epouse qui luy accorderent charitablement tous les secours qu'elle pouuoit attendre de leur grande piété en une si triste situation.

» Sur ces entrefaites on détacha une personne de la compagnie pour aller en diligence a Dole pour engager quelque habile chirurgien a se transporter en l'endroit ou etoit la malade, et luy apporter quelque remede, sil étoit possible. On s'adressa pour cela a M. Champagne chirurgien juré de ladite uille, qui y accourut, et reconnut auec etonnement le danger uisible où ladite d[elle] auoit été. Sa surprise augmenta encore dauantage, lorsquil la uit en etat d'entreprendre, et de faire a pied le chemin qui est depuis le uillage de Monniere jusqu'a Dole, sans luy auoir donné aucun soulagement, et le lendemain uingt six dudit mois, elle fit aisément le uoyage de Dole a Besançon à l'aide d'un cheual de monture qu'elle prit a ce sujet.

» Apres auoir meurement examiné toutes les circonstances d'une auenture si extraordinaire, qui ne sera persuadé que cette d^{elle} a été préseruée d'une mort éuidente et précipitée par le secours et l'inuocation de la glorieuse Vierge Marie, dont l'on conserue l'image miraculeuse depuis tant de siècles dans l'eglise des R^{ds} Peres Benedictins de Montroland, et qui y est reuerée de tous les fidèles, qui y accourent de toute part, comme a une puissante protectrice et a laquelle ladite d^{elle} se noüa elle meme dans le danger pressant ou elle se trouua?

» En effet pourroit-on s'imaginer qu'un des plus gros et lourds chariots attelé de trois cheuaux se rencontrant dans un grand chemin et sur un paué très inégal, ayant esté remplis de brocailles depuis peu par les ordres du roy, chargé de très grandes sommes d'or, d'argent et autres espèces pour la subsistance de ses troupes, aussi bien que de plusieurs autres effets fort considerables, que l'on fait monter a la pesanteur de plus de deux milliers, sans aucune exageration, ait pu passer par le milieu du corps d'une jeune d^{elle} fort delicate, agée seulement de uingt deux ans, sans en receuoir presque aucune atteinte dans le tems que presque toute la compagnie s'attendoit de la uoir separée en deux? Qui ne croira que cette puissante protectrice n'ait uoulu au jour de feste de son Annonciation fauoriser par un fait si éclatant cette personne, qui a lhonneur de porter le beau nom de Marie, en présence de beaucoup de personnes dignes de foy, même d'un détachement des troupes de la garnison de la uille d'Auxonne, commandé pour escorter ledit trésor jusqu'à la uille de Dole, et en particulier dudit sieur Perrin, qui a esté prié par le R[d] Pere Dom Marc Couché prieur dudit monastere de Montroland d'en faire dresser cette relation, quil a signé, aussi bien que ladite d[elle] a Besançon le uingt huit mars mil sept cent uingt cinq, laquelle en mémoire d'une faueur si signalée a fait faire un tableau représentant cette merueille.

PERRIN. Marie Anne BLANIAN.

Claude François PERRENOT.

» Je declare que ladite d[elle] est uenue chez moy trois heures apres l'accident sans ressentir aucune incomodité.

P. VUILLERMET.

» Je certifie et atteste auoir este appelé a Monniere le jour marqué dans la relation pour donner les soulagemens nécessaires à la dite Marie Blanjan la quelle se trouua n'en auoir besoin d'aucun, attribuant sa déliurance a Nostre Dame de Montroland ainsi quelle me l'a déclaré elle mesme en effet ie ne luy en donné aucun, en foy de quoy ie me signe.

C. F. CHAMPAGNE

chirurgien juré du baliage.

» Je soubsigne aiant este présant a lasidant sy desus marquee et aiant releué la discte damoiselle apres que le chariot uu passé sur son cors et aiant trouué desous son dos uune pierre grose comme la teste nostant sela Elle se trouua sans auoier aucun mal aiant inuoqué le secour de la sainte Vierge dans le tans quele fut tombée je lamenée moy mesme apres l'auoir releuée dans la meson la plus proche inuocant touiours la sainte Vierge Elle nut pandant besoien d'aucun secours des hommes car deus hures apres je ley amenee moy mesme a Dolle a piet marchant ausy bien que moy remerciant toujours la sainte Vierge de lauoier garantiee de la mort jey esté témoies occullere de tout ce quy set passe signe

» Barthellemy FURRIER dit la Bonte soldart inualide de la compagniee de monsieur Thaboud.

» Le sergent de la même compagnie appellé Blondel ne sachant pas signer et ayant éte témoin de tout le fait cy dessus rapporté, n'a pas laissé de vouloir prier une personne d'ecrire pour luy, qu'il confesse que c'est un miracle il s'est contenté ne sachant pas ecrire de faire une croix pour sa signature. »

M. l'abbé Martin, dans ses notes manuscrites, rapporte deux autres miracles qu'il a trouvés dans un ouvrage imprimé en 1624, et qui a pour titre : *An-*

nales Congregationum Beatissimæ Virginis Mariæ... Burdigalæ, p. 63. Il place le premier entre les années 1590 et 1592; le voici :

« Dolæ... jactabatur alius puer febri per aliquot menses, quæ ei videbatur mortem allatura. Venit in mentem votum dicandi se misericordiæ matri in ejus sodalitio, idque ipso die nuntiali autoris nostræ salutis; statimque mortis periculo et continuatione febris liberatus est. Neque Dei genitricis beneficium tacitum continebant parentes. In quartenam cum conversa esset vis morbi, recurrente die sacro invisenti Virgini Elisabetham, placuit matri memori ejus quod tertio ante mensi evenisset, puerum adducere in collegii sacellum confessioni faciendæ: fecit, et sanatus revertit. Remanserant tamen puero vires ita attenuatæ ut se movere vix posset, reliquiæ morbi; ideòque cogitavit religiosa mulier perfectricem eam fore mirandi operis quæ fuerat inceptrix. Ad montem Rolandini (nomen est templi ubi multa miracula, propter mœnia urbis) adducendum statuit. Igitur equo vectus ipsamque ingressus ædem scipione utrinque innixus; audito sacro (mirares, sed usitata benignitatis parenti) relictis scipionibus, ut monumentum essent beneficii, neque equum ultrà requirens, suis pedibus rediit domum, civitate cum divinis laudibus ad spectaculum accurrente. »

Voici le second fait mémorable arrivé à Montroland en 1603. Il est tiré du même livre, page 257:

« Alium gravissimus jampridem morbus lecto affixum et vehementer afflictum habebat. Hic fretus spe Deiparæ benignitatis, quam aliàs ex altà prolapsus arbore expertus fuerat, in ædem ipsi dicatam altero ab urbe milliari ægrè se confert : ubi coràm Virgine in genua lacrymasque effusus, non prius orandi finem dedit quam ægrotandi. »

CHAPITRE XXX.

1651—1678.

Le temps seul pouvait réparer les désastres que le comté de Bourgogne avait éprouvés. Le pays était sans commerce, sans argent; il était si malheureux, qu'en 1649 on avait été obligé de renouveler une ordonnance du mois de mars 1636 qui déclarait que toute prescription serait interrompue. Les fléaux qui avaient accablé la province sévissaient encore, et les habitants qui s'étaient expatriés ne regagnaient qu'en tremblant leurs foyers désolés.

Les Bénédictins avaient pris leur part de la douleur générale. Leur monastère de Montroland avait peine à sortir de ses ruines, et les constructions nouvelles, faute d'argent, n'avançaient pas. La situation transitoire que leur avait faite le parlement, en leur accordant les revenus du tiers, devait cesser. Un arrêt du 1er avril 1652, considérant que le partage de 1631 n'était que provisionnel, rétablit les prébendes et obligea les PP. Jésuites à restituer aux Bénédictins la sixième prébende qu'ils leur refusaient. Par cet arrêt, le parlement enjoignait encore aux prieurs de remettre en état tous les lieux réguliers, selon qu'ils en étaient tenus par le traité règlementaire de 1631.

Ils n'exécutèrent pas cette dernière partie de l'arrêt. Aussi, le 15 juillet 1653, nous voyons les Bénédictins exposer au parlement que, faute d'avoir fait faire les travaux qui étaient nécessaires, une partie du cloître de Jouhe était tombée et que le surplus des bâtiments n'était pas habitable. L'église même était en si mauvais état, qu'on n'y pouvait célébrer le service divin. A Montroland, l'une des voutes collatérales menaçait ruine, et cela mettait les Pères réformés dans l'impossibilité d'obéir aux ordres de leurs supérieurs qui leur commandaient d'aller résider dans ce prieuré. Malgré cette triste situation, il fallut bien obéir, et la prise de possession de Montroland eut lieu le 13 juin de l'année suivante.

Qui le croirait! à peine divisés, Jouhe et Montroland eurent des contestations ensemble. Le chapitre général tenu à Saint-Mihel en 1656, sur le rapport du R. P. abbé de Faverney et du R. P. Dom Rupert Cailler, président et visiteur de la congrégation, chargés d'examiner les différends élevés entre ces prieurés, dut les mettre d'accord: il décida que les supérieur et religieux de Montroland se contenteraient, pour remplacement, par eux prétendu, de fonds aliénés pendant la communion, d'une rente en capital de 1000 fr., avec tous les intérêts échus, créée sur la ville d'Arbois et cédée par les Pères Jésuites aux religieux de Jouhe et Montroland en paiement de leurs prébendes; 2° que chacune des maisons demeurerait en paisible jouissance des meubles à elle échus par le partage; 3° qu'une rente de 1200 fr. et tous les intérêts appartiendraient entièrement à Jouhe; 4° que, quant à la prébende due de toute ancienneté au gardien de Montroland, le supérieur et les religieux de ce prieuré jouiraient du tronc pour icelle et de tous les revenus de l'église; 5° que les supérieur et religieux de Jouhe seraient chargés des onze-vingts francs dus annuellement aux RR. PP. Jésuites pour la cense du tronc; 6° que Jouhe paierait les 600 fr. dus aux vénérables religieux de Baume pour les raisons portées au traité fait à l'occasion de l'introduction de la réforme.

Dans l'année 1657, Montroland vit s'accroître sa prospérité naissante d'une riche libéralité. Etienne Simonin, prieur commendataire du Mouterot-lez-Etrabonne, consentit à ce que ce prieuré fût, après sa mort, uni à Montroland. Nous traiterons tout ce qui a rapport à cette cession et au prieuré de Mouterot lui-même dans un chapitre séparé.

Postérieurement à 1657, mais peu après, sans que l'on puisse mieux préciser la date, Claude-François Lullier, président du parlement et fondateur du monastère de Saint-Servule de Morey, donna trois cents francs pour son anniversaire. Ce seigneur fut enterré du côté de l'épître dans le presbytère. Son tombeau était posé en avant sur deux colonnes de pierre de Sampans et en arrière sur deux pilastres de la même pierre. Il était représenté en entier à genoux, avec l'habit de président; derrière lui, son casque et son gantelet étaient posés sur un cube en façon de piédestal, sur lequel ses armes étaient gravées.

La richesse continuait d'affluer au monastère. Le 15 août 1658, Philippe-Louis Laborey, seigneur de Byarne-Mutigney, lieutenant général du roi au siége de Beaune, « prenant particulièrement égard à la deuotion qui se doit à la uénérable image de Notre-Dame de Montroland, » fonda six grand'messes pendant l'année, à diacre et sous-diacre, avec *Salve Regina*. On devait les dire dans l'octave des fêtes de

Notre Dame. De plus, il institua une grand'messe le jour de saint Philippe et saint Jacques et de saint Alexis. Pour rétribution, il donna huit soitures de pré, tant en la prairie de Saint-Vivant qu'en celle de Sampans.

Dans l'année 1659, les fondations se multiplièrent encore. Le 15 février, Jean Villemot de Fraisans fit cession de tous ses biens, sauf vingt écus à trois francs pièce, aux Bénédictins de Faverney, en considération de ce que frère Grégoire, son fils, y avait fait profession et pour être participant des prières et sacrifices des religieux, et à charge de donner au monastère de Montroland ou à celui où résiderait son fils, telle part et portion qu'ils trouveraient convenir, à condition encore de faire ses obsèques et de dire une messe annuelle pour le repos de son âme. Les religieux de Faverney cédèrent, le 7 septembre 1662, tout ce qu'ils pouvaient prétendre sur cette donation aux Pères de Montroland pour les aider à bâtir leur monastère.

Le 27 septembre, Marin Camus, de Dole, docteur en droit, conseiller, et Bonaventure Pétremand, son épouse, voulurent qu'une messe fût célébrée devant l'autel de Notre-Dame de Montroland tous les samedis, et, pour rétribution, donnèrent 500 fr. aux Bénédictins qui les employèrent dans leur bâtiment.

Le 23 novembre, Pierre Gadriot, d'Archelange, et

Jeanne Pascot, sa femme, « mus de dévotion envers saint Benoît, ceux de son ordre, où ledit Gadriot avait un fils, désirant prouver leur affection aux prieur et religieux de Montroland et afin que le culte soit mieux fait à l'avenir dans la chapelle et la sainte Image d'autant plus honorée, » donnèrent tous leurs biens aux réformés, ne se réservant que leur nourriture.

Enfin, le 4 décembre, Louis Boucleret, chanoine de l'église collégiale de Saint-Maurice de Salins, fonda dans l'église de Montroland une messe de *requiem* annuelle et une basse messe chaque semaine pour le repos de son âme, moyennant la somme de quarante pistoles et demie et de cinq cent soixante-huit francs deux gros. Ces sommes furent employées à achever le bâtiment.

Jusqu'à 1664 nous ne rencontrons aucun événement digne d'être raconté et nous ne trouvons que des fondations faites par des personnes appartenant aux villages voisins. Elles étaient de peu d'importance, mais aussi précieuses devant la Vierge que celles des plus nobles personnages.

Dans cette année 1664, les Pères de Montroland présentèrent requête à MM. du conseil de Dole afin d'avoir les droits, priviléges et immunités dont jouissaient les habitants de cette cité. Le conseil les leur accorda le 24 décembre, à condition « qu'ils ne pourroient acquérir ni tenir maison dans la uille, ni faire corps de religion séparée de ceulx du collége Sainct-Hiérosme dudit Dole, et sans qu'ils pussent étendre ladite réception à aucune autre maison de leur ordre. »

1668! date fatale pour notre Franche-Comté. Dole verra bientôt Louis XIV dans ses murs. Le 31 janvier, on publiait à son de trompe dans cette ville le péril imminent de la guerre et un ordre à tous les bourgeois de prendre l'épée; ils se hâtèrent d'obéir et quelques ecclésiastiques séculiers se joignirent à eux.

Mais ce n'était pas seulement aux armes que nos pieux ancêtres avaient recours. Ils demandaient au Ciel une protection qui, hélas! ne devait pas leur être accordée.

Le jour de la Purification, le chapitre ordonna que depuis vêpres du même jour le Saint-Sacrement de miracle (l'hostie de Faverney) serait exposé, qu'on le porterait en procession dans l'église des Pères Bénédictins, où l'on avait déjà transporté la Notre-Dame de Montroland, et dans l'église des Carmélites, où en était une autre également miraculeuse. Il enjoignit encore que le peuple fût exhorté à jeûner le vendredi et le samedi pour les besoins de la province. Tout fut inutile: Dieu avait marqué l'heure suprême; la France l'emporta.

Louis XIV, après avoir incliné son front vainqueur

devant le Saint-Sacrement de miracle, avait ordonné la démolition des fortifications de Dole et y avait laissé garnison. Le traité d'Aix-la-Chapelle, du 2 mai 1668, ayant rendu la Franche-Comté à l'Espagne, les troupes françaises durent se retirer. Elles le firent avec ordre et ne donnèrent aucun sujet de plainte.

La paix, hélas! de trop courte durée, était rendue à notre pays, mais elle ne régnait pas partout. L'esprit de procès soufflait toujours entre ces monastères voisins qui chaque jour offraient leurs hommages au Dieu de paix, à la Reine de la concorde.

En 1655, 1657, 1660, les traités entre les Pères Jésuites et les Bénédictins avaient succédé aux traités, les procès aux procès, soit à cause des réparations des bâtiments, soit pour le motif des prébendes; et cependant, le 12 décembre 1658, était intervenu à ce sujet un accord qui semblait devoir tout terminer. Les Pères Jésuites devaient demeurer quittes de ce que les Bénédictins prétendaient être à leur charge pour les réparations; en retour, les Bénédictins étaient déchargés de ce qu'ils pouvaient devoir pour le tronc et pour les oblations de l'église de Montroland; puis, comme compensation, les Jésuites faisaient remise aux Pères réformés de leurs droits seigneuriaux sur une terre provenant du sieur Murger, sise à Montroland, et généralement sur tous les meix et héritages qui se trouvaient situés à Montroland entre les jardins, vignes et cour des bâtiments neufs des Pères Bénédictins, d'un côté, et le chemin qui est au levant tirant à Jouhe, de l'autre.

Les Pères Jésuites essayèrent de trancher les difficultés renaissantes par un nouveau traité. Ils cédèrent aux religieux deux journaux de terre pour former un enclos, une toise de chemin pour y arriver, avec un chazal propre à loger un vigneron, et autres légers avantages, à charge par ceux-ci de pourvoir seuls et à perpétuité à toutes réparations et reconstructions des lieux réguliers, comme à l'entretien « des ornements de l'église et de la sacristie, nonobstant toutes orvales de peste, guerre, incendie, malice d'hommes, ruine entière ou en partie desdits bâtiments, sauf dans le corps du bâtiment de l'église de Jouhe, dans celui du clocher, dans la ramure, le béfroi et le toit de cette église. »

Cet accord, que l'on ne peut considérer comme absolu, puisqu'il n'y avait point de partage fait en justice, fut accepté, le 13 août 1671, par Dom Joachim Jacquard, sous-prieur, qui n'en vit pas toutes les graves conséquences. Il en ratifia tous les articles sans être avoué de la communauté ni de son supérieur immédiat, qui était absent en sa qualité de visiteur. Cependant ce traité si préjudiciable fut aussi ratifié par Dom Gérard Richardot, président des Bénédictins, qui se trouvait alors à Dole.

Il paraît que les Bénédictins étaient en but à des spoliations de diverse nature : nous en avons trouvé la preuve dans un curieux transumpt de Jobelot, official de la métropole de Besançon. Il relate un monitoire de Clément X contre ceux qui retiennent les *biens* ou *papiers* des religieux de Montroland.

Sur leur demande, la publication en fut ordonnée par l'official le 8 août 1672.

Les fondations continuèrent à enrichir Montroland. Le 23 mai 1672, Quentin Chaumont, docteur en droit, chanoine de l'église collégiale de Notre-Dame de Dole, fondait une basse messe de *requiem* à l'autel privilégié le lundi ou mercredi de la première semaine de chaque mois, et, pour rétribution, donnait 200 francs comtois.

Le 27 novembre 1673, Huguette Vienot, femme de Jean Perrenot, secrétaire de la ville de Dole et procureur au parlement, fondait aussi deux messes hautes, l'une dans la chapelle de Monnières la veille de la Toussaint, l'autre dans l'église de Montroland le jour de l'Assomption, et à la fin de chacune le *Libera* pour le repos de son âme et de celle de Jean Bruillard, et, pour rétribution, concédait deux journaux de terre à Saint-Vivant, touchant les RR. PP. de Montroland. Cette dotation n'eut pas tout son effet : une partie des biens cédés appartenait à Bruillard, qui la donna à la Visitation de Dole, où il avait une fille.

Bientôt notre Franche-Comté allait avoir un autre maître, d'autres destinées : Louis XIV avait résolu de nouveau d'en faire la conquête et l'avait envahie. Ce prince, par ses lettres patentes du 22 février, s'était montré très favorable à la réforme de Saint-Vannes et Saint-Hydulphe ; il avait donné attribution de juridiction à son grand conseil « de tous les proces et differents meus ou a mouuoir dans lesquels elle auroit intéret, ou dans lesquels elle seroit partie, concernant les abbayes, prieurés et bénéfices ou elle est ou seroit établie. »

Aussi les Pères de Montroland ne s'adressèrent pas en vain à sa protection. Du camp devant Dole, le 27 mai 1674, il accorda une sauvegarde pour le monastère de Montroland et pour les maisons situées à Courchapon, Mouterot et Monnières. « De par le roi S. M. defendit très expressement a tous chefs et officiers de ses trouppes, tant de cheual que de pied, francois et estrangers de loger ni souffrir qu'il soit loge aucun de ceux estant sous leurs charges dans le monastère... ni qu'il y soit pris, enlevé ou fourragé aucune chose, ny commis de desordre, a peine auxdits chefs et officiers de désobeissance et de repondre des torts et dommages soufferts et aux soldats de la uie. »

En conséquence de cette faveur, les Jésuites leur réclamèrent le tiers des frais de garde vivante ; mais, le 7 septembre, l'intendant de la province rendit un arrêt qui les en déchargeait.

Si le nouveau souverain leur était favorable, la Reine du Ciel ne leur accordait pas moins de faveurs temporelles par sa présence. Le 11 août 1675, Pierre Perrenot, avocat en parlement, pour exécuter le testament de sa mère, Huguette Vienot, leur céda tous les biens qui appartenaient à celle-ci sur le territoire de Montroland. L'année suivante, François-Ignace David, de Dole, docteur en médecine, comme ayant charge et au nom de M. Denis Rouget de Dole, demeurant au Grand-Noir, et de Gabrielle Carré, sa femme, fonda six messes basses à perpétuité en l'église de Montroland, et, pour rétribution, offrit aux Pères cent francs provenant de ses mandants. Le 4 septembre, messire Léonard Dusillet, familier en l'église collégiale de Dole, établit à perpétuité, pour le repos de « son ame et pour le soulagement des fideles qui sont détenus dans le purgatoire, au nombre desquels pourroient etre ses antécesseurs et ses plus proches parents, » à l'avenir, en l'église de Montroland, sept grand'messes aux sept principales fêtes de la Vierge, et le lendemain de chacune d'elles une basse messe pour les trépassés, et, pour rétribution, paya aux religieux quatre cent cinquante francs, monnaie du pays. Il avait déjà fondé, le 6 novembre, jour de saint Léonard, une grand'messe en l'honneur de ce saint et une procession jusqu'à la croix qui était sur *la Planche*, et, pour rétribution, avait compté cent écus blancs qui avaient été employés à faire des cloches.

A cette époque, Pion dit Chevaux, échevin à Montroland, avait été chargé d'établir la part contributive des impôts de cette commune. Il avait compris dans la répartition les maisons et clos des Bénédictins. Ceux-ci réclamèrent, et, le dernier jour d'août, M. de Chauvelin, intendant de Franche-Comté, rendit une sentence qui déclarait les maisons et clos des Pères non imposables, « parce que cetoit lieu d'eglise et ce surtout en suite des contrats des 2 fevrier 1651, 12 septembre 1671, portant qu'ils seroient exempts de toutes charges de la communaute de Montroland. » La contenance du clos fut alors fixée à huit journaux.

Remontons au 8 février de cette année, jour où un compromis fut signé entre les Bénédictins et les Jésuites à propos d'une contestation sur une fondation faite à Jouhe, et dans laquelle des arbitres furent choisis ; voici la cause du litige :

Le 7 mars 1634, Dom Benigne Baudoin, religieux profès du prieuré de Jouhe, que l'on voulait expulser en 1614 sous prétexte de quelques « uices et incapacites, » mais qui fut maintenu par arrêt du parlement, avait fondé une basse messe qui devait être célébrée à perpétuité, chaque samedi de l'année, à l'autel de Notre-Dame érigé en l'église du prieuré, et une autre basse messe annuelle au jour de son décès, ainsi qu'un *Libera*. Il avait affecté à cette fondation trois cents francs en capital, qu'il avait donnés en rente à des particuliers de Jouhe, et deux cents francs en argent comptant qu'il remit manuellement au R. P. Beldstein, recteur du collége de Dole. Pour la desserte de cette fondation, D. Baudoin passa pouvoir à ce R. P. et à ses successeurs de nommer tel prêtre qu'ils jugeraient capable et ce à perpétuité, le chargeant d'obtenir de l'ordinaire qu'une chapelle serait érigée à cet effet sous l'invocation de Notre-Dame.

Deux jours après la fondation, sur requête présentée à M. de Blavières, alors vicaire général, la chapelle fut érigée ; elle était avant ce rescrit exempte de sa juridiction : elle devint bénéfice ecclésiastique à titre perpétuel et y fut soumise.

Le Père Baudoin demanda alors le consentement de M. d'Achey, abbé commendataire de Baume. Ce prélat ratifia la fondation le 15 juillet 1634.

Les Pères Bénédictins résistèrent à l'exécution, prétendant que le fondateur avait agi contre le vœu de pauvreté ; qu'il avait usé de son épargne, qui, de droit, appartenait à ses confrères, sans permission de son supérieur, sans la participation et le consentement des religieux ses confrères, contre la disposition du droit ; érigeant en chapelle séculière une chapelle régulière, la soumettant à l'ordinaire et par ce moyen au révérendissime archevêque de Besançon, contre le privilége de leur indépendance; donnant au R. P. recteur, qui n'était pas de leur ordre, le droit de collation et la desserte, qui appartenait de droit aux religieux ses confrères dans leur église, à tel prêtre séculier qu'il plairait au recteur.

Un autre grief encore, c'est que D. Baudoin n'avait pu fonder la chapelle Notre-Dame, qui, depuis cinq cents ans, l'avait été par Béatrix de Bourgogne, et qu'en disposant de la somme affectée à la fondation, il faisait tort à l'abbé et aux religieux de Baume, qui avaient droit à ses dépouilles, et aux sous-prieur et religieux à qui elles avaient été cédées par le traité du 9 août 1628. Enfin la permission de M. d'Achey ne pouvait ratifier cette fondation, puisqu'il avait aliéné son droit.

Cette contestation avait commencé après la prise de possession du prieuré par les réformés. La discussion fut orageuse. Les Jésuites avaient nommé un prêtre, D. Pierre Chretin, qui, sous aucun prétexte, n'avait pu pénétrer à l'église de Jouhe, même appuyé sur l'ordre que l'archevêque de Besançon intima, le 4 août 1673, aux Pères réformés, de le mettre en possession.

Ceux-ci proposèrent alors de laisser subsister la fondation pourvu que le service en fût transféré hors de leur église et que les Pères Jésuites leur relâchassent, par forme d'échange et jusqu'à concurrence de la valeur, des biens à leur convenance.

Il parait que les Bénédictins n'étaient pas de très bonne foi dans leur résistance, car D. Chretin, dans sa requête à l'archevêque, alléguait que les Pères avaient si bien reconnu la validité de la fondation, que l'un d'eux l'avait remplie à son intention et à sa décharge.

D. Chretin obtint de l'archevêque de célébrer chaque samedi la messe à l'église paroissiale de Jouhe à l'intention du fondateur.

C'est dans cette situation que noble Antoine Malabrun, docteur en droit, et noble Elion-François Crouchetet, aussi docteur en droit, furent choisis pour arbitres, et noble Jean-Laurent Chappuis, avocat fiscal au siége de Dole, pour tiers-arbitre.

Il nous a été impossible de retrouver la sentence arbitrale, mais le différend s'est terminé en faveur des Jésuites, qui ont continué à nommer le desservant.

L'année 1677 fut marquée par deux fondations assez importantes. Le 3 août, [illegible]equa Jaquin de l'Isle, demeurant à Dole, veuve de Jean Carriere de Saint-Vivant, donna aux Pères de Montroland une rente en capital de cent cinquante francs comtois pour la célébration de dix messes par an, cinq pour le repos de son âme et cinq pour celui de l'âme de son époux.

Le 16 novembre, François Perrot, citoyen de Besançon et capitaine du château de Vaux, et demoiselle Louise Dorinet, sa femme, firent donation de tous leurs biens, situés sur le territoire de Sampans, Byarne, Saint-Vivant et Champvans, sous réserve de rentes, à charge par les religieux de Montroland de célébrer chaque année à perpétuité six grand'messes, plus une messe basse chaque mercredi de l'année pour le repos de leurs âmes.

La conquête des Français avait déjà commencé à causer quelques embarras aux Pères Jésuites. Le trésorier des salines de Salins avait fait refus de leur payer les vingt charges de sel et la rente de trente francs estevenants qui leur étaient légitimement dues. Le parlement ne sanctionna pas cette injuste résistance, et le 3 août un arrêt condamna le trésorier à payer cette redevance.

Le 17 septembre 1678, la vieille nationalité franc-comtoise expirait par le traité de Nimègue : pour nos prieurés comme pour le pays, une ère nouvelle allait s'ouvrir. Pour les prieurés elle n'a rien de bien remarquable, et, jusqu'à l'instant où ils sombreront dans la tempête révolutionnaire, nous en verrons les années n'être marquées que par des procès et des chicanes, au-dessus desquels plane la radieuse figure de Marie, toujours aussi vénérée et attirant sans cesse l'affluence des fidèles.

CHAPITRE XXXI.

1679—1699.

Le changement de domination ne ralentit pas le zèle des fidèles. Les pieux pèlerinages et les fondations continuèrent à Notre-Dame de Montroland. Le 26 juin 1680, demoiselle Lambelin, veuve de Gille Duloisy, citoyen de Besançon, fonda une bénédiction du Saint-Sacrement aux sept fêtes principales de Notre-Dame, et, pour rétribution, donna quatre pistoles.

L'année 1681 amena une contestation d'un nouveau genre entre le curé de Jouhe et les Bénédictins de ce lieu. Ils avaient coutume d'aller dire la messe à la chapelle d'Archelange; le curé voulut les en empêcher. Les Pères furent obligés de s'adresser à la justice pour maintenir leur droit, et le lieutenant général au bailliage de Dole leur donna gain de cause.

Les Pères Jésuites se virent contraints, en 1682, de faire respecter leurs droits seigneuriaux à Montroland. Un nommé Guillaume Pèse y avait vendu du vin, dans la maison des RR. PP. réformés, pendant les banvins. Etienne-Philippe Brock, châtelain de la justice de Jouhe, prononça contre lui, le 15 juin, une amende de soixante sous. Appel au bailliage fut émis par le condamné, mais il ne fut pas relevé de l'amende, bien qu'il eût trouvé un assez bon moyen : il soutenait avoir vendu le vin des religieux dans leur maison, et que ceux-ci ne faisant qu'un avec le prieur, n'étant pas de mainmorte, pouvaient vendre chez eux leurs vins sans être soumis au banvin.

L'année suivante, ce fut Chevaux qui leva l'étendard ; mais un arrêt du parlement le condamna à reconnaître les droits seigneuriaux du prieuré.

Jouhe participa aussi aux pieuses libéralités : il en était besoin, car les Bénédictins étaient pauvres. Claude-Françoise Basilaire fonda, par son testament de 1683, dans l'église du prieuré de Jouhe, cent quarante messes de *requiem*, et, pour rétribution, leur donna deux capitaux de rentes, l'un sur la communauté de Rigneville en Lorraine, de mille francs, l'autre sur un sieur Barbichon de Suaucourt.

Le 8 novembre, les Pères de Montroland, sur la sollicitation des maîtres tailleurs d'habits, confrères de la Purification Notre-Dame et de Saint-Homobon, leur accordèrent permission de faire les offices de leurs confrères dans la chapelle de Saint-Pierre et de Saint-Denis, dite de Crissey, qu'ils avaient dans l'église de Dole. Nous avons vu que depuis 1630 ils en étaient devenus possesseurs.

La sentence de M. de Chauvelin ne les avait pas délivrés des entreprises des habitants de Montroland. En 1684, une seule famille composait cette petite commune, et Pion, dit Chevaux, en était le chef et l'échevin. Il demanda aux Pères une pistole par an pour l'impôt de l'enclos, prétendant que, le 7 novembre 1654, l'intendant avait déclaré que les Bénédictins lui paieraient annuellement cette pistole d'or, ou, à défaut, seraient imposés pour les biens de roture situés dans l'enclos de Montroland. M. de Lafond, intendant de la province, conseilla aux religieux de lui donner, à titre de gratification, six livres par an.

Il paraît que ce Pion était un voisin très importun aux Révérends Pères, et surtout un homme fort entreprenant. Le prieur répondit à sa requête qu'il le sommait de lui faire restituer la valeur des meubles qu'il avait fait vendre par gagement à Saint-Vivant, et qu'alors il lui donnerait quelque chose pour l'aider à supporter la cote royale sans écrit et par charité.

Pion ne se tint pas pour battu. M. l'intendant fut saisi régulièrement de la contestation et rendit, le 5 février 1685, un jugement défendant aux habitants de Montroland d'imposer les enclos des Révérends Pères.

ils n'étaient pas ainsi troublés par les habitants de Dole, car le conseil leur accorda, le 19 décembre 1684, la continuation de tous les priviléges et immunités dont jouissaient les habitants.

Plusieurs fondations faites avant la réforme furent diminuées et d'autres entièrement éteintes en suite d'un règlement fait au chapitre général tenu à Mouthier-en-Derf, le 1er mai 1686. Cela eut lieu à la requête du Révérend Père Dom Rupert Javel, alors sous-prieur de Montroland. Il exposa que cette maison se trouvait chargée de plusieurs messes, tant hautes que basses, mal rétribuées, et il demanda qu'il plût au définitoire de vouloir les réduire. La conservation régla les anciennes fondations faites à Notre-Dame de Montroland : les grand'messes à quarante sous de France et les basses à 14 sous, conformément au règlement fait par l'archevêque de Besançon (1).

Ces fondations avaient enrichi le monastère de Montroland : aussi l'antique chapelle allait bientôt disparaître pour faire place à une église plus belle et digne de la sainte Notre-Dame qui devait l'habiter. Cependant, encore en 1687, les Pères Bénédictins s'occupaient de l'ornementation intérieure de l'ancien édifice. Dom Valerie Bertin et Dom Freschot,

(1) En suite de ce règlement, plusieurs fondations faites avant la réforme furent éteintes ; nous avons cependant cru devoir les rapporter dans l'intérêt historique.

prieur et procureur, firent, le 18 septembre, marché avec Jean-Philippe de la Seigne, de Dole, maître sculpteur, qui s'obligea à placer, à Pâques 1688, un retable et un tabernacle avec deux crédences, conformément au dessin et devis avoué et signé par lui « selon les règles et principes de l'art marqués dans le livre de Vignole. »

Le retable, haut de dix pieds et demi, de la longueur et étendue de neuf pieds neuf pouces, de la largeur et épaisseur de trois pieds huit pouces, sans y comprendre le fond de la fenêtre contre laquelle il s'appuierait, devait avoir des colonnes corinthiennes supportées par des piédestaux; chacune des colonnes, haute de six pieds huit pouces, la base et le chapiteau y compris, portait huit pouces de diamètre.

« L'on ajoutera, dit le marché que nous abrégerons considérablement, au trône de Notre Dame marqué dans le dessin, un support d'anges d'un délicat relief et qui aye autant de sortie quil en faut pour poser au-dessus l'image miraculeuse; l'ornement de la gloire y décrit sera disposé de cette façon que les habits de ladite image ne couurent pas l'ouurage. L'espace qu'est entre les colonnes et Notre Dame sera remply de coste et d'autre de deux figures en relief entier, l'une de saint Benoit et l'autre de saint Claude. Lesd. statues si on les met debout hautes de trois pieds et demy lesdites figures reuêtues des marques et caractères de leur dignité qu'est pour saint Benoist une mitre et une crosse tenues par un ange et pour saint Claude le pallium auec la double croix et un enfant a genoux. »

On choisit pour le cadre du devant d'autel et des crédences celui qui était marqué dans le devis du côté de l'épître — nous n'avons pas retrouvé ce devis — « de mesme que les fleurs du gradin le deuant d'autel sera en bas relief dans le quel sera représenté la fuitte en Egypte dans toute son espace et suiuant l'estampe qui en sera fournie au dit entrepreneur par les RR. PP. »

Les bas reliefs des crédences seront « deux beaux paniers à fleurs de même relief. L'on suiura l'ouurage pour le corps des crédances qui est du coste de l'éuangile dans le deuis. Le quadre qui enfermera le mistere qui y sera representé sera ouale dans l'un des quels a la droite sera une Anonciation de Nostre Dame, deux figures et dans l'autre la Visitation. L'on disposera tellement les crédences qu'en les faisant auancer en dedans le presbitere lon y trouue un espace plus grand que n'est celui ou elles sont a présent. Le cadre de l'ouale auec son couronnement seront riches.

» Le tabernacle aura dix colonnes trois de coté et d'autre de la porte, une a chaque extremité et une à chaque angle, toutes d'un ouurage tors, les deux tiers en haut chargés de petits feuillages à raisins et le tiers en bas canelé en serpentant afin que l'ouurage aye plus de rapport au retable. Entre lesquelles colonnes il y aura cinq niches a mettre des figures l'une faisant la porte, deux le retour et deux les ailes, seront hautes de quinze pouces larges de huit enfoncées de quatre une coquille dans leurs dessus, dans leurs angles un ornement conuenable et riche et dans leurs supports un ornement a proportion. Les statues auront l'hauteur de quatorze pouces, sur la porte l'on représentera une descente de croix en bas relief et dans les quatre niches les figures de saint Jean Baptiste, saint Joseph, saint Joachim et sainte Anne. Les chapiteaux des coulonnes auront les trois feuilles sans la tyche et il y aura de l'ornement et ouurage dans la frise et du moins des dentelets en la corniche. »

» Le couronnement sera composé de deux colonnes de chaque costé soutenant auec autant d'anges une couronne fermée dessous auec un bord de fleurons la quelle laissera a milieu un espace suffisant à mettre un pélican nourissant de son sang ses petits symbole de J. C. dans l'Eucharistie. Lesdites coulonnes moindres du sixieme que les autres. »

» Tout l'ouurage sera de bon bois de tilleul. »

» De plus la Seigne fera deux gros chandeliers pour mettre les flambeaux que lon allume lorsqu'on leue à la messe le précieux corps et sang de J. C. »

Le prix fut fixé à quarante louis d'or « au feurg courant du royaume et deux queues de uin rouge. »

Les témoins étaient Ermenfroy François, d'Arbois, maître sculpteur en plâtre, demeurant à Dole, et Jean-Claude Chagnard, de Dole, apprenti sculpteur.

Cet ouvrage ne devait pas manquer d'une élégance grandiose malgré sa profusion d'ornements. Hélas! qu'est-il devenu? Qu'est devenue la vieille chapelle dont il servait à déguiser la vétusté? Qu'est devenue la nouvelle qui s'est élevée sur toutes ces ruines? Que deviendra la plus nouvelle encore? Seule, tu es debout, vieille relique des âges écoulés, antique et vénérée Madone! Les ruines s'amoncellent, le génie de l'homme s'efforce d'élever des monuments à ta gloire, et toi, humble statue de bois noir et vermoulu, tu leur survis, tu les domines, tu les consacres et les renverses, pour montrer à tous le néant des choses d'ici-bas, et rappeler que tu es l'étoile radieuse du ciel vers laquelle doivent s'élever nos âmes et nos prières!

Il savait que vers toi devait monter le pieux sacrifice, cet humble laboureur, Louis Rolet, de Monnières, qui, le 8 avril 1688, fondait à perpétuité une basse messe pour le repos de son âme, et donnait aux Pères de Montroland une pièce de vigne, fraction de son modeste héritage; et cet Anatoile Renard, le savant docteur en droit, qui, le 16 juin, chargeait ses héritiers de payer aux religieux de Montroland une somme annuelle de cinq francs rachetable moyennant cent francs, pour la fondation d'une grand'messe perpétuelle de *requiem* pour le repos de son âme; et cet illustre Grivel, seigneur de Perrigny, qui fondait une basse messe de mort à dire dans l'octave de la Toussaint et qui fournissait en acquit vingt-quatre francs neuf gros, et un demi-louis d'or pour orner le grand autel.

Mais l'histoire nous presse: rentrons dans les prosaïques détails de la vie des prieurés. Disons que, le 7 mars 1690, un arrêt du parlement défendit au possesseur du fief de Verchamp, Claude Bonvalot, docteur en droit, sire de Parroi, de chasser par lui ou par autrui sur le territoire de Jouhe, même sur son fief.

Voici l'abrégé d'un document curieux daté de cette même année: c'est l'état des revenus et biens du monastère de Montroland, dressé par Dom Adrien Freschot, procureur du couvent:

« Les reuenus de cette maison sont fort modiques, casuels et incertains; elle n'a rien de fixe et d'ancien que la mansion ou prébende du gardien, consistant en 60 f. d'argent monnaie ancienne du pays pour sa pitance, 20 f. pour son uestiaire, 48 mesures de froment, cinq poinçons de uin et autres mesmes choses qui se paient en commun conjointement auec les prébendes dues aux Pères de Jouhe et que l'on leur a cédé à charge de payer à notre acquit aux RR. PP. Jésuites de Dole les onze uingt francs à eux accordés pour les émoluments du tronc et de l'autel de l'eglise de Montroland.

» Tous ces droits, fruits, profits et reuenus prouenant des offrandes, oblations et émoluments de l'autel et du tronc, peuuent, année commune, être éualués à la somme de mille à douze cents francs, en déduisant les onze uingt francs, les frais de luminaire, linges, meubles et ornements de sacristie; celle des réparations ordinaires de l'église et les honnêtetés à faire aux pèlerins et étrangers, peut être estimée six cents francs.

» Il y a encore un autre reuenu dépendant de la dite église, attaché à la cure dud. Montroland et Monnieres, érigée en la chapelle de Sainct Martin consistant scauoir en argent par chaque ménage en quatre blancs annuels et payables au jour et feste de Pasques; item en la moitié des bons deniers qui s'offrent ès jours solemnels, l'autre appartenant au curé de Jouhe; item en pain, en une michotte qui se doiuent offrir le jour de la Toussaint et le lendemain de Noël dont le curé en a trois; item au regard des mortuaires pour l'ouuerture de la terre dans l'église 20 sols, dix sols dans le cymetiere, les suaires et draps de morts deux francs, pour l'enterrement une mesure de froment et une grosse miche de pain payables quand on amène le corps du defunt ; item la moitié des annuaux les quels profits sont casuels et de plus ou du moins suiuant le nombre des mourants, au surplus chargés de l'obligation de fournir aud^{ts} curé et paroissiens l'une de nos chapelles, tous ornements et luminaires nécessaires pour y dire la messe tous les dimanches de l'année.

» Plus une maison des Damenouses située dans l'enclos amodiée 33 f. plus 4 journaux 1/2 de uigne dans l'enclos rapportant année commune 18 a 20 queues de uin à deduire les frais de culture, recolte, etc.

» De plus perçoit annuellement de ses capitaux de rente en somme de douze mille francs celle de 600 f.

» Plus les reuenus de l'ancien prieuré de Montroland dont dépendoient des terres à Jalleranges, Vitreux, Taxenne, Courchappon.

» Plus des propriétés à Estrabonne prouenant de MM. Perrenot, item a Lantenne une partie de la seigneurie de Saint Claude uenant des mêmes, item a Pagney uenant de Marguerite Monnet ueuue de Claude Pierre du Moustrot.

» Douze journaux de uigne à Dole, quinze à Monnières et une maison, des prés à Champuans et Sampans et dans ce uillage une maison et des uignes, à Saint-Viuant des maisons, prés et terres uenant du capitaine Bereur, plus des propriétés et cens à Flagey, Billey, Aumur, Saint-Aubin et Vert-Trières. »

Le Père procureur n'établit pas le chiffre total du revenu; nous le trouvons évalué ainsi, le 1er juin 1635, dans la déclaration des biens et revenus du prieuré de Montroland, à l'assemblée de MM. du clergé pour le répartement des sommes offertes au roi par le clergé du comté de Bourgogne, en exécution d'un recès de l'assemblée générale du vingt janvier précédent, « ueue et allouée en fond pour 15,500 fr. »

En 1692, Charlotte Clerc, femme d'Anatoile Renard, fit une fondation semblable à celle qu'avait faite son époux et aux mêmes conditions.

Le 17 février 1636, Claude Mol, ancien conseiller du roi, secrétaire de la chambre des comptes de Dijon, pour le repos de son oncle, Pierre Mol, conseiller en la chambre des comptes, et d'Oudette Mol, sa veuve, fonda trois messes basses annuelles à Montroland et paya, pour cela, soixante livres aux religieux.

Le XVIIe siècle finit, pour les Pères de Montroland, par une nouvelle discussion avec les Pères Jésuites au sujet de la grande porte de l'église de Jouhe. Les Jésuites avaient ouvert cette porte à tout le monde et avaient sonné la messe même pendant le repos des Bénédictins. Ces faits ne pouvaient se passer sous silence. Les réformés firent changer la serrure, le firent savoir à l'économe des Jésuites, et se pourvurent en complainte. Mais cette contestation alla se perdre dans une plus générale dont nous verrons la solution au chapitre suivant.

CHAPITRE XXXII.

1700—1717.

Le XVIIIe siècle s'ouvrit encore par des procès; tout son cours en fut à peu près rempli, et des agitations de toute nature sont presque les seuls faits dignes d'être racontés: triste prélude à la catastrophe par laquelle il a été terminé.

Le 29 août 1799, les Bénédictins, succombant sous les charges ruineuses et accablantes du traité de 1671, surtout ceux du prieuré de Jouhe, obtinrent de Louis XIV des lettres de rescision, demandèrent le partage des fonds et provisionnellement une augmentation de neuf cents francs ou telle autre qui serait arbitrée. Mais, le 28 juin 1700, un arrêt du parlement les débouta de leur demande en partage et les appointa en droit au surplus. Un autre arrêt, du 22 août 1701, condamna les Jésuites à leur payer

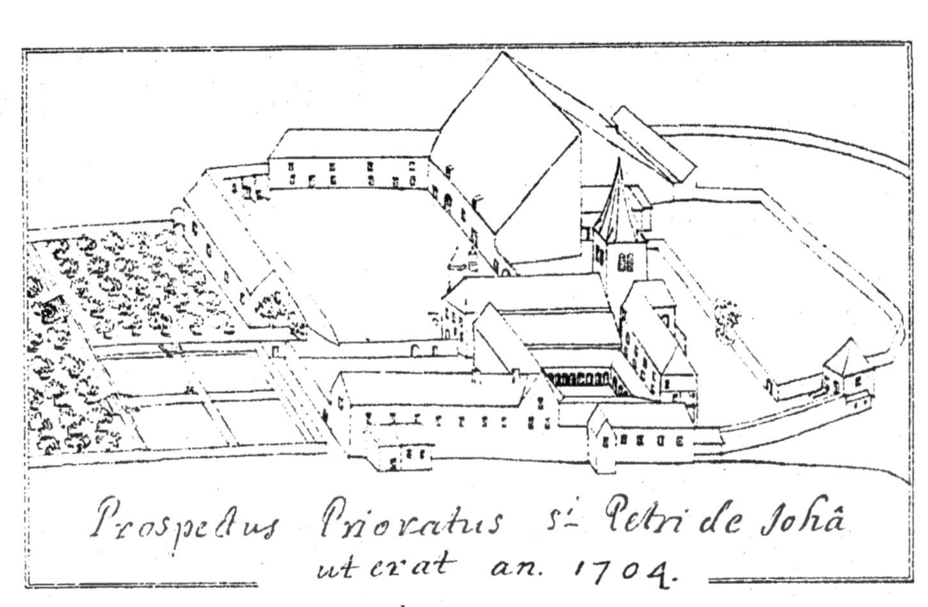

PRIEURÉ DE JOUHE EN 1704.

Fac-similé d'un plan qui est aux Archives du Jura.

annuellement, et par forme de supplément de prébendes, cinq cent vingt-neuf livres quatre sous onze deniers, outre et par-dessus le blé, le vin, l'argent mentionnés au traité de 1631, et de plus une somme de soixante livres pour frais d'hospitalité, aumônes à la porte, bibliothèque et infirmerie. Les Bénédictins estimaient alors à vingt mille quatre cent soixante-quatorze livres les revenus du prieuré de Jouhe, tandis que les Jésuites ne les évaluaient qu'à deux mille sept cent cinquante-sept. Ils étaient loin d'être d'accord. Cet arrêt tranchait encore deux autres points en litige. Il condamna les prieurs à rembourser aux Bénédictins quatre-vingts livres par eux payées en suite du billet des députés du clergé du comté de Bourgogne pour la somme accordée au roi par l'assemblée du clergé du 16 novembre 1695, plus la somme de cinquante-six livres accordée par le même clergé sous forme de subside volontaire pour l'année 1697; enfin quatorze livres pour même cause. Il leur défendit de prendre la qualité de prieurs de Jouhe qu'ils s'étaient donnée dans des contredits signifiés le 17 août 1701. Cependant ils avaient droit à ce titre, puisque dans tous les monastères de l'ordre de Saint-Benoît il y avait un prieur.

Ils appelèrent et demandèrent que les PP. Jésuites fussent obligés de payer le nouveau subside volontaire voté par le clergé à cause de la paix générale, et pour lequel ils payaient alors deux cent trente-neuf livres dix sols. Ils réclamèrent un nouveau supplément de prébendes basé sur ce que les Jésuites, en vertu du traité de 1631, tiraient onze vingt francs sur les revenus du tronc de Montroland, qui ne rapportait pas cinquante francs par an (1).

Le 23 mars 1706, le parlement les débouta de ces prétentions.

Nous avons trouvé, dans les mémoires signifiés à propos de ces contestations, un détail assez curieux : c'est l'estimation du vestiaire d'un religieux réformé, donnée par les Pères Jésuites.

« 1° Un froc de deux ans en deux ans contenant douze aunes et demy de sarge d'Aumale a 40 sols, font par an douze liures dix sols moitie de uingt cinq. . . . . ci. 12 l. 10 s.

» Item une robbe chaque année trois aunes et un tier sarge de Roybon sans doublure a 6 liures l'aune auec les poches l'assortiment et la façon au moins 22 liu. . . . . ci. 22 l.

» Une soutanne qui est l'habit du trauail et de la nuit aussi sans doublure, deux aunes et demy de sarge de Valence a cent sols l'aune auec les poches

(1) En 1645, la moyenne qui était de 2 francs par jour, et le rapport de D. Freschot que nous avons cité, montrent combien peu il faut se fier aux allégations des plaideurs.

et l'assortiment et la façon au moins quinze liures. . . . . ci. 15 l.

» Un grand scapulaire trois aunes et demye sarge de Polilaire a cinquante sols auec deux tiers et demy ratine pour doubler la capuche et la façon neuf liures. . . . . ci. 9 l.

» Petit scapulaire pour la nuit et pour le trauail auec la doublure trois liures. . . . . ci. 3 l.

» Trois chemises ou tuniques de sarge de Caën, pour les trois, quatre aunes et demy a quarante cinq sols l'aune sans la façon dix liures cinq sols. 10 l. 5 s.

» Camisole et caleçon pour l'hyuer, pour deux ans trois aunes de sarge de Valence, pour les deux, quinze liures sans la façon sept liures dix sous moitié de quinze par an . . . . ci. 7 l. 10 s.

» Deux paires de bas, une d'été et l'autre d'hyuer sur le pied de deux liures dix sols la paire. ci. 5 l.

» Trois caleçons de toile par an sept liures dix sols. . . . . ci. 7 l. 10 s.

» Pour les mouchoirs et les coiffes un écu, 3 l.

» Pour un chapeau cent sols. . . . . ci. 5 l.

» Deux paires de souliers et une paire de pantoufles huit liures. . . . . ci. 8 l.

» Le tout cent neuf liures quinze sols. »

L'abbaye de Baume avait voulu prendre couleur dans ces débats. Mais, le 18 juillet 1705, le parlement de Besançon la condamna à tous dépens et à l'amende de cent cinquante livres. Messieurs les religieux avaient demandé d'être reçus opposants à l'exécution de l'arrêt rendu le 31 janvier 1704, comme leur étant très préjudiciable en ce qu'il autorisait un traité fait entre les Pères Jésuites du collége de Dole et les Pères Bénédictins du prieuré de Jouhe, à leur insu, sans leur participation, contre leurs droits, et en ce qu'il renversait les conditions essentielles de l'union.

En 1709, les supérieurs et religieux de Jouhe demandèrent, à la visite, la permission de bâtir des édifices réguliers, et offrirent trois cent cinquante francs. Les supérieurs de la province assemblés au chapitre général accueillirent favorablement cette requête et accordèrent une somme de quatre mille francs, monnaie du comté.

En 1711, les supérieurs réclamèrent au conseil général un nouveau secours; mais leur réclamation n'eut d'autre effet que de faire obtenir du procureur général un ordre de payer pendant trois ans les intérêts de six mille francs, à la décharge de Jouhe.

On trouve dans un obituaire de Montroland, au 1er septembre 1710, la date du décès de Claude-François Buzon, prêtre de la collégiale de Dole. Cet homme, dit le rédacteur de la note, était d'une admirable piété et enflammé du plus ardent amour pour la passion de Notre Seigneur. Il avait fait édifier à ses dépens dix stations en pierre sur Montroland (*decem oratoria lapidea*). Il avait aussi donné au monastère un calice d'or, orné de plusieurs pierres précieuses. Mû d'une dévotion particulière pour la Vierge de Montroland, il l'avait couronnée d'un diadème d'or enrichi de pierres précieuses, lui avait fait présent de candélabres et fait de fréquentes offrandes pécuniaires. Ce pieux ecclésiastique avait été enterré à Dole dans la chapelle de Saint-Yves.

Par son testament solennel, daté de Besançon le 4 septembre 1713, Alexandre-Ignace de Santans, seigneur de Montagney, conseiller du roi, doyen des distributeurs de l'université, choisit sa sépulture dans l'église de Montroland, au joignant des tombeaux de M. Claude-François Lullier, chevalier, premier président du parlement de Bourgogne, et de dame Claude-Françoise de Santans, son épouse, et fonda à perpétuité une grand'messe le jour de son trépas. Il légua, pour rétribution, deux mille francs en augmentation de la fondation faite par la dame de Santans, sa tante. Ce legs fut acquitté par les héritiers, M. d'Espiard, président à mortier au parlement de Besançon, et madame Claude-Françoise de Santans, épouse de ce dernier.

L'année suivante, le 13 novembre, ce fut encore un magistrat qui signala sa piété envers Notre-Dame.

Hugues-Philippe Arvisenet, chevalier d'honneur en la chambre des comptes et cour des aides de Dole, pour le repos de l'âme de son père, voulut qu'on célébrât à perpétuité, dans l'église de Montroland, soixante messes basses, dont huit devaient se dire aux huit fêtes de la sainte Vierge. Des meix, maison et terres à Saint-Vivant et à Sampans furent le prix de cette fondation.

En 1706, les habitants de Jouhe avaient défendu aux Bénédictins de couper des bois dans les forêts situées sur le territoire de Jouhe. Les Pères résistèrent, les défenses furent renouvelées; enfin, le 4 mars 1717, la maîtrise des eaux et forêts rendit une sentence, confirmée par un arrêt de la chambre souveraine des eaux et forêts le 1er juillet de la même année, portant que les Bénédictins de Jouhe avaient leur usage tant dans la forêt des Trambliers que dans les autres bois situés sur le territoire de Jouhe, comme l'un des principaux habitants du lieu.

Voici un événement solennel dans l'existence du monastère de Montroland: c'est l'érection de la nouvelle église. Nous avons décrit la première d'après Dom Gody; nous ferons savoir ce qu'était celle-ci à l'aide de documents contemporains, car elle aussi a disparu et une autre maintenant s'élève sur ses ruines. Hélas! ce n'était pas le temps qui l'avait renversée, car nous avons souvent joué dans ses mâsures dont les pierres semblaient avoir été taillées de la veille, c'était la malice de l'homme qui promena la sape dans ce temple, gloire et légitime orgueil des Bénédictins.

Cet édifice fut commencé en 1717. La première pierre fut posée le 17 juillet dans l'angle du côté du vent; on grava sur cette pierre l'année et le nom du supérieur, qui était alors Dom Didier Rance, homme de science, fort aimé dans le voisinage.

L'église fut entièrement réédifiée dès les fondations, à l'exception de la coquille ou presbytère, dont les murailles furent conservées à la hauteur de quatorze à quinze pieds.

Le P. D. Vincent Duchêne, religieux bénédictin de l'abbaye Saint-Vincent de Besançon, avait donné le plan qu'exécuta Jean Ragouzy, du diocèse de Novare, par les soins de Dom Claude Vannoz, alors procureur à Montroland.

La tour du clocher, le dôme et la lanterne furent commencés le 1er juillet 1722 et achevés l'année suivante. Le 19 mars 1723, on posa la première pierre de la dernière aile du cloître. Les stalles du chœur, placées en 1726, coûtèrent deux mille livres.

L'église était à trois nefs fort élevées, celle du milieu était la plus haute; elles étaient surmontées de voutes soutenues par deux rangées de colonnes. Ce temple formait un des côtés des bâtiments construits par les Pères réformés de 1640 à 1730. On ne le termina qu'en 1719, comme le prouvait l'inscription chronogrammatique gravée sur le frontispice de la grande porte :

VIrgo antIqVa proDIgIIs DæCorata æDIfICIIs.

Une autre inscription, placée au bas de la statue de Roland, offrait la même date. Cette statue avait succédé à l'ancienne. Elle portait sur sa main une maison qui paraissait avoir la forme du couvent, et, de la droite, un grand et large sabre. Voici l'inscription :

RoLanDVs IntrepIDVs VIrgInIs
SerVVus eX VeterI noVVs
eIVs CoenobII fVnDator.

En 1625, maitre Sourmé donna aux colonnes et pilastres de l'église une couleur rouge sur un fond blanc, afin qu'on ne vît pas les pierres, assez mal posées et taillées. Ces colonnes et pilastres étaient en pierre de Sampans et propres à être polis. La maison ne put faire la dépense de les faire polir, car les ouvriers voulaient avoir pour la main d'œuvre trois cents livres par chaque colonne. Au mois de novembre, on posa les deux retables du chœur qui coûtèrent deux mille cinq cents livres ; ils étaient l'œuvre d'un sieur Fremiot.

A la fin du carême de 1730, Dom Benoît Tisserand, prieur, consacra tous les autels de l'église, à l'exception du grand, dont la pierre n'avait point été remuée pendant les constructions.

L'autel qui était au fond du collatéral, du côté du cloître, fut consacré et dédié à saint Jean-Baptiste ensuite de l'ancienne fondation de Hugues de Chalon, acquittée par Jean de Chalon-Arlay III.

Celui qui occupait l'extrémité du collatéral du côté du vent fut dédié à saint Benoît et à sainte Scholastique. Il était appelé autel de Monnières, parce qu'on y disait la messe de paroisse pour les habitants de ce village et pour ceux de Montroland. Cet usage avait cessé en 1714 (1).

Les deux autres autels qui étaient à l'entrée du chœur furent dédiés, l'un à saint Martin, à cause de la pierre de cet autel qui avait, selon la tradition, été consacrée par lui. Sainte Anne reçut la dédicace de l'autre qui était vis-à-vis.

(1) C'était le curé de Jouhe qui disait cette messe. Il ne pouvait rien chanter à haute voix dans l'église de Montroland sans la permission des RR. PP.

Il était tenu de dire la messe de Monnières et Montroland aux jours de Toussaint, Noël, Pâques et Assomption de Notre-Dame. Ces jours-là il avait moitié de ce qu'on offre en argent, et trois michottes de celles qu'on offre en chacun de ces jours. Les religieux de Montroland devaient lui fournir ce qui était nécessaire pour célébrer ces messes.

La chapelle de Saint-Martin avait des terres qui en dépendaient; elles consistaient en sept journaux et six quartiers en divers climats de Raynans, cinq journaux et six quartiers de terres labourables au même territoire, et deux soitures de pré dans la prairie de Byarne.

Dans le sépulcre de l'autel de Saint-Martin étaient des reliques de saint André, des saints Innocents et de saint Alexis, et dans celui de l'autel de Sainte-Anne on avait placé des reliques de saint Robert, abbé, avec un billet ainsi conçu : *Ego Domnus Benedictus Tisserand, prior hujus monii, hoc præsens altare consecravi in honorem sanctæ Annæ, matris Genitricis Dei, anno* 1730, 30 *martii.*

Le prieur fit peindre à fresque un retable et un pavillon dans les chapelles de Saint-Jean-Baptiste et de Saint-Benoît. Il fit également peindre dans chacune les devants d'autel, les crédences et les tableaux de saint Jean et de saint Benoît; enfin, des pièces de tapisserie en verdure pour la décoration de l'autel de la Vierge; il fit placer le jeu d'orgues sur le tambour et y fit faire un couronnement et une petite galerie. Ce fut un facteur d'Auxonne, nommé Morel, qui raccommoda et plaça ce jeu d'orgues (1).

(1) Le 27 octobre 1746, les Pères achetèrent l'orgue des Dames d'Ounans pour 400 livres, et il fut replacé à Montroland par les frères Ripp, habiles facteurs. On refit une tribune pour le soutenir.

Les peintures, les tapisseries, les retables, les devants d'autels, les crédences furent exécutés par M. Lerot, peintre demeurant à Auxonne, pour le prix de cent cinquante livres, moitié en argent, moitié en vin.

Les robes de la sainte Vierge et les autres ornements dont les fidèles lui avaient fait don étaient innombrables, de toutes couleurs, des étoffes les plus riches, et ornés d'argent, d'or et même de pierreries. Notre Dame avait trois robes blanches en toile d'argent, cinq rouges, quatre vertes, deux violettes, quatre bleues, trois jaunes, une noire, etc.; elle possédait huit voiles et manteaux blancs, six bleus, sept rouges, deux jaunes, trois verts, quatre violets, etc., etc.; en 1733, 1735, 1745, 1747, 1775, divers grands personnages augmentèrent et renouvelèrent encore sa parure de vêtements des plus riches étoffes.

Voici le catalogue des reliques qui étaient conservées dans l'église de Montroland :

De ligno S. Crucis, in magna cruce argentea, de corna spinæ, de spongea Xri, de sepulcre B. Mariæ Virginis in ejus imagine argentea, de B. M. affligenensis in imagine S. Joseph argentea, de S. Andreæ, apost., de S. Laurentio, m., de S. Sebastiano, m., de S. Placido, m., de S. Leodegario, ep. et m., de S. Constantio, m., de reliquiis SS. Innocentium, m., de reliquiis SS. Justi, Fausti, Amati, Herculi et Sestiliæ, m., de undecim millibus virg., m., de SS. martyr. Treverensibus, de reliquiis SS. incognitis, de S. Martino, ep., de S. Nicolo, ep., de capite S. Gregorii Magni, de capite S. Canoaldi, ep., de S. Mateo, ep. Treverensis, conf., de S. Francisco Salesio, ep. conf., de S. P. Benedicto, abbate, de S. Bernardo, abb., de S. Mauro, abb., de S. Columbano, abb., de S. Valberto, abb., de S. Hugone, abb., de S. Odilone, abb., de S. Alexio, conf., de S. Leonardo, conf., de costa S. Jean. Robert. ord. S., de S. Maria Magdalena in ejus imagine argentea, de S. Margarita, v. m., in imagine argenteâ, de S. Christianâ, v. m., de S. Martinâ, v. m.

Décrivons, d'après un inventaire, quelques tableaux qui étaient placés soit à l'église, soit à la sacristie. « Un grand tableau de bois noir auec des filets d'or ou étoit représenté une Vierge qui tient son enfant entre ses brans dans une nuée entourée de sept ou huit tetes d'anges au bas un carosse attelé de six cheuaux blancs et un jeune gentilhomme couuert d'habits rouges à genoux sur une pierre deuant la Vierge. Item un grand tableau ou est dépeinte la uille de Dole et N[re] Dame assise dessus une nuée qui presente son enfant à un homme de la uille qui est sur le bouleuart ou la mine joua. Item un grand ou est peinte l'abbaye de Saint Vincent de Besançon auec les religieux a genoux deuant une N^re^ Dame sortant d'une nuée. Item un tableau assez grand ou est dépeint un soldat tout cuirassé a genoux deuant une Vierge assise sur une nuée. Item un tableau de bois doré ou est dépeinte une N^re^ Dame couronnée sortant d'une nuée auec caualier au bas tout cuirassé et un enseigne derrière ly ou est une peinture de la Vierge tenant son cher fils. Item un autre ou est une N^re^ Dame assise sur une nuée sur un autel et au bas un soldat uestu d'un buffle et derrière luy un drapeau et un casque à ses pieds. Item un tableau représentant une Vierge sous un dôme rouge et au bas saint George à cheual auec une lance à la main dont il perce un dragon, un soldat à genoux deuant lui. Item un tableau montrant une Vierge soubs un dais uiolet et sur un autel paré de même couleur ayant à ses pieds un homme qui est presenté par un ange qui dit ces mots : *Ecce salus in periculis.* »

On concevra sans peine que, dans la nomenclature qui est fort longue, nous n'ayons pris que ceux des tableaux pouvant offrir quelque intérêt historique.

Parlons maintenant des bâtiments construits par les réformés. Ils étaient environnés d'une muraille percée d'une porte monumentale. L'église occupait, nous l'avons dit, une partie d'un des côtés du carré. Un grand corps de bâtiment, destiné aux pensionnaires et aux novices, était bâti sur le côté opposé. Le cloître, habité par les religieux, était perpendiculaire à ces deux ailes. Le bâtiment des hôtes était à l'un des angles de la cour. Un beau jardin, une longue allée de tilleuls servaient de promenade. Il ne reste aujourd'hui que le bâtiment des pensionnaires.

CHAPITRE XXXIII.

1718—1750.

Le 10 mai 1725, les religieux de Montroland s'assemblèrent capitulairement et rédigèrent un acte attestant que, le 26 mars de la même année, ils avaient accepté et reçu de Joseph Eve, de Dole, 60 livres 13 sols 4 deniers pour donner dans leur église la bénédiction du Saint-Sacrement tous les ans le premier mai, jour *auquel la Congrégation des Grands Artisans vient de Dole à Montroland.*

Le 15 juillet 1731, la flèche du clocher du prieuré de Jouhe menaçait ruine; on dut la réparer. Craignant qu'elle ne fût diminuée de hauteur par les Pères Jésuites, les Bénédictins firent mesurer le clocher d'un commun accord avec ces Pères, qui devaient le réparer aux termes des traités. Il fut reconnu qu'il avait 37 pieds 1/2; les Jésuites le portèrent à 44 1/2, à prendre depuis la plate-forme, et, à leur demande, le 13 septembre 1731, le R. P. D. Alexis Damey, sous-prieur de Jouhe, mit des reliques dans le dessus de la flèche.

Cependant, les bonnes dispositions du magistrat de Dole en faveur des Révérends Pères Bénédictins avaient changé; les priviléges d'habitants leur furent contestés. Ils étaient trop précieux pour que ces religieux n'essayassent pas de se les faire conserver. Ils s'adressèrent au subdélégué général de l'intendant, qui rendit, le 6 juillet 1733, contre le magistrat, une sentence par laquelle il maintint les demandeurs dans le droit d'habitants de Dole, et en conséquence dans l'entrée franche du vin de leur crû et de l'ordinaire du sel dont ils avaient joui depuis 1644.

L'année suivante fut désastreuse pour la province: des pluies continuelles causaient de grands ravages; les récoltes étaient compromises, et la hideuse famine, qui si souvent avait désolé la Franche-Comté, signalait déjà ses sinistres approches. Le magistrat de Dole se souvint des miracles opérés par les reliques de saint Théodule qui étaient conservées dans l'église de Jouhe (1); il demanda aux Révérends Pères Bé-

(1) Saint Théodule était évêque de Sion, dans le Valais;

nédictins de les faire transporter à Dole. Ils y consentirent et vinrent les déposer dans la chapelle des Pères de Saint-Jérôme. Pendant tout le temps qu'elles y restèrent, il y eut chaque jour musique et bénédiction du Saint-Sacrement, et le magistrat montra par ses largesses aux Révérends Pères combien il éprouvait de satisfaction.

En 1722, le seigneur de Moissey, pour éteindre l'usage que le prieur de Jouhe avait dans ses bois, le cantonna, et relâcha quarante arpents dont les Bénédictins emportaient leur part, c'est-à-dire le tiers ; ce tiers n'était pas suffisant pour leur chauffage : de là nouveau procès intenté par eux aux Pères Jésuites ; mais, par une transaction du 14 novembre 1735, ceux-ci leur accordèrent 100 livres annuellement pour cet objet.

Pour faire donner perpétuellement la bénédiction du Saint-Sacrement les troisième et quatrième dimanches de chaque mois et pour une messe basse annuelle, les Pères de Montroland reçurent, le 13 mai 1740, d'Emiland Clerget, d'Authume, une somme de 400 livres.

Malgré les nombreuses fondations qu'ils avaient à desservir, il paraît que les Bénédictins de Montro-

on célébrait sa fête à Jouhe le 20 août. — Ce saint appartenait à la famille de Grammont.

land n'étaient pas très sédentaires. Le 4 mai 1743, le chapitre tenu à l'abbaye de Saint-Mansuy leur défendit « d'aller trop souvent à Dole, comme ils avaient coutume de le faire. » Le 8 octobre 1744, défense leur fut encore faite de manger ni coucher dans aucune maison séculière de cette ville, sans permission expresse du supérieur de Montroland.

La funeste influence des doctrines du siècle se faisait déjà sentir et les pieuses croyances se défloraient au souffle de l'impiété. Dom Anselme Grand, prieur de Montroland, voulut raviver l'ancienne dévotion que le public avait autrefois envers l'image miraculeuse de la Reine des anges. Pour y réussir avec quelque succès, il crut que l'on pourrait établir à Montroland une association ou confrérie des Sacrés-Cœurs de Jésus et de Marie. Il n'avait proprement en vue pour lors, dit-il, que celle du Sacré-Cœur de Marie, tant parce que celle du Sacré-Cœur de Jésus se trouvait déjà chez les Dames de la Visitation de Dole, que par rapport au culte particulier qu'on rendait à Montroland à la Mère de Dieu.

Ce qui le détermina à demander des indulgences à la cour de Rome pour l'un et l'autre, fut que cette union de ces deux Sacrés Cœurs favoriserait peut-être encore davantage la dévotion des fidèles; que d'ailleurs il ne convenait pas de les séparer, parce qu'ils étaient comme unis dans le grand autel où reposait le Saint-Sacrement et où était placée en même temps pour toujours l'image miraculeuse de la sainte Vierge ; peut-être encore parce qu'il était bien persuadé qu'on lui accorderait aussi facilement les deux ensemble qu'un seul. En effet, il obtint les indulgences pour les deux, le 25 juin 1745 ; il n'y avait d'indulgence plénière que pour la fête de l'Assomption.

Benoît XIV accorda, le 1er avril 1746, à perpétuité, des indulgences à cette confrérie de l'adoration perpétuelle du Sacré-Cœur de Jésus et de Marie.

Le prieuré de Jouhe prospérait entre les mains des Pères Jésuites ; les revenus s'étaient accrus à tel point que les religieux bénédictins prétendaient qu'ils ne percevaient pas la huitième partie, au lieu du tiers lot qui devait leur appartenir. Ils se pourvurent aux requêtes du palais en 1746 et demandèrent un nouveau partage ou un supplément sur le pied du tiers lot. Il paraît aussi que, trouvant le voisinage intolérable, ils avaient formé le projet de changer de résidence. Nous avons trouvé une pièce de procédure signifiée, en 1748, à la requête des Pères Jésuites, au procureur des Pères Bénédictins de Jouhe, demandeurs, dans laquelle il est dit : « que les offres faites par ces derniers de l'échange des prieurés de Bourbonne et de Villers-Saint-Marcelin contre le prieuré de Saint-Pierre de Jouhe n'était aucunement recevable, attendu qu'elles n'avaient aucune relation aux propositions faites par les Jésuites et qu'elles manquaient de toutes les conditions sur lesquelles ces propositions avaient été faites.

» 1° C'était contre un seul et unique bénéfice que les Pères Jésuites avaient proposé d'échanger le prieuré de Joulie, et les défendeurs ne leur offraient que deux petits bénéfices.

» 2° Les Jésuites avaient demandé un seul et unique bénéfice du produit annuel de 6000 fr., toutes charges déduites, et ceux qu'on leur offrait ne présentaient que 5000 fr.

» 3° Le prieuré de Bourbonne étant situé en Champagne et du ressort du parlement de Paris, ne convenait nullement aux Jésuites qui avaient apposé directement la condition que le bénéfice contre lequel ils pourraient échanger le prieuré de Joulie serait situé dans la province de Franche-Comté.

» Ils ne connaissaient pas d'ailleurs ces prieurés et ignoraient si l'union qui en avait été faite aux Pères Bénédictins de Besançon était hors d'atteinte. »

Ils protestaient en terminant de leur désir de conciliation et repoussaient une offre de 8000 fr. annuels, parce que ce serait, en l'acceptant, aliéner un bénéfice et un bien purement ecclésiastique.

Vesoul fut alors offert aux prieurs ; mais cette proposition n'eut pas plus de succès.

La cour prononça sa sentence sur les demandes en partage faites par les Bénédictins, et, le 30 avril 1749, elle les débouta de ces prétentions sans cesse renaissantes.

Nous avons trouvé beaucoup d'autres fondations sans dates ; voici les principales:

On devait dire tous les dimanches une messe à la décharge du prieuré du Mouterot; dix-sept messes basses pour Jean Matherot, de Dole, et dame Anne-Baptiste Lullier, sa femme. On ne dit pas le prix de cette fondation, mais seulement qu'il avait été employé au bâtiment ; treize messes basses pour Etienne Regnaud, docteur en droit ; une grand'messe pour Mme Marie de Ray ; deux messes basses pour messire Claude Friquet, seigneur de Landon, et sa femme. « Ils ont donné, dit l'acte, l'ermitage qui est dans un fond à gauche du sentier qui va à Dole, plus bas que l'allée des tilleuls ; l'ermitage a été détruit, pour raison (*sic*), par les religieux de Montroland. » Melle Richardot, fille de M. de Loisy, avait aussi fondé une bénédiction aux diverses fêtes de l'année. Le 9 décembre, on devait célébrer l'anniversaire de François de Rye, marquis de Varambon.

Combien ces temps de foi et de piété vont paraître loin de nous ! Nous voic[illegible] 1750, et, à cette date, nous voyons l'émancipatio[illegible] lu mainmortable réclamée avec instance. Les mensonges sont appelés à l'aide du bon droit ; le sanctuaire semble, aux yeux de ces hommes qui ont souffert, être le complice des erreurs de ses ministres. Nous avons compulsé, à la bibliothèque de Dole, un projet de requête qui reflète toutes ces passions. Nous allons en donner l'analyse.

Les habitants de Jouhe, Archelange et Montroland établissent d'abord à l'aide du transumpt : que Jouhe et Archelange étaient deux terres domaniales ; que la première, résidence des comtes et comtesses de Bourgogne, était largement dotée par Béatrix ; ils pensent qu'il est probable que ce fut Frédéric-Barberousse qui céda les deux villages à l'abbaye de Baume, pour laquelle il avait beaucoup de bienveillance.

Les habitants de Jouhe, en passant au sanctuaire, ne durent point perdre l'affranchissement de leurs biens et de leurs personnes, concession de Rainaud, comte de Bourgogne, envers tous les serfs de ses domaines avant d'aller en terre sainte. Ses successeurs ont ajouté à cette grâce de nouveaux privilèges dans tous les lieux de leurs fises ; aussi, rien n'est si privilégié que les terres des domaines. Jouhe et Archelange ont été maintenus par différents arrêts dans les droits de port d'armes, de la chasse à la grande bête, de s'assembler pour faits de communauté sans permission, d'indiquer des jours réservés au seigneur pour ouvrir les récoltes, etc. Ces arrêts donnent indifféremment à Jouhe les titres de ville et de cité. On voit dans d'autres titres que les habitants sont qualifiés nobles bourgeois, ce qui prouve leur affranchissement, et ces expressions sont contraires à la servitude dans laquelle ils vivent.

Ce fut Jean de la Madeleine qui porta les premières atteintes à leur liberté. Sur la soumission de quelques étrangers, attirés dans ses terres après les dévastations de Louis XI, il prétendit faire déclarer mainmortables tous les sujets du prieuré. Ils eurent alors recours au parlement en 1503, le priant de prendre en main cette contestation, parce qu'ils avaient tout à redouter des officiers du bailliage, amis et parents spirituels du prieur.

Ils ne peuvent dire comment se termina cette affaire, à cause du rapt de leurs papiers commis en 1710 avec fracture du coffre de la communauté. Le Père Dupuis, régisseur du prieuré, fit forcer les serrures du coffre par le maréchal, et plusieurs habitants déposeront encore du fait, constaté par monitoire obtenu à ce sujet.

Jean de la Madeleine, n'ayant pas réussi dans ses projets, vexa tellement les deux communautés, qu'Aimé de Balay les mit, en 1516, sous la protection du souverain. Pierre d'Andelot et Jacques de Saint-Maurice n'osèrent exiger des reconnaissances.

Jean Richardot, pour se dédommager de l'affranchissement qu'il avait accordé, en 1600, au val de Morteau, chargea Antoine de Luxy d'une procuration pour une reconnaissance générale. François Ramasson, conseiller au parlement, en fut commissaire. L'opération est remplie de vices radicaux. Les prudhommes firent refus de passer reconnaissance, et les deux communautés furent condamnées à cinq cents francs d'amende chacune. Le 29 mars, cinquante-six chefs de famille de Jouhe, sur soixante-dix qu'il y en avait, et tous ceux d'Archelange, se rendirent à Dole en l'hôtel du commissaire, se déclarèrent mainmortables et affectèrent de cette horrible tâche ceux de Montroland qui n'avaient pas été ni convoqués, ni comparants.

Comme on lit à la fin de cette reconnaissance : *Iceux réflechissent les protestations faites au verbal de la part des habitans*, il est évident que les deux communautés se donnèrent du mouvement pour se relever de ce qu'elles avaient fait forcément.

En 1608, M. d'Arras pria Nicolas Perrenot, conseiller au parlement, de l'aider à une nouvelle reconnaissance. On cabala pour l'obtenir, on détacha de la généralité vingt-cinq chefs de famille qui nommèrent quinze commissaires ; mais, lors de la transaction, il ne s'en présenta que six, qui eurent plus tard recours à l'officialité pour se faire relever.

Si la reconnaissance du 29 octobre 1603 est conforme à l'arrêt du 22 mars 1503, pourquoi M. d'Arras a-t-il transigé et par là porté préjudice à ses successeurs? Pourquoi n'a-t-on pas suivi les anciens errements et n'a-t-on pas inséré dans le nouveau titre les reconnaissances antérieures?

Cet arrêt de 1503 était dans le coffre de la communauté, ainsi que des pièces d'une procédure en suite de laquelle les communaux avaient été déclarés francs en 1677; pour assurer le despotisme, il fallait que ces titres fussent enlevés. Quant aux reconnaissances de 1632 et 1687, ils doutent de leur existence.

Si le parlement a rendu, en 1503, un arrêt pour déclarer les personnes et les biens mainmortables du prieuré, il est en contradiction avec la rédaction de la coutume, sous Philippe-le-Bon, qui dispose que les biens mainmortables, passant en mains libres, en suivront la condition. Or, tous les étrangers appelés en 1500 par de la Madeleine étaient de condition libre; le parlement n'a pu les priver de leur liberté et détruire une loi qui ne l'a été que par Charles-Quint en 1549.

Enfin, en 1585, Cathelin Mairot, sacristain, a déclaré à Anatoile Galliot, commissaire, que tous les titres avaient péri dans un incendie sous le cardinal de Neuchâtel. C'est dater cette perte de 1425 ou 1445, cinquante ou soixante-dix ans avant la prise de possession de la Madeleine, et, en 1503, il avait des titres assez puissants pour faire déclarer ses sujets mainmortables. « Mais les ministres enrichis des biens sacrés sont pour l'ordinaire plus avares que le commun des hommes ; ils ont employé tous les moyens possibles pour assouvir leur avidité : tels ont été les abus d'une trop grande puissance. »

La reconnaissance de 1603 et la transaction de 1608 ne peuvent être opposées aux habitants. C'est pourquoi ils réclament de la justice de la cour la grâce de l'affranchissement, et ils offrent une somme d'argent payable dans les trois mois du jour où leur liberté leur sera rendue, dont les intérêts annuels vaudront les échutes perçues depuis dix, vingt, trente et quarante années.

Par ce résumé, il est facile de se convaincre de l'irritation qui régnait dans ces villages. On comprend qu'il n'entre pas dans notre dessein de réfuter les assertions que cette pièce contient ; ce que nous avons raconté antérieurement, extrait de titres authentiques, en démontre les inexactitudes. On excuse le ton d'aigreur dont elle est empreinte, car, hélas ! les requérants luttaient pour s'affranchir de cette horrible tache, du plus odieux des droits seigneuriaux, de la mainmorte !

CHAPITRE XXXIV.

1751—1790.

Pendant quatorze ans nous ne trouvons rien d'important à dire sur la vie de nos prieurés. Les manants s'agitèrent, à propos des forêts, vers 1751 ; mais la maîtrise les condamna en 1756 et leur fit défense d'enlever leur bois de la forêt des Ruppes à peine de cinq cents francs d'amende.

Au mois de novembre 1764, un édit du roi, qui eut toute la portée d'un événement, frappa le prieuré de Jouhe. Il ordonnait la suppression de l'ordre des Jésuites. Plusieurs cours souveraines crurent voir dans cet acte du roi un abus d'autorité; elles demandèrent que l'ordre fût maintenu. Les partisans des Jésuites se montrèrent modérés à Besançon. Le parlement ordonna, le 27 mars 1762, d'apporter à son greffe les chartes constatant les priviléges des Pères. Elles furent examinées, et compte en fut rendu aux chambres assemblées. On n'y trouva rien de condamnable, d'attentatoire aux droits du roi et du royaume.

Les magistrats de la province réclamèrent les Jésuites et firent valoir les services qu'ils avaient rendus à la Franche-Comté par l'éducation de la jeunesse et par l'exercice du saint ministère.

En janvier 1765, le parlement adressa des remontrances au roi sur son édit et demanda la conservation de l'ordre de Saint-Ignace en Franche-Comté. Tout fut inutile : Louis répondit au parlement par des lettres de jussion pour l'enregistrement de son édit. On assigna aux Jésuites des pensions sur les biens que possédaient leurs maisons, et le reste de leurs revenus fut uni aux nouveaux colléges qu'on établit dans la province.

En 1767, ce fut au tour du prieuré des réformés de Jouhe de craindre pour son existence. Le roi voulait supprimer, dans les ordres religieux, les petits monastères pour les réunir et former ainsi des maisons dans lesquelles la règle fût mieux observée et le service divin assuré et accompli avec plus de dignité. Le conseil de Dole fut consulté à cette occasion. Nous allons rapporter l'exposition faite par le maire et quelques extraits de la délibération. Ces pièces témoignent de la ferveur qui se conservait encore envers Notre-Dame de Montroland. A ce titre surtout et à cause de l'époque où nous sommes arrivés, elles sont dignes d'être conservées.

« L'an 1767, le 12 juillet, à deux heures après midi,

en la chambre du conseil de l'hôtel-de-ville de Dole, s'est formée l'assemblée générale en suite de convocation faite par billets en la manière accoutumée, à laquelle n'a point assisté M. Chalon, procureur du roi du bailliage, quoique aussi invité par billet.

» M. le maire a dit qu'il avait convoqué cette assemblée pour lui faire part qu'il a plu au roi de supprimer, dans les ordres religieux de son royaume, les petits monastères pour les réunir et former ainsi des maisons capables d'entretenir un nombre de religieux suffisant pour vaquer avec plus de décence et de dignité au service divin; que, par un zèle si digne d'un roi très chrétien et d'un successeur de saint Louis, S. M. a nommé pour cela une commission composée d'évêques et de conseillers d'état. On a commencé par l'ordre de Saint-Benoît, cet ordre si fameux dans l'église par le nombre de saints et de savants religieux qui l'ont illustré.

» On a déjà réglé ce qui regarde la congrégation de Saint-Maur; on travaille actuellement pour la congrégation de Saint-Vannes et de Saint-Hydulphe.

» Nous avons dans le voisinage de Dole deux maisons de cette congrégation, Montroland et Jouhe.

» Les intérêts particuliers font agir selon des vues différentes, et tandis que les Bénédictins de Jouhe sollicitent la réunion de Montroland, ceux de Montroland demandent, sans doute à plus juste titre, qu'on leur réunisse la maison de Jouhe.

» Ce n'est pas tout à fait à nous de balancer ces différentes prétentions; mais un intérêt particulier doit nous engager à solliciter la conservation du monastère de Montroland et à demander qu'on y réunisse celui de Jouhe.

» Vous savez, messieurs, et vous l'avez appris dès le berceau, quelle a été depuis des siècles la dévotion des habitants de Dole pour la sainte Vierge, patronne de la ville, et pour le culte religieux qu'on lui a rendu à Montroland.

» C'est une piété constante, éclairée, souvent couronnée du succès de nos vœux, qui nous y conduit à l'exemple de nos pères.

» Ne devons-nous pas travailler avec ardeur pour procurer le même avantage à ceux qui viendront après nous?

» Je vois déjà, messieurs, le zèle qui vous anime, et je vous prierai de donner vos avis après qu'on aura fait lecture d'un mémoire que l'on se propose d'envoyer à la cour sur cet objet. »

Sur quoi il a été mûrement délibéré qu'on adresserait un mémoire à M. le duc de Choiseul, à Mgr l'archevêque de Reims, chef de la commission, et à M. de Boynes, conseiller d'état et commissaire par ordre, contenant toutes les raisons de justice et de convenance pour réclamer la conservation du monastère de Montroland et demander qu'on y réunit la maison des Bénédictins de Jouhe.

MM. le chevalier de Chaillot et Amiot furent priés de rédiger le mémoire pour en faire ensuite rapport à l'assemblée générale, ce qu'ils ont accepté. Signé de Chaillot, Viton, Grison, Rounette, Vaulcherot, Madeleine, le chevalier de Chaillot, de Mareneches, de Champvans, Maillard, Viton, Amiot, Ligier, Clerval, Panier, Magnin, Giboudot, Roch, Bergine, et Fourquet, secrétaire.

Le mémoire commence à établir l'antiquité de Montroland à l'aide du transumpt que nous avons transcrit. Il continue : « La mère de Dieu a voulu être honorée d'un culte particulier en ce lieu ; elle est l'objet de la dévotion des peuples ; les miracles y sont fréquents : les murs du sanctuaire, du chœur et une partie de ceux de l'église, ornés de tableaux, de drapeaux et étendards que les guerriers y ont placés, fournissent des preuves authentiques des grâces et des faveurs obtenues par l'intercession de la Vierge.

» Il y a plus de dix siècles que les religieux sont les dépositaires de la statue miraculeuse. Les premiers souverains de la province se sont fait une loi de donner des preuves de leur dévotion à la Vierge. » — Suit une énumération des principales fondations et de l'ordre de rendre la statue, donné par le roi Louis XIV aux Capucins d'Auxonne.

« Le clergé et le magistrat de Dole et tous les habitants de cette ville, formant différentes congrégations, vont annuellement en procession à Montroland, ainsi que les particuliers des villages à la distance d'une ou deux lieues; les militaires eux-mêmes, quoique éloignés de la province, l'invoquent et réclament son secours avec confiance et avantage dans les dangers les plus pressants.

» Ce fut en 1720 que les religieux y bâtirent une vaste et très magnifique église où repose la statue miraculeuse, et ils ont agrandi leur monastère de manière à y pouvoir loger dix-huit à vingt religieux. Ils ont fait à ce sujet des emprunts considérables; mais le bon ordre et l'économie qui règnent chez eux les ont mis en état de satisfaire à toutes leurs dettes.

» Quoique ce monastère soit placé sur le territoire de Jouhe, cependant les magistrats qui composaient le corps de la ville, il y a plus de cent ans, ont accordé à ces religieux le titre et la qualité de bourgeois de Dole; ils jouissent comme les autres habitants des droits et priviléges. C'est une faible marque de la reconnaissance qui leur est due pour les services spirituels qu'ils rendent. Il n'y a dans Dole qu'une seule paroisse composée de 14,000 communiants, qui renferme toute la ville et la banlieue. Les faubourgs des Bruyères et de Landon, qui touchent le pied de la montagne, seraient hors d'état de recevoir des secours spirituels, soit à cause de l'éloignement, soit par l'impossibilité de leur administrer de nuit les sacrements, si les religieux du monastère ne se prêtaient pas à leur donner dans ces circonstances tous les secours nécessaires, ce qui a lieu souvent.

» Le monastère étant composé de douze religieux, ne doit pas se trouver dans le cas de réunion ordonné par l'arrêt du conseil du 2 avril 1767.

» Dans le même territoire de Jouhe est emplacé un autre monastère de Bénédictins de la même congrégation, composé de six religieux qui ne peuvent se soustraire à la réunion ordonnée. Cette réunion avec Montroland convient d'autant plus qu'il n'est point dans la congrégation de maison plus proche, n'étant éloignées l'une de l'autre que d'un quart d'heure de chemin.

» Le titre de prieuré de Jouhe n'en sera nullement intéressé, puisque Montroland est situé sur le même territoire et que le prieur titulaire a déjà les droits honorifiques dans l'église de cette maison.

» La maison de Jouhe n'est pas suffisante à loger le nombre de religieux qu'exige l'arrêt du conseil, et son église, soit par sa petitesse, sa vétusté et son obscurité, est peu propre à y faire décemment l'office divin. La maison de Montroland est vaste et son église une des plus belles de la province. »

Telle est la substance de ce mémoire; il ne devait pas avoir de résultat. Nous verrons bientôt le conseil de Dole, oubliant les sentiments de foi dont il était glorieux, ne s'occuper de Montroland que pour en faire disparaître et les richesses et les religieux.

Disons un mot des processions dont parle le mémoire.

« Depuis plusieurs siècles, écrit Fransquin dans ses notes historiques, la ville de Dole avait fondé, dans l'église de Montroland, une grand'messe qui se célébrait le samedi après Pâques par une procession de jeunes filles qui partait, au son de la grosse cloche, de la grande église de cette ville, a sept heures et demie du matin, avec le plus grand ordre. La statue de la Vierge était portée jusqu'au milieu de la rue du Repos, et déposée dans une chapelle que l'on appelait du nom de Saint-Joseph. Le clergé, MM. du magistrat accompagnaient ces jeunes personnes qui continuaient leur route deux à deux ou par petits pelotons jusqu'a Montroland. Le cortege, arrivé audessus du mont, faisait halte, puis formait deux files, et, en cet état, arrivait près de la belle allée de tilleuls qui conduit à l'église. Les Bénédictins venaient avec la croix et en robe de chœur recevoir MM. du magistrat, MM. du clergé et les jeunes personnes; ils les conduisaient à l'église; on y disait la messe. A son issue, le magistrat faisait distribuer à chaque fille une brioche et trois sous. Il y avait galas aux frais de la ville dans la salle du réfectoire des moines, auquel assistaient MM. du clergé et une partie des Bénédictins. A son départ, ces religieux, dans le même costume, reconduisaient la procession jusqu'au bout de l'allée des tilleuls. De retour au faubourg, elle rentrait dans la ville au son de la grosse cloche. »

« Outre cette procession annuelle dont parle Fransquin, ajoute l'abbé Martin dans ses notes manuscrites, et qui ne se composait que des filles en bas âge, on en faisait encore quatre autres, à peu près de la même manière. En effet, dit M. Berignot, prêtre octogénaire, aujourd'hui curé de Byarne et ancien vicaire de Dole, qui autrefois conduisait lui-même ces processions sur le Montroland, et de qui nous tenons ces détails, le premier dimanche après Pâques, toutes les filles de la conférence partaient en procession de l'église de la paroisse, de la même manière et avec les mêmes circonstances que dans la procession des petites filles. Quand la statue de la Vierge de Dole était déposée dans la chapelle de Saint-Joseph, qui avait été donnée par la piété de quelques fidèles pour lui servir d'entrepôt, les filles continuaient leur marche deux à deux ou par groupes, récitant des prières en chœur, telles que le chapelet, ou chantant des cantiques. Arrivée sur la montagne, la procession se mettait en bon ordre: les Bénédictins venaient faire la réception, comme nous l'avons dit plus haut; on entrait immédiatement dans l'église du monastère où l'on chantait une messe solennelle. La grande majorité des assistants y communiait. Après cette grand'messe, on en célébrait une basse en action de grâces; puis chacun sortait, allait former de nombreux cercles autour des tilleuls de l'allée qui existe encore en face de l'église. Là se faisait un dîner champêtre où régnait la joie la plus cordiale, la plus pure, et qui rappelait d'une manière frappante cette union des premiers chrétiens qui, selon les Actes des Apôtres, n'avaient qu'un cœur et qu'une âme. C'était, nous dit M. Bérignot, l'image la plus sensible du bonheur des élus. On sentait couler les larmes de joie. Après ce tranquille, ce frugal, ce joyeux repas, fourni et apporté par les parents des personnes de la procession, qui étaient montés à leur suite, la cloche se faisait entendre: on se réunissait dans l'église; puis, la procession s'organisant, le départ avait lieu dans le même ordre et avec la même piété que pour l'arrivée, les Bénédictins faisant la reconduite jusqu'au bout de l'allée des tilleuls. On reprenait la statue de la Vierge déposée dans la chapelle de Saint-Joseph; la grosse cloche de la ville se faisait entendre. On gagnait l'église de la paroisse et l'on finissait la cérémonie en chantant les vêpres.

» Le second dimanche après Pâques, une semblable procession se faisait dans le même ordre et avec les mêmes circonstances, mais c'étaient les femmes de la conférence qui la composaient. Le troisième dimanche après Pâques, c'étaient les garçons de la congrégation qui accomplissaient de la même manière leur pieux pèlerinage. Enfin, le quatrième dimanche après Pâques, les hommes de la congrégation faisaient le voyage, toujours dans le même ordre, toujours avec les mêmes sentiments de piété et de dévotion. Telles étaient les processions qui se faisaient jadis pour honorer Notre-Dame de Montroland.

» Aujourd'hui, une association pieuse, établie à Jouhe par les soins de l'abbé Danne, ancien curé d'Authume, et de l'abbé Michaud, ancien curé de Jouhe, sous le nom de Cœur immaculé de Marie, a un grand nombre de pieux adhérents.

» Chaque année, une fête, spécialement établie en son honneur et à perpétuité, se célèbre le 8 février. »

Terminons ce que nous avons à raconter des contestations à propos de la prébende. Après 1776, les Bénédictins de Jouhe demandaient encore le tiers lot ou en revenus, ou en fonds, ou en équivalent. Si ce qui leur avait été accordé en 1701, soutenaientils, était à peine alors suffisant pour l'entretien de six religieux, maintenant il suffisait à peine pour trois, et le monastère de Jouhe devait en entretenir neuf, d'après les ordres exprès du roi, dont la déclaration fixait à ce nombre la conventualité de chaque maison religieuse.

Ils objectaient encore que si, en 1700 et 1748, les réformés avaient été déboutés de leur demande en partage, c'était parce que la régie domestique des Jésuites répandait un voile obscur sur le montant des revenus du prieuré, et que la cour n'avait pu juger que sur un exposé faux et sujet à rescision. Il fallait donc que les Bénédictins demandassent préalablement une estimation juridique et par experts, qui était d'autant plus facile que les revenus étaient entre les mains d'un régisseur public, à cause de la suppression de l'ordre des Jésuites.

Ils établissaient alors que les revenus du prieuré étaient de dix-sept mille six cent trente-deux livres, tandis que l'estimation des prébendes formait deux mille trois cent vingt livres trois sols quatre deniers. Les remontrances des pauvres Bénédictins ne firent pas fortune, et le plaid était encore pendant lorsque la révolution fit disparaître les plaideurs et confisqua les objets en litige.

CHAPITRE XXXV.

1790—1856.

Nous sommes arrivés à une époque funeste pour nos deux monastères ; mais jamais peut-être la puissance de la Vierge miraculeuse n'aura eu plus d'éclat et n'aura signalé son influence par un plus éclatant prodige.

Nous ne voulons pas entrer dans des narrations qui seraient pénibles peut-être pour de pieuses familles; nous ne ferons que transcrire des procès-verbaux, sans nous livrer à aucun commentaire et surtout sans recommencer l'histoire générale de ces tristes époques.

La loi du 19 février 1790, après avoir déclaré dans l'article 1er : « que la loi constitutionnelle du royaume ne reconnaissait plus de vœux monastiques solennels, » ajoutait dans l'article 2 : « Tous les individus de l'un et l'autre sexe existants dans les monastères et maisons religieuses pourront en sortir, en faisant leur déclaration devant la municipalité du lieu ; il sera pourvu incessamment à leur sort par une pension convenable. »

Le 23 avril 1790, M. Bachelet, officier municipal de la ville de Dole, fut nommé commissaire par délibération intervenue sur requête des Bénédictins de Montroland, pour procéder en exécution du décret de l'assemblée nationale et dresser le procès-verbal qui devait être envoyé à cette assemblée.

Sur son invitation, D. Ferron, prieur de la maison, fit assembler les religieux qui la composaient. Se présentèrent D. Cernesson, sous-prieur, D. Joly, procureur, DD. Maximien, Rousset, Doillon et Poulin, doyen. Dom Ferron déclara que la maison était composée de huit religieux profès, les six que nous venons de nommer et deux absents, D. Charles et D. de laGoutte; qu'il y avait un frère convers et de plus un religieux, D. Philippe Dussière, absent depuis plusieurs années et aumônier du corps royal de la marine à Toulon.

Ils présentèrent au commissaire tous les registres de la maison, l'état journalier des revenus fixes, portés pour la présente année à huit mille quatre cent soixante-treize livres, plus en blé, mesure de Dole, deux cent soixante-quinze mesures et demie, mesure de Gendrey, cent trois; en avoine, mesure de Dole, cent neuf mesures et demie, mesure de Gendrey, quarante-quatre; enfin un millier de foin: la mesure de Dole du poids de trente livres, celle de Gendrey de cinquante.

Ils avaient en outre, dans l'étendue du bailliage de Dole, quarante-neuf journaux et quart de vignes, plus deux journaux de terres labourables, douze faux, soixante-quinze perches de prés qu'ils faisaient valoir par eux-mêmes, etc., qu'ils ont estimés à un revenu total de mille trois cent quinze livres.

La bibliothèque était composée de quatre-vingt-onze volumes in-folio, soixante-six in-4°, quatre-vingt-dix in-8°, quatre cent quatre-vingts tant in-12 qu'in-16; en tout huit cent vingt-sept volumes qui n'ont pas paru de grande conséquence.

Etant entré dans l'église, le commissaire reconnut que le maître-autel, le tabernacle et les boiseries étaient en sculptures dorées. Dans le vaisseau, qui était d'une grande étendue, il y avait quatre petits autels ornés de leurs tableaux; aux pilastres coloriés, douze chandeliers d'étain, deux de cuivre; un crucifix à chacun des cinq autels, une grille en fer qui sépare le chœur de la grande nef; trois grands tableaux dans le chœur et trente petits *ex voto* de la Vierge; un orgue, quatre cloches très petites. En présence de ce procès-verbal, on se demande ce que sont devenues toutes les riches offrandes que nous avons énumérées.

Tous les religieux, même les absents qui avaient envoyé leurs procurations, à l'exception d'un seul, déclarèrent que leur volonté était, en conformité des décrets, de sortir de la congrégation de Saint-Vannes, moyennant qu'ils jouiraient de la pension déterminée par l'assemblée nationale.

Le 27 avril, la municipalité de Jouhe, en suite du décret du 20 mars, en vertu duquel avait agi M. Bachelet, se présenta chez les Pères Bénédictins. Elle fut reçue par D. Benoît Artus, sous-prieur, D. Ignace de Coursellles, prieur, étant absent pour cause de maladie. Il était assisté de D. Laurent Billerey, D. François Philippe, D. Gabriel Clément et frère Bénigne Maclaure, convers.

On ne constata pour revenu que les six prébendes et que quelques jouissances en rentes et fonds de terre sur Sampans, Saint-Vivant, Villers-Rotin, Monnières, Moissey (pour les bois non susceptibles d'évaluation, puisqu'ils venaient d'être dévastés), Authume, Archelange, et sur divers particuliers de ces villages, montant à environ trois mille huit cent quatre-vingt-quatorze livres ; mais en face les Pères signalèrent les lourdes charges que nous connaissons. Ils n'avaient pas d'argenterie de table, dit le procès-verbal : il ne leur restait que deux cent soixante-deux livres en argent à la sacristie, à l'église deux petits calices, un ostensoir, un ciboire en argent, les reliques de saint Théodule et d'un pape dans des reliquaires de bois doré.

La bibliothèque était formée de neuf cents volumes,

sans compter les livres liturgiques. Ils n'avaient ni archives, ni médailles.

L'inventaire démontre une véritable pauvreté. Il nous explique les procès soutenus contre les prieurs pour réclamer une augmentation des prébendes.

Sur les cinq religieux et le frère convers, trois demandent à finir leurs jours dans une maison de Saint-Benoît, soit à Jouhe, soit à Montroland.

Un religieux affilié, qui prêchait depuis plusieurs années dans le royaume, opta par écrit de rester dans une maison de Saint-Benoît. Un autre Père était prisonnier aux frais de la province dans la prison de force de Mareville en Lorraine.

Le 7 décembre, le directoire du département délibéra sur les maisons qui lui paraissaient convenables pour ceux des religieux qui voulaient vivre en retraite. Elles devaient être dans un état qui n'exigeât pas de réparations et assez vastes pour contenir vingt religieux. Celles qui étaient placées à la campagne et n'étaient pas d'un débit avantageux, devaient être préférées à celles des villes. Les maisons choisies furent 1° Vaux-sur-Poligny, 2° les Bénédictins de Montroland, 3° les Cordeliers de Nozeroy, 4° les Bernardins de Balerne, 5° les Chartreux de Bonlieu, 6° les Bénédictins de Château-sur-Salins, 7° la Chartreuse de Vaucluse, et 8° les Capucins de Dole.

Le 20 décembre, un récolement fut fait à Montroland; on fit peser les deux calices, l'ostensoir et le ciboire, plus la statue de la Vierge en argent : cette statue pesait cinq marcs deux onces et demie, y compris le bois sur lequel elle était montée.

Le 15 janvier 1791, les Bénédictins de Montroland présentèrent le compte de gestion des biens du couvent pendant 1790, et demandèrent que leur traitement fût fixé. Le directoire, ouï les observations de la commune de Monnières, arrêta qu'il serait délivré aux religieux de Montroland ordonnance sur le receveur de Dole pour trois mille quatre cent quarante-sept livres pour 1790, y compris les créances et fournitures payées ainsi que leur traitement, plus une ordonnance de seize cent cinquante livres pour le premier quartier de leur traitement de 1791.

Les Pères de Jouhe comparurent à même fin. Le directoire arrêta que le restant du compte sur 1790, comparaison faite des recettes et dépenses et y compris le traitement de 1790, demeurait fixé à trois cent soixante-treize livres dix-huit sols quatre deniers, pour lesquels il serait expédié ordonnance aux religieux de Jouhe sur le receveur de Dole, ainsi qu'une autre ordonnance de douze cent soixante-quinze livres pour le premier quartier de leur traitement pour 1791.

Le 28 mai 1791, les administrateurs du directoire du district, s'étant transportés au couvent des Bénédictins de Dole, remirent les vases sacrés et la statue d'argent, ainsi que d'autres ornements, aux religieux qui avaient déclaré être dans l'intention de se retirer à Montroland pour y continuer la vie commune.

Mais bientôt ces pauvres religieux devinrent suspects. Le 29 août, le directoire remarquait que la maison de Montroland n'était occupée que par neuf religieux qui jouissaient d'un clos dans lequel il y a six ou sept journaux de vignes, et qu'ils demandaient que l'on opérât certaines réparations à cette maison. Le procureur général fit observer que la loi n'autorisait la réunion des religieux que lorsqu'ils étaient au nombre de vingt, et que la jouissance du clos attenant à la maison était excessive pour neuf religieux. Le directoire, après lecture, arrêta 1° que les Bénédictins qui occupaient la maison de Montroland seraient requis, à la diligence du procureur syndic du district de Dole, de se constituer au nombre de vingt religieux au moins, suivant le prescrit de la loi, et ce dans le délai de deux mois à dater du jour auquel l'arrêté leur serait signifié; passé ce temps, ils seraient tenus d'évacuer la maison, qui serait alors vendue comme les autres; 2° que, en attendant ce terme, ils pourraient jouir du clos et de la vigne qu'il renferme, à charge d'en imputer les fruits sur leur traitement dans le cas où ils se constitueraient en nombre suffisant; 3° quant aux réparations, le directoire se réservait de faire vérifier celles qui seraient absolument indispensables.

L'église et le prieuré de Jouhe avaient été vendus nationalement, avec le clos en dépendant, le 6 avril 1791, moyennant cent vingt-sept mille livres. Ils n'ont pas cessé depuis d'être une propriété particulière.

Les religieux demandèrent qu'il fût sursis à l'arrêté du 29 août, et que le droit d'asile fût prorogé en leur faveur. Le directoire, le 18 novembre, « considérant que l'assemblée nationale s'était réservé la faculté de statuer définitivement sur les maisons destinées à réunir les religieux ; considérant d'ailleurs la rigueur de la saison, les frais de transport et de provision ; arrêta que les ex-religieux qui habitaient la maison de Montroland continueraient à y rester provisoirement ; qu'il serait écrit à l'assemblée nationale pour la prier de statuer définitivement sur les maisons de retraite pour les ci-devant religieux et religieuses et sur leur réunion à d'autres maisons ; réservant au surplus de statuer sur le rapport des fruits de l'enclos de Montroland et de donner suite à l'arrêté du 29 août, dans le cas où les ex-religieux y feraient des rassemblements suspects et se livreraient à des actes inconstitutionnels de quoi on les a taxés. »

Le 31 mai 1792, le district délibéra qu'une adjudication aurait lieu pour descendre trois des quatre cloches placées dans le clocher du monastère de

Montroland, conservées provisoirement par le département pour les religieux rentés du district qui continueront à mener la vie commune ; l'autre devant rester pour annoncer les offices qui se célèbrent dans l'église de ce lieu, afin que les particuliers qui habitent des maisons isolées, et que le mauvais temps empêche d'assister à ceux de leur paroisse, puissent s'y rendre lorsque les circonstances le demandent. »

La tolérance existait encore: l'impiété n'avait pas levé le masque; mais le décret du 18 août 1792 devait pousser la réaction jusqu'à ses dernières limites. Il supprima toutes les corporations religieuses, même celles *qui, étant vouées au service des hôpitaux, avaient bien mérité de la patrie, attendu qu'un État vraiment libre ne doit souffrir dans son sein aucune corporation.*

Les Bénédictins prirent la fuite. Le 29 septembre, le vice-président du directoire du district de Dole se transporta à Montroland pour se faire remettre leurs effets et les faire transporter au directoire du district. Il préposa Augustin Gruyer à la garde de la maison et à celle des scellés; il le chargea aussi de veiller à la conservation de l'orgue et à la décoration de l'église.

Peu après la fuite des religieux, un des premiers dimanches d'octobre, veille des vendanges, sur le soir, après vêpres, les habitants de Jouhe se transportèrent à Montroland. La statue miraculeuse fut descendue de sa place par Roch Robin, menuisier, demeurant à Jouhe. Elle fut ensuite remise entre les mains de mademoiselle Magdeleine Boillot, l'une des plus vertueuses filles du village, qui depuis est morte hospitalière à Dole.

Les habitants de Monnières et de Montroland s'opposèrent inutilement à cette entreprise: les préposés de la commune de Jouhe usèrent de leur autorité, Montroland faisant partie de leur territoire.

Les habitants de Jouhe apportèrent en procession la statue dans leur église, en faisant retentir les airs de cantiques en l'honneur de Marie, et ayant à leur tête M. Pourcherot, prêtre, résidant à Jouhe, où il mourut le 25 mai 1798.

Pendant toute la première nuit, craignant qu'on ne leur enlevât leur précieuse conquête, ils firent une garde active autour de l'église paroissiale. La statue resta placée au-dessus du maître-autel pendant tout le temps de la révolution. Il est à remarquer que l'église de Jouhe ne fut pas profanée, même dans les plus mauvais jours de 1793, tandis que les églises de Dole et de presque toute la province furent souillées par les excès révolutionnaires. Et cependant, en 1791, les anarchistes avaient saccagé la maison de M. Moutrille, curé d'Auxonne, et, le 25 septembre 1792, des attroupements s'étant portés de nouveau sur cette maison, le conseil du département avait été obligé d'envoyer la force armée pour rétablir l'ordre et le calme à Jouhe, où fermentaient ces mauvaises passions.

Les habitants avaient agi courageusement et ouvertement; nous en trouvons une nouvelle preuve dans un procès-verbal rédigé le 17 avril 1793: « L'an II de la république. Le commissaire nommé par le district de Dole, afin de reconnaître la maison des ci-devant Bénédictins de Montroland, constate s'être transporté à l'église qu'il a trouvée dépourvue de tableaux, de confessionnaux ainsi que des autels qui se trouvaient auparavant au bas des stalles, ainsi que de quatre stalles... Le citoyen Gruyer a déclaré que deux des tableaux avaient été donnés à la communauté de Jouhe, et que les habitants se sont permis d'en emporter un troisième qui existe encore dans leur église, ainsi que les *ex voto*. Le citoyen Gruyer a déclaré en outre *avoir les reçus des communautés qui ont fait des enlèvements.* »

Plus tard, Montroland fut aussi vendu nationalement, et les Jésuites l'ont acheté en 1843.

La statue de Notre-Dame repose aujourd'hui à Jouhe, au-dessus d'un assez bel autel érigé en 1823 par les soins et aux frais de M. le curé Moutrille dont nous venons de parler, et qui s'était retiré à Jouhe où il est inhumé.

AUTEL PRIVILÉGIÉ DE N. DAME À JOUHE.

Cet autel a été rendu privilégié le 10 décembre 1832. Le privilége devait durer jusqu'au 25 septembre 1839. Il a été rendu perpétuel le 4 mai 1849. (Association du Cœur immaculé de Marie.)

Il ne reste plus que trois *ex voto*, celui de Grignet, dont nous avons parlé, et deux autres inconnus.

On voit parmi les ornements de la Vierge deux couronnes d'argent, l'une sur la tête de la Notre-Dame, l'autre sur celle de l'enfant; elles sont remplacées aux jours de fête par deux couronnes de vermeil. Cinq cœurs sont suspendus en *ex voto* au cou de la Vierge et renferment les noms des fidèles qui les ont offerts: trois sont en argent, un en vermeil, un autre en or.

La lampe, plaquée en argent, qui est suspendue devant l'image, est un don, et les écussons peints dont les chandeliers sont décorés ont été offerts par suite d'un vœu fait par une pieuse dame pendant une sérieuse maladie dont elle fut guérie par l'intercession de Notre-Dame.

Le 24 juin 1851, la première pierre d'une église que les Pères Jésuites bâtissent à Montroland fut posée avec beaucoup de solennité. Mgr Canoz, évêque de Tamasis, vicaire apostolique du Maduré, de la Compagnie de Jésus, la bénit en présence d'un grand concours de fidèles.

L'église sera édifiée sur les plans de M. Ducat,

architecte à Besançon. Elle est orientée. Elle se compose d'une nef, de deux chapelles, d'un chœur semi-octogonal, d'une sacristie à gauche du chœur et d'un clocher à droite. Elle promet d'être remarquable.

C'est la foi, ce sont des douleurs de famille qui nous ont fait entreprendre ces annales que nous allons terminer ; c'est la foi, ce sont des douleurs publiques qui ont motivé le quatrième voyage de l'image de Notre-Dame à Dole. Hélas ! tout s'enchaîne dans ce monde : les souffrances succèdent aux douleurs, et douleurs et souffrances épurent la foi. Dans les calamités surtout, Dieu parle à notre cœur. Lorsqu'il a senti son impuissance, l'homme s'humilie, il se rappelle la prière qu'il avait oubliée, celle qu'avait répétée son enfance sous les pieuses inspirations de sa mère.

Au mois d'août 1854, le choléra prenait à Dole sa funeste moisson ; depuis quelques jours les victimes tombaient en grand nombre. La population était saisie d'épouvante. Le mardi 8 août, Monseigneur Mabile, évêque de Saint-Claude, arriva dans cette ville accompagné de ses vicaires généraux et du supérieur de la mission. Il est difficile de dire tout ce que, dans d'aussi pénibles circonstances, la présence du vénérable prélat apporta de force, de courage et de consolation.

A son arrivée, Monseigneur décida que le lendemain se ferait une procession dans les rues de la ville désolée, et qu'on irait chercher la Notre-Dame à Jouhe. Un vicaire de Dole fut dépêché pour annoncer cette détermination à M. le curé de Jouhe, qui devait lui-même y préparer sa paroisse.

A son retour, le soir, le vicaire annonça que Jouhe était agité, que l'on parlait d'obstacles à susciter au départ de la Vierge. Le lendemain, M. le curé arriva à Dole plus embarrassé encore ; la nuit avait servi à monter les esprits. On conduisait, disait-on, la Vierge à Dole sous prétexte de procession, mais en effet pour la retenir, pour la replacer plus tard à Montroland. Les femmes encourageaient les murmures, les cris et les mauvais projets des hommes.

Alors Sa Grandeur envoya M. le grand-vicaire Bailly avec M. le curé de Jouhe pour ramener ces âmes qu'égarait leur amour pour Notre Dame. A la vue du représentant de l'évêque, à la promesse positive donnée par celui-ci à la population que la Vierge serait ramenée le lendemain, les têtes se calmèrent, et à deux heures on se mit en route ; tous les habitants de Jouhe faisaient cortége à leur divine protectrice. La Notre-Dame arriva à cinq heures du soir à l'entrée de Dole, où Monseigneur, accompagné de tout le clergé de la ville et des prêtres des environs, la reçut solennellement au milieu d'une foule innombrable. Les premiers magistrats de la cité, dont le dévouement dans ces jours d'épreuve a été au-dessus de tout éloge, et les officiers de la garnison, étaient venus au devant de la Vierge miraculeuse.

La procession se mit en marche, traversa les rues de la ville et rentra dans l'église cathédrale, dont les nefs furent remplies comme aux jours des plus grandes solennités. On comprend la foi et les sentiments de piété dont cette immense multitude était pénétrée; on comprend les larmes qui coulaient de bien des yeux au moment de l'arrivée de la Notre-Dame à jamais bénie, de la Consolatrice des affligés!

Il était sept heures lorsque la procession finissait; chacun se retira avec plus de force, de courage, et une confiance particulière que la religion seule peut donner. Il faut le dire, pour la première fois depuis trois semaines, aucun prêtre ne fut appelé pour administrer les sacrements aux malades.

Le lendemain, l'image miraculeuse exposée dans la cathédrale ne cessa de recevoir les hommages de la population. Le soir, le son des cloches appela les fidèles à l'église. Chacun y arriva un cierge à la main. Au milieu de tous ces flambeaux allumés et au chant du *miserere*, les prêtres portèrent en procession la Notre-Dame dans l'intérieur de l'église ; Monseigneur monta en chaire et adressa, au nom de toute la paroisse, une touchante prière à Marie pour obtenir la cessation du fléau.

Le jour suivant, la statue fut reconduite avec pompe aux portes de la ville par Sa Grandeur et tout le clergé, et là elle fut remise à une procession venue de Jouhe et présidée par M. le curé de cette paroisse.

Au mois de décembre, Monseigneur en personne alla porter à Jouhe une robe précieuse, témoignage de sa reconnaissance et de celle de la ville de Dole à la Notre-Dame vénérée.

Et maintenant que notre œuvre est terminée, que nous aussi avons apporté à la Vierge notre tribut d'hommages, répétons avec Gollut : « Et c'est pourquoi nous pouuons dire, que en toutes les Gaules, l'on ne trouuera facilement un autre pays, au quel tant de pelerins uoiagent en deuotion comme l'on fait en notre Bourgongne pour... honorer Nostre Dame a Montroland. »

CHAPITRE XXXVI.

PRIEURÉ DU MOUTEROT-LES-ESTRABONNE.

Le prieuré du Mouterot était originairement régulier et dépendait de l'abbaye de Baume ; il tomba en commende vers le XIIe siècle. A la fin du XIIIe, il avait de l'importance : dans l'énumération d'Othon IV, il figure pour quatre-vingts livres de terre.

Les droits du prieur consistaient en haute, moyenne et basse justice tant sur le Mouterot que sur les membres en dépendants, qui étaient Jallerange, Courchapon, Vitreux, Taxenne, et sur tous les héritages et sujets d'iceux mouvants ; dans le tiers lot pour tous achats, ventes et échanges dans les héritages dépendant de la directe ; dans le droit de dîme et de percevoir une poule par chaque feu ; dans la cense de huit engrognes par journée et l'obligation de quatre journées fournies par chaque sujet.

Le prieur était patron et collecteur de la cure de Vitreux.

Le seigneur d'Estrahonne faisait tenir par ses officiers, au Mouterot, le cours de sa justice une fois chaque année, le lendemain de la foire de ce village, dès les cinq heures du matin jusqu'à onze seulement.

Ajoutons encore que le prieur avait les émoluments de la foire du Mouterot, le jour de la Décollation de saint Jean-Baptiste. Ces émoluments consistaient dans un éminage, en droits sur les ventes, dans les langues des bœufs et vaches qui se tuaient ou étaient exposés en vente le jour de cette foire, en droit de rouage dû par ceux qui amenaient des charrettes et chariots, enfin en droits sur les ventes du bétail et sur les bancs des marchands.

Il avait encore le patronage sur les cures de Jallerange et de Vitreux ; les deux tiers des ménades d'Ougney dues par les habitants de ce lieu le jour de Nativité, «pour ceux tenant bêtes trahantes une mesure comble d'avoine, et pour les autres tenant feu et n'ayant bêtes trahantes, une poule.»

Le 8 novembre 1583, Claude Marmier, protonotaire du Saint-Siége apostolique, était qualifié prieur et seigneur du Mouterot.

Le 3 avril 1620, Dom Michel Couthenet occupait ce siége.

Etienne Simonin, professeur à l'université de Dole, lui succéda. Pendant sa vie et par sa volonté, le prieuré fut uni à Montroland.

Il donna pouvoir, le 15 novembre 1657, à Dom Arsène Alviset, de poursuivre à Rome cette union. Dans l'attestation et le certificat de l'officialité de Besançon, en date du 12, on lit que les revenus du prieuré du Mouterot ne valaient pas, avant les guerres, plus de vingt-cinq ducats d'or de *Camera*, et que depuis ils ont diminué parce que les champs et les vignes sont demeurés sans culture, qu'il a perdu de ses droits, que d'autres sont devenus litigieux, et que, pour les conserver et les recouvrer, il faudrait beaucoup de temps, de dépense et d'autorité.

Alexandre VII donna les bulles d'union le 9 novembre 1658.

En 1690, subsistait encore une église ou chapelle paraissant fort ancienne, et au joignant les vestiges et ruines des anciens bâtiments des religieux, avec une terre qui paraissait avoir servi de clos.

Après toutes les formalités accomplies, Dom Odilon Robin prit possession en 1662. Dom Simonin était mort en 1660.

Voici ce que nous avons extrait, sur le Monterot, des délibérations capitulaires de Montroland :

1687. Délibéré de faire un retable et un tabernacle nouveaux, et marché fait pour cela avec la Seigne, de Dole, pour quarante pistoles et deux queues de vin.

1697. Traité avec Jean-Claude Pierrecy, procureur à Lons-le-Saunier, par lequel il relâche au monastère de Montroland tous les biens qu'il possédait dans la seigneurie du Monterot et tous ceux que les religieux prétendaient leur avoir fait échute par la mort à la guerre de Charles Pierrecy, son frère ; il donne en outre deux cents francs pour la maison.

1711. On bâtira une église au Monterot en y employant, chaque année, ce que le monastère pourra fournir de ses revenus sans s'endetter.

Permutation de la cure de Jallerange, par Henri Fériot, contre une chapelle de Claude-Anatoile Clermont.

1718. L'on vendra la seigneurie de Taxenne et celle de Lantenne, dite de Saint-Claude, et le meix Perrenot à Pagney, contenant quinze ouvrées de vigne, pour acheter la seigneurie de M. d'Audeux à Courchapon.

1719. La seigneurie de Saint-Claude échangée contre une chenevière de la seigneurie d'Estrabonne.

Délibéré que l'on donnera cinquante livres de supplément de portion congrue au curé de Jallerange.

1720. Cession à M. d'Estrabonne de la seigneurie de Saint-Claude et d'autres fonds. Dans cette année, Dom Benoît Tisserand termina, avec M. Pourcheresse, seigneur de Fraisans, qui avait acheté la seigneurie de M. le duc d'Estrabonne, un procès intenté aux Bénédictins de Montroland par M. le duc d'Aumont au sujet des biens que les Pères possédaient à Courchapon. Il durait depuis plus de cinquante ans. On en vint à un accord, et M. Pourcheresse s'obligea de laisser les Bénédictins paisibles possesseurs de tous les biens qu'ils avaient à Courchapon, Estrabonne et autres lieux relevant de la directe d'Estrabonne. Les Pères Bénédictins s'engagèrent à lui relâcher la seigneurie dite de Jean de Saint-Claude, et de lui donner huit mille livres sur lesquelles ils paieraient les intérêts à trois pour cent, rédimables cependant par quatre mille livres. Un arrêt d'expédient fut rendu en ce sens par le parlement de Besançon.

Un religieux desservait le prieuré du Mouterot et en avait l'administration, ainsi que des biens de Courchapon ; il y faisait sa résidence. Cela dura jusqu'en 1733. Alors le chapitre ordonna qu'on laisserait tous ces biens en amodiation, et le religieux fut rappelé à Montroland.

Le 10 septembre, ces biens furent amodiés deux mille cinq cents livres, avec réserve de la moitié des échutes, lods, droit de retenue et fruits du verger.

En 1738, difficulté avec M. d'Estrabonne touchant les droits de pêche, de chasse, d'affouage en ses bois. Le chapitre décide qu'on ne se relâchera de ce dernier que s'il donne du bois en nature.

Le 7 mars 1754, la première pierre de l'église du Mouterot fut posée et bénite par Dom Bassard, prieur de Luxeuil et visiteur de la congrégation de Saint-Vannes.

Le 17 octobre 1755, la bénédiction de cette chapelle et la consécration d'un marbre furent faites par Dom Claude-François Demandre, prieur de Montroland, accompagné de Dom Colomban Rance, prieur de Jouhe. Cette chapelle et la sacristie avaient coûté cinq mille livres.

ANCIENNE ORAISON

A NOTRE-DAME DE MONTROLAND.

Elle fut imprimée à Besançon en 1712. C'est celle que récitaient autrefois les pèlerins à Notre-Dame de Montroland.

O Vierge glorieuse, conçue sans péché! vous avez choisi, depuis près de quatorze cents ans, la montagne de Montroland pour y être honorée d'un culte spécial. Par la libéralité de votre cher Fils, Notre Seigneur Jésus-Christ, et par votre intercession, les malades y ont obtenu et obtiennent tous les jours la guérison de toutes sortes d'infirmités ; les affligés y ont trouvé et trouvent encore une prompte consolation dans leurs maux ; les captifs délivrés y ont apporté les chaînes dont ils avaient été chargés. Comblez-nous, ô Sainte Mère de Dieu, de nouvelles faveurs ; obtenez à tous ceux qui visitent cette église l'effet de leurs justes prières et tout ce dont ils ont besoin pour l'âme et pour le corps. Faites par vos mérites que, s'ils sont justes, ils augmentent en charité ; s'ils sont dans le funeste état du péché mortel, qu'ils reçoivent le don sacré de la pénitence, qui leur fasse effacer leur crime ; afin qu'à votre imitation, les uns et les autres ayant pendant leur vie glorifié Dieu et dans leurs âmes et dans leurs corps, ils aient, après leur mort, part dans votre gloire dans le ciel. Ainsi soit-il.

BIBLIOGRAPHIE.

D. Monnier, Annuaire du Jura, 1842-1845.— Archives de la préfecture du Jura. — Statistique de l'arrondissement de Dole, par M. Marquiset. — Histoire de l'antiquité des miracles de Notre-Dame de Montroland, par D. Simplicien Gody, religieux de la congrégation de Saint-Vannes. Dole, 1651.— Cartulaire du prieuré à la bibliothèque de Dole. — Notes de M. Pallu.—Dictionnaire géographique, historique et statistique de M. Rousset.—Merci à M. Pallu pour ses notes intéressantes et la complaisance avec laquelle il communique les richesses de la bibliothèque de Dole. — Merci à M. Rousset pour ses érudites communications.—Tous les ouvrages sur la Franche-Comté *passim*.

Lons-le-Saunier, 21 février 1856.

L. JEANNEZ.

PIÈCE JUSTIFICATIVE.

URBANUS PAPA VIII.

Dilecti filii salutem apostolicam benedictionem ad militantis Ecclesiæ regimen divina dispositione meritis licet imparibus evecti. Illud oræ cæteris curandum proposuimus, ut religiosorum in ecclesia Dei militantium, ordines ad pristini cujusque regularum eorum instituti normam a qua non parum deflexerunt, quantum cum Dno possumus reduceremus et propterea qui sua sponte religionis, et arctioris vitæ zelo ducti, ad pristinæ regulæ quam sua religionis auctores susceperunt normam sese reformari, reformationemque ipsam de cætero sectari desiderant, eosdem non solum in eorum proposito confovere, sed etiam in favoribus et gratiis prosequi solemus opportunis. Nuper siquidem pro parte dilectorum filiorum moderni abbatis monasterii Sancti Petri de Balmâ ac superioris prioratus Sancti Petri de Joua nuncupatorum, a prædicto monasterio dependentis illi mediate subjecti ordinis, S. Benedicti, Bisuntinæ diœcesis, nobis expositum fuit, quod cum alias in dicto prioratu disciplinæ regularis observantia maxima cum laude viguerit, nunc vero collapsa et remissa existat : idcirco abbas et superior prædictus illam non solum ut prius, sed, et ad instar vicinæ alicujus congregationis reformatæ, ejusdem ordinis, tam in eodem prioratu quam ejus et beatæ Mariæ Virginis in monte Rolando nuncupatæ, quæ ut asserunt tanquam prioratus hujusmodi membrum non longe ab eodem monasterio distat, et in quo non solum singulis diebus unus ex monachis prædicti prioratus ibidem commorans sacrum peragit, verum etiam alii omnes ipsius prioratus monachi, singulis sabathi et festis beatæ Mariæ Virginis diebus sacrum solemne et officium decantant et ad quam undequaque maximus populi numerus voti et devotionis causa confluit, domo, et ecclesiis restitui cupientes : nobis humiliter supplicari fecerunt, quatenus desuper ut infra opportune providere de benignitate apostolica dignaremus. Nos igitur piis abbatis et superioris prædictorum votis, in præmissis quantum cum Deo possumus annuere, illosque specialibus favoribus et gratiis prosequi volentes et eorum singulares personas a quibusvis excommunicationis suspensionis et interdicti aliisque ecclesiasticis sententiis, censuris, et pœnis a jure vel ab homine quavis occasione vel causa latis; si quibus quomodolibet inodatæ existunt, ad effectum præsentium duntaxat consequendum harum serie absolventes et absolutas fore censentes hujusmodi supplicationibus inclinati de venerabilium fratrum nostrorum sacræ romanæ cardinalium negotiis regularium præpositorum consilio, vobis de quorum fide, pietate et prudentia ac religionis zelo, plurimum in Dno confidimus, per præsentes committimus et mandamus quatenus vos aut alter vestrum prioratum et ecclesiam beatæ Virginis hujusmodi semel tantum tam in capite quam in membris, auctoritate nostra visitatis, ac in ipsorum monachorum vitam statum, mores, ritus et instituta diligenter inquiratis, ac evangelicæ et apostolicæ doctrinæ sacrorumque canonum et generalium conciliorum decretis ac sanctorum patrum traditionibus inhærendo quacumque mutatione, correctione, emendatione, revocatione et renovatione indigere cognoveritis, reformetis, mutetis et corrigatis, ac etiam de novo condatis condita sacris canonibus, et concilii Tridentini decretis regularibusque dicti ordinis institutis non repugnantia confirmetis, abusus quoscumque tollatis, regulas, institutiones ac ecclesiasticam disciplinam ubicumque illæ exciderint, modis congruis restituatis, et integretis; nec non concilii Tridentini prædicta decreta custodiri præcipiatis, ipsosque monachos ad debitum, et honestum vitæ modum revocetis; et quidquid inde statueritis et ordinaveritis, observari faciatis; ac inobedientes quoscumque per sententias, censuras et pœnas ecclesiasticas aliaque opportuna juris et facti remedia, appellatione postposita cogatis et compellatis. Nos enim vobis præmissa, ac quæcumque circa ac necessaria et opportuna faciendi, mandandi, ordinandi, et exsequendi, et præsertim prioratum et ecclesiam beatæ Mariæ hujusmodi congregatione sanctorum Vitoni et Hydulphi ejusdem ordinis ibidem vicinæ quoad subjectionem tantum uniendi facultatem. Apostolica auctoritate, tenore præsentium concedimus et impartimus. Volentes quod si quæ graviora in hujusmodi visitatione repereritis, illa ac informationes omnes desuper sumendas sub vestro sigillo clausa ad nos quam primum diligenter transmittatis ut quid in illis statuendum sit matura consultatione adhibita decernamus. Mandantes propterea in virtute sacræ obedientiæ omnibus et singulis prioratus et ecclesiæ ejusmodi monachis et personis, cæterisque ad quos spectat, ut vobis in præmissis prompte pareant et obediant, vestraque salubria monita et mandata suscipiant humiliter, ac efficaciter adimplere procurent. Alioqui sententiam sive pœnam quam rite tuleritis seu statueritis in rebelles ratam habebimus et faciemus auctore Dno usque ad satisfactionem condignam inviolabiliter observari. Non obstantibus apostolicis ac universalibus provincialibusque conciliis, editis generalibus vel specialibus constitutionibus et ordinationibus, nec non monasterii prioratus ecclesiæ et ordinis præfatorum etiam juramento, confirmatione apostolica, vel quavis alia firmitate roboratis, statutis et consuetudinibus privilegiis quoque indultis et litteris apostolicis, monasterio, prioratu et ecclesia prædictis, eorumque superioribus et personis, sub quibuscumque tenoribus et formis ac cum quibusvis clausis et decretis in contrarium præmissorum quomodolibet concessis confirmatis et invocatis. Quibus omnibus et singulis illorum tenore præsentibus pro pleno et sufficienter expressis habentes, illis alias in suo robore permansuri, hac vice duntaxat specialiter et expresse derogamus, cæterisque contrariis quibuscumque. Volumus autem, et dicta auctoritate decernimus quod per præsentes et illarum vigore inde sequenda tam officiorum claustralium quam aliorum beneficiorum si quæ sint a prioratu et ecclesia prædictis dependentia, status nullatenus immutetur nec immutatus dici, censeri aut prætendi possit, sed tam officia quam beneficia hujusmodi collativa ut antea remaneant ita ut de illis sicut consuevit disponi possit. Datum Romæ apud S. Petrum sub annulo Piscatoris die vigesima secunda januarii anno millesimo sexcentesimo vigesimo novo pontificatus nostri anno sexto. Subscriptum A. Maraldus et suscriptum dilectis filiis abbati Sanctæ Mariæ de Faverney ac priori Sancti Vincenti Bisuntinensis monasteriorum reformatorum ordinis Sci Benedicti.

TABLE.

Pages.

CHAPITRE V.

CHAPITRE VI.

CHAPITRE VII.

Pages.

CHAPITRE XIV.

CHAPITRE XV.

CHAPITRE XVI.

Pages.

Pages.

FIN.

EN VENTE A LA MÊME LIBRAIRIE:

Essai sur les Monnaies du Comté de Bourgogne, par MM. L. Plantet et L. Jeannez. 1 beau vol. in-4° grand-raisin avec planches.

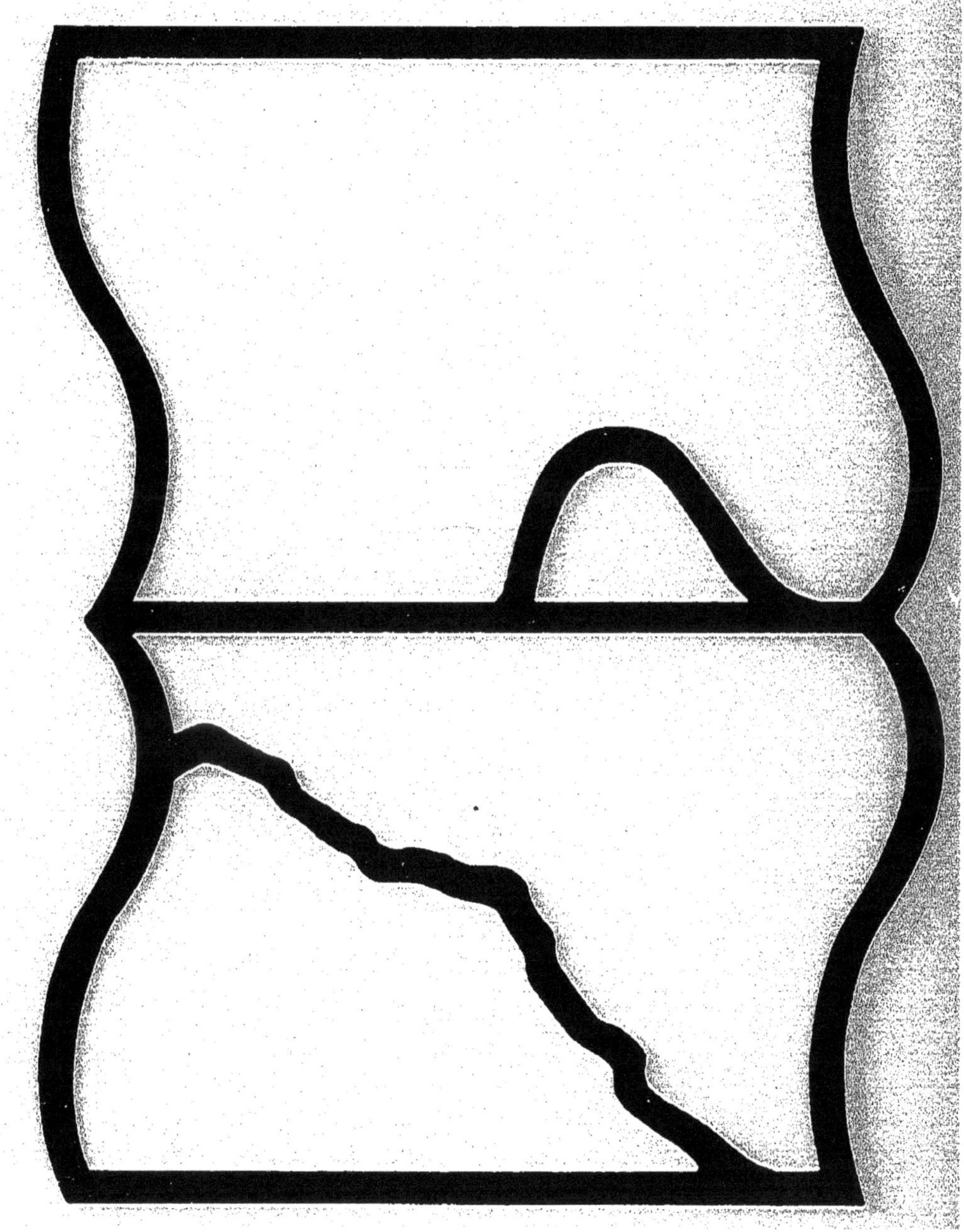

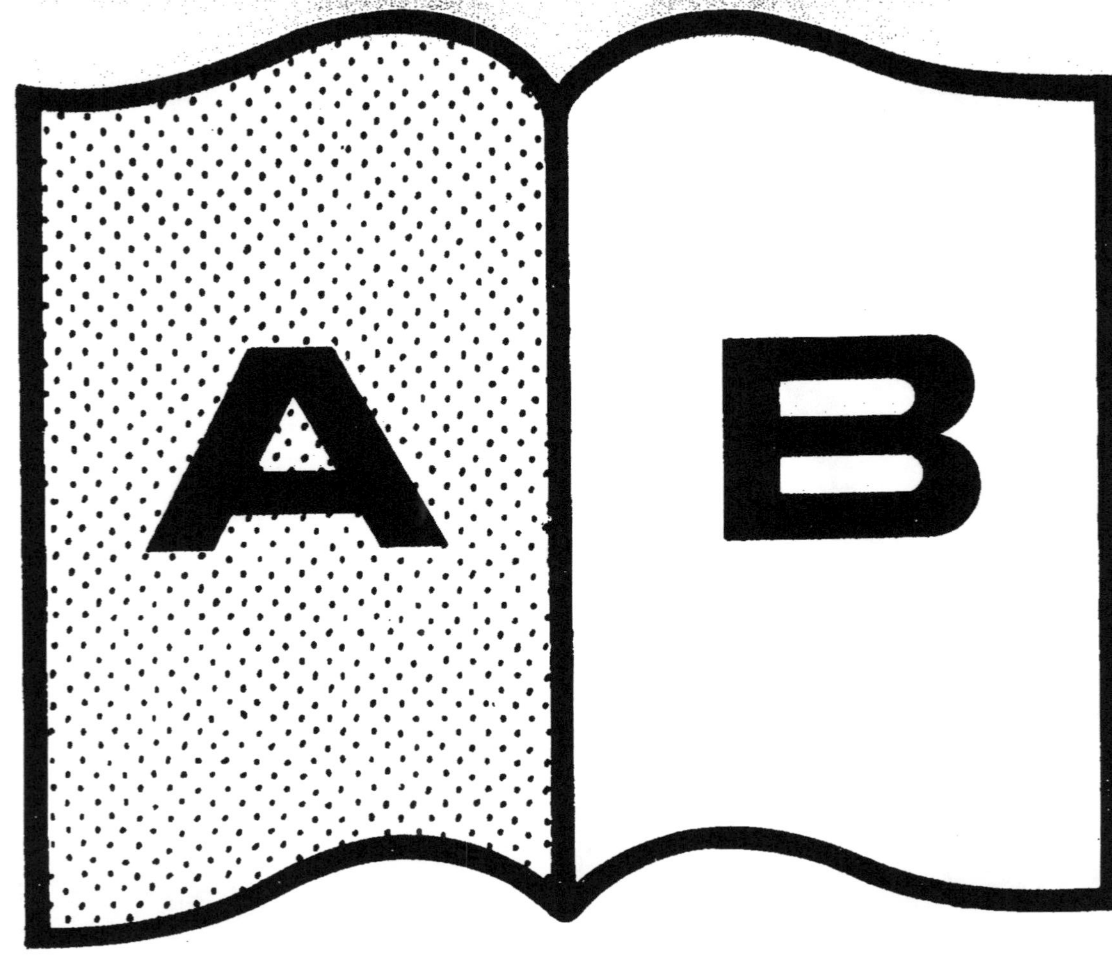
A
B

www.ingramcontent.com/pod-product-compliance
Ingram Content Group UK Ltd.
Pitfield, Milton Keynes, MK11 3LW, UK
UKHW012007240726
13965UKWH00001B/200

9 782012 924352